수업을 살리는
교사화법

수업을 살리는
교사화법

이창덕 · 박창균 · 이정우 · 김주영 · 이선영 지음

테크빌교육

학교에서 선생님들이 학생들을 가르칠 때, 비슷한 학생을 같은 교재로 가르치는데 왜 학생들의 학업 성적과 교사에 대한 평가가 전혀 다를까? 선생님은 아이들을 위해서 많은 시간과 노력을 기울이는데 왜 아이들은 선생님을 싫어할까? 선생님은 충분히 상세하게 설명했다고 하는데 왜 학생들은 교사의 설명을 알아듣기 힘들다고 말할까? 교실에서 잘 가르치고, 학생들로부터 존경받는 선생님이 되고 싶은데 왜 뜻대로 잘 안 될까? 선생님의 계획과 노력에도 불구하고 많은 학교 교실에서 바람직한 결과를 얻지 못하는 것은 교사와 학생의 인간관계와 의사소통 문제 때문에 발생하는 경우가 많다. 아무리 교사가 지식이 많고, 경력이 많더라도 실제 교실 상황에서 학생들과 효과적으로 의사소통할 수 없다면 수업에서 좋은 결과를 기대하기 어렵다. 바꿔 말하면, 수업 목표를 효과적으로 달성하고 학생들로부터 신뢰 받는 선생님이 되기 위해서는 한 마디로 아이들과 '잘 통해야' 한다.

학생들과 잘 통하는 선생님이 되기 위해서는 어떻게 해야 할까? 첫째, 교사는 학생들을 좋아하고 그들과 관계가 좋아야 한다. 소통성을 높이려면 교사는 언어적 기법을 생각하기 전에 학생들과의 관계를 점검해 보아야 한다. 학생들에게 훌륭한 선생님을 꼽으라고 하면 어느 선생님보다 자신을 좋아해 주셨던 선생님을 꼽는다. 많은 이야기를 나누고, 자신을 좋아해 준 선생님이 가장 기억에 오래 남고, 좋은 선생님이라고 생각한다. 둘째, 잘 통하는 선생님이 되기 위해서는 아이들을 잘 알아야 한다. 잘 모르는 상대와 대화할 때는 대화하기 어렵고 대화해도 내용이 겉돌기 마련이다. 학교 안의 '따돌림(왕따)'을 연구한 선생님이 물었다. "여러 가지 '따' 중에 가장 무서운 '따'가 무엇인지 아세요?" 답을 못하자 그 선생님이 말했다. "가장 무서운 것은 '왕따'도 아니고, '은따'도 아니고, '전따'도 아닙니다. 바로 '업따(없다)'입니다. 선생님이 '우리 반에는 왕따

당하는 아이가 업따(없다).'라며 아이들에게 무관심한 동안 따돌림 당하는 아이는 자살하는 등 심각한 상황까지 몰립니다." 교사가 학교에서 아이들과 시간을 보내며 아이들의 말과 행동에 세심하게 주의를 기울이지 않으면 학생들을 제대로 알 수 없고, 소통할 수 없다. 셋째, 교사는 무엇보다 가르치는 분야의 전문가가 되어야 한다. 가르치는 분야에 대한 열정이 있고, 지식이 많고, 경험을 많이 쌓은 전문가가 되어야 한다. 가르치는 영역을 좋아하고 잘 알면 열정이 생기고 할 이야기가 많다. 무엇을 잘 모르는 사람이 그 분야를 이야기하는 것을 듣는 것만큼 괴로운 일이 없다. 일반인들은 초·중등 학교에서 가르치는 학문 수준이 높을 필요가 없다고 생각하는 경향이 있는데, 이는 잘못된 생각이다. 아이들은 교사로부터 교과서에 있는 내용만을 배우는 것이 아니다. 그 영역에 대한 지식, 열정, 꿈과 철학을 배운다. 어정쩡한 지식으로 이런 것을 아이들에게 보여줄 수 없다.

그런데 실제 학교 상황에서 소통의 성패를 결정하는 직접적 요소는 비언어를 동반한 언어적 상호작용이다. 상호작용 요소는 비언어적 요소, 준언어적 요소, 언어적 요소로 나누어 볼 수 있다. 비언어적 요소는 표정, 제스처, 자세와 동작, 공간 이동 등이 대표적이다. 옷차림이나 머리 모양 등도 중요한 요소 중 하나이다. 학생들은 아침에 만나는 선생님의 표정(눈빛, 입술 모양)만으로도 그날 선생님의 기분을 피부로 느낀다. 소극적인 아이라면 질문하려다가도 선생님의 표정만 보고도 포기하고 만다. 제스처는 수업 상황에서 아주 중요한 기능을 한다. 어떤 제스처는 수업 내용이나 장면에 딱 맞아 긍정적인 효과를 내는가 하면 역으로 어떤 제스처는 불필요하고 때로는 수업에 방해가 된다. 선생님의 자세와 동작은 학생들과 수업을 듣는 데 중요한 변수가 된다. 교탁에 걸터앉아, 회초리를 들고 반복적으로 자신의 손바닥을 치면서 수업하는 선생님을 본 적이 있는데 이런 자세와 행동은 소통뿐 아니라 전체 교수·학습에 부정적 요인으로 작용한다. 비언어적 소통 요소 가운데 중요한 요소가 교사의 침묵이다. 침묵은 잘 활용하면 강력한 수업 통제 수단이요, 교사 감정 표현의 도구로 사용될 수도 있고, 때로는 수업의 맥을 끊어버리는 암흑의 시간으로 인식될 수도 있다. '준언어準言語'는 의사소통에 영향을 주는 말소리의 빠르기·높이·세기·음색 등을 말한다. 준언어는 교실에서 교사가 교실 의사소통에서 자신의 생각과 느낌을 직접 간접으로 전달하는 수단이 된다. 교사는 목소리의 음색을 가능하면 밝고 분명하게 유지하도록 애를 써야 한다. 지나치게 높거나, 거칠거나, 무거운 음색은 학생들을 피곤하게 만들고 소통 효과를 떨어뜨린다. 교실 상황에 따라 말소리의 빠르기·높이·세기 등을 다양하게 조절하면, 학습자들의 집중을 유지하고, 언어적 상호작용을 원활히 하는 데 큰 도움이 된다.

의사소통의 핵심이자 가장 중요한 요인은 뭐니 뭐니 해도 교사의 언어다. 교사는 발음, 어휘, 문장의 정확성이나 효율성에서 방송인 못지않은 전문가가 되어야 한다. 교사들의 언어는 아이들에게 교육 내용을 전달하는 도구이면서, 아이들이 표본으로 삼는 거울이 되기 때문이다. 이들 언어의 형식적 규범성 외에 교사는 교실에서 교육 목적을 달성하기 위한 언어적 소통의 달인이 되어야 한다. 특히 교사는 수업을 위한 다양한 언어적 소통 기법을 파악하고, 숙달해야 한다. 지금까지 교육학에서 많은 관심을 가졌던 동기유발, 교사 질문(발문), 설명, 칭찬과 꾸중, 평가와 피드백 등 교육적 목적을 위한 소통 방법을 연마해야 할 것이다. 실제 수업 대화를 분석하다 보면, 이들 영역에서도 문제 장면이 종종 드러난다. 교사가 질문한 후에 학생을 바라보지도 않거나, 질문 후 생각할 시간을 주지도 않은 채 교사 자신이 답을 말해버리거나, 다른 학생에게 바로 질문을 옮기는 등 문제 장면이 의외로 많다. 잘 이루어진 수업이라고 공개된 수업의 경우에도 학생 통제 발화가 지나치게 자주 나타나서 실제 수업 내용과 학습 목표에 집중하는 시간이 제한되는 등 문제가 되는 경우를 본다. 위에서 말한 영역 외에도 교사는 수업 도입과 정리 발화 기법, 수업 일탈 상황과 복귀 과정의 발화 기법, 최근에 관심이 높아지고 있는 스토리텔링 기법, 수업 말차례와 청자로서 교사 반응 기법, 지시와 꾸중 기법, 칭찬과 격려 기법, 평가와 피드백 기법 등의 화법에 대해서도 꾸준히 관심을 가지고, 수업 의사소통 능력을 향상시키는 것이 중요하다.

교사 평가와 교실 수업 평가가 중요한 화두로 대두하는 요즘 무엇보다 중요한 것은 교사가 자신의 교실 의사소통에 관심을 두고, 개선하려는 의지를 갖는 것이다. 교사 의사소통 개선의 출발은 무엇보다 먼저 개별 교사가 스스로 자신의 의사소통 방식이나 사용하는 언어에 대한 인식을 강화하는 데서 출발해야 한다. 다양한 수업 상황에서 교실 의사소통의 문제와 부족함을 가장 잘 알 수 있는 사람은 교사 자신이다. 먼저 선생님들 각자가 자신이 수업에서 행하는 의사소통 과정에 관심을 가지고, 자신의 수업 대화 자료를 녹음하거나 녹화하고, 그 자료를 바탕으로 학습자들과 관계를 점검하고, 의사소통의 방식과 사용하는 언어를 점검하면 문제가 보이고 해결책이 나올 것이다.

『수업을 살리는 교사화법』은 교실 수업 상황에서 학생들과 소통하는 자신의 능력을 점검하고 개선하고자 하는 현장 선생님과 선생님이 되려는 사람들을 위한 책이다. 대화 분석 방식을 바탕으로 수업 대화에 대해서 기본 이론을 소개하고, 수업 대화의 단계와 기능 범주에 따라서 이론을 배우고, 실제 활동을 통해 실습을 할 수 있도록 내용을 구성했다. 1부에서는 훌륭한 교사와 효과적인 수업에 대해서 설명하고, 수업 대화의 언어학적 분석의 중요성을 강조하고, 바탕이 되는 이론을 밝혀 두었다. 2부에서는 실제 수업 장면에서 점검하고 조정 활동을 할 수 있는 수업 대화 범주를 11장으로 나누어 실제 대화 사례를 가지고 엮었다. 실제 수업 대화 자료를 가지고 선별하고 다듬어 만들었지만 실제 활동이나 연습은 변인별로 더 다양한 자료를 가지고 공부할 수 있을 것이다. 무엇보다 교사 자신의 수업을 이 책에 나오는 대화 범주별로 점검하고 조정하는 연습을 한다면 그 효과는 확실할 것이다.

아무쪼록 이 책이 학습자들과 효과적으로 소통하며, 알차고 역동적인 수업을 꾸려가기를 소망하고 노력하는 현직 교사들과 예비 교사들에게 실질적인 도움이 되고, 학교 현장의 수업 개선과 교사들의 교수 능력 향상에 큰 디딤돌이 되기를 바라는 마음 간절하다. 어려운 출판 여건에도 불구하고 이 책이 출판되도록 지원해 주신 테크빌교육과 즐거운학교 편집부에게 감사를 드린다.

2010. 2. 9
지은이 일동

　수십 년 수업을 계속해 온 선생님도, 수업에 자신이 있다는 선생님도 수업 장면을 공개해 달라고 하면 선뜻 허락하는 경우가 드물다. 다른 선생님들로부터 수업을 잘한다는 칭찬을 듣고, 학생들과 관계도 원만한 선생님의 경우에도 수업대화를 어떻게 하면 잘하는지, 문제 대화 장면에서 어떻게 말하는 것이 좋은지 여쭤보면 구체적 방안을 내놓지 못하는 경우가 많다. 수업은 공적 상황이지만 개별 교실의 특수성이 있고, 교실은 교사와 학생의 자아와 인권이 작용하는 공간이고, 수업 내용과 함께 상황이나 장면이 너무나 다양하고 작용하는 변인이 복잡하고 역동성이 크기 때문이다. 사람들 몇 명이 모여서 학교생활에 대해서 이야기를 나누다 보면, 수업 중에 선생님이 하는 말 때문에 상처를 받거나 의기소침해지고, 반대로 수업 중에 들은 칭찬 한 마디로 삶의 방향이 달라졌다고 말하는 사람이 많다. 교사화법을 연구하고, 교사화법을 가르치고 있지만, 수업 중 교사화법이 얼마나 중요한지, 교사화법을 교육 목적과 관계 목적에 알맞게 잘 구사하기가 얼마나 어려운지 말로 다 할 수가 없다는 데 필자들 모두 동의한다.

　교사양성기관에서 교사화법의 중요성을 깨닫고, 장차 교사가 될 사람들에게 교실 수업 화법의 구체적 양상과 실태에 대해서 배우고 바람직한 수업화법을 가르치기 위해서 '수업을 살리는 교사화법'을 출판한 것이 2010년이었다. 강의 교재로 활용하면서 그동안 미흡했던 부분을 보완하고, 잘못된 부분을 수정해야 할 필요를 느껴 필자들이 다시 모여 여러 차례 의논한 끝에 개정판을 내기로 했다. 그 후 여러 차례 원고를 가지고 회의를 거듭한 끝에 이제 출판하게 되었다. 1부 교사화법의 기초 이론, 2부 교사화법의 이해와 탐구로 구분하는 것은 그대로 두되, 1부의 내용을 1장 훌륭한 교사와 교사화법, 2장 수업 의사소통, 3장 수업과 수업 관찰, 4장 수업대화의 이해와 분석으로 줄여 정리하고, 2부의 내용도 1장 도입화법, 2장 동기유발화법, 3장 질문화법, 4장 설명화법, 5장 지시화법, 6장 피드백화법, 7장 칭찬과 꾸중화법, 8장 이야기화법, 9장 이탈 및 복귀화법, 10장 정리화법으로 줄여 정리하고 각 장에 그 장의 성격을 보여 주는 부제를 붙였다. 초판에 있던 '교정화법'은 관련 내용을 피드백화법, 칭찬 및 꾸중화법에 수렴해서 넣기로 했다. 초판 각 장의 앞부분에 제시했던 학습 목표는 세부 목차를 보면 쉽게 파악할 수 있다고 보아 제시하지 않았다.

개정판에서는 각 장의 내용을 개괄할 수 있도록 여러 도서와 문구를 참고하여 관련 내용을 담았다. 학습자들의 요구를 받아들여 수업대화 자료를 보강하고, 기존의 대화도 좀 더 실제성이 있는 것들로 바꾸었다. 각 장의 마지막에는 학습한 내용을 정리하고 쟁점이 될 만한 것들을 토의할 수 있도록 '적용'을 실어놓았다. 실제 강의에서는 교재에 실린 내용 외에 다양한 사례로 토의할 수 있다고 본다.

시대가 달라지고 교직생활이 점점 힘들어지고 있다고 말하는 선생님들이 많아지는 시기에 어떻게 하면 아이들과 행복하게 수업을 할 수 있을까, 어떻게 하면 학생들이 학습 내용을 잘 배우고 행복한 학교생활을 할 수 있을까? 수업 시간에 이루어지는 대화적 상호작용이 제대로 이루어지면 교사와 학생 모두 행복해지고, 교과교육뿐 아니라 교사와 학생의 인간관계에도 긍정적 효과가 있으리라 믿는다. 이번에 새로 개정된 '교사화법'이 전국의 각 교실에서 학생들을 가르치는 선생님들과 앞으로 선생님으로 평생을 근무할 예비교사들에게 작은 도움이 되기를 필자들은 바라마지 않는다. 여러 가지 신경을 써서 원고를 쓰고 다듬었지만 미흡한 부분이 많고 여전히 크고 작은 잘못이 발견된다. 독자 여러분의 애정 어린 조언과 도움을 기다린다.

종이책 출판이 어렵고 상업적으로 이익을 담보하기 어려운 때에 흔쾌히 개정판을 내주신 테크빌교육 이형세 대표님과 꼼꼼하게 교정을 봐주신 즐거운학교 출판 담당자, 그림과 도표를 만들어주신 디자이너 기민주 선생님께 고마운 마음을 전한다.

2019. 1. 21.

필자 일동

PART
01

교사화법의
기초 이론

훌륭한 교사와 교사화법

— 말 안하고 수업할 수 있나?

하루가 다르게 변화하는 시대에 사회 체계가 변화하고, 해결할 수 없는 문제들이 넘쳐나고 있다. 단순 지식과 기능은 온라인상에서 더 잘 가르치는 세상이 되었다. 교사는 더 이상 학교에서 지식과 기능을 가르치는 사람으로만 존재하기 어렵게 되었다.

무엇을, 어떻게 가르칠까를 고민하는 교사가 아니라, '나는 누구인가?', '내가 가르치는 학생들은 누구인가?', '학생들과 무엇을 위해 상호 소통할 것인가?', '인간다운 삶을 위해 우리가 할 수 있는 것이 무엇인가?'를 함께 고민하는 교사가 필요한 시대다.

1. 훌륭한 교사와 효과적인 수업

가. 훌륭한 교사

교사는 교육의 성공 여부를 따질 때, 교육의 결과에 영향을 끼치는 가장 중요한 변인이다. 교육에서 교사보다 더 중요한 요소는 찾기 어렵다. 오래전부터 '누가 훌륭한 교사인가?', '어떻게 하면 효율적으로 가르칠 수 있는가?'라는 질문은 교육의 핵심 질문이었다. 이 두 질문 중에 훌륭한 교사는 효율적인 수업을 수행하는 교사가 될 것이므로, 훌륭한 교사는 어떤 사람인가를 규정하는 것은 수업에서도 대단히 중요한 의미를 갖는다.

교사가 하는 일을 중심으로 교사의 역할을 정리하면, 수업, 학생 생활지도, 학부모 상담, 행정 업무 등 다양하다. 이들 일을 모두 잘하는 사람이 교사라고 할 수 있지만 훌륭한 교사의 자격과 조건에 대해서는 간단히 정리하기가 쉽지 않다. G. Highet(1950)는 훌륭한 교사의 조건을 다섯 가지로 꼽았다. 첫째, 가르치는 과목을 잘 알아야 한다. 가르칠 내용도 잘 알아야 하고 교수·학습 방법에 대해서도 잘 알아야 한다. 둘째, 가르치는 과목을 좋아해야 한다. 교육 내용에 대한 끊임없는 관심과 애착은 아이들에게 더 많은 것을 느끼고 알게 해 줄 수 있는 바탕이 된다. 셋째, 가르치는 아이들을 잘 알아야 한다. 아이들의 일반적 성향을 아는 것도 중요하지만 개별 아이들의 특별한 사항에 대해서도 잘 알아야 한다. 넷째, 가르치는 아이들을 좋아해야 한다. 아이들을 가르칠 줄 안다는 것과 아이들을 좋아한다는 것은 교육적 관점에서 보면 차원이 다른 의미와 가치가 있다. 다섯째, 유머 감각이 좋아야 한다. 유머 감각이 있다는 것은 교사가 현장에서 항상 긍정적으로 사고하고 마음의 여유가 있다는 것을 말한다. 무엇보다 학교와 학급에서 일하는 상황이 단조롭거나 힘이 들 때에도 교사의 긍정적 태도와 유머 감각은 아이들을 가르치고 긍정적 관계를 유지해 나가는 데 대단히 중요한 버팀목이 된다.

또 다른 관점에서 수업은 교육 내용과 인간관계 두 측면에서 훌륭한 교사 자질을 분석할 수 있다. 수업 시간에 가르치는 교육과정의 목표와 내용, 즉 교육 내용과 학생과 교사의 인간관계가 어떠한가에 따라서 수업이 잘 이루어졌는가, 그 수업이 효율적이었는가를 판가름할 수 있다는 점에서 수업 내용과 인간관계 측면에서 훌륭한 교사를 규정할 수 있다. 첫째, 자기가 가르치는 과목 내용과 그 내용을 잘 가르치는 방법을 잘 알아야 한다. 둘째, 가르치는 아이들을 좋아하고, 잘 알며 그들과 관계를 맺고 유지해 나가는 능력이 있어야 한다.

또 교사의 전인적 측면을 고려하여 '훌륭한 교사'를 연구하고 규정하기도 한다. 전인적 관점에서는 교육자, 실천가, 연구자, 전문가로서 교사의 능력과 진정성을 가진 훌륭한 교사를 길러내기 위해서 교사양성기관들은 노력을 기울이고 있다. 교사가 자신이 가르치는 분야에 요구되는 지식과 기능을 갖추기 위해서 꾸준히 노력하여 자격을 갖추고 수준을 높여갈 뿐만 아니라 그 사회가 요구하는 사회적, 윤리적 책무를 성실히 수행하는 사람을 길러내는 것을 목표로 한다는 점에서 이들 지식과 기능, 삶의 실천이 좋은 교사의 조건이라고 볼 수 있다. 그러나 구체적 하위 능력과 실천 항목을 정하는 것은 여전히 어려운 과제 중 하나이다.

'전인적 교사'라는 개념은 교실 현장의 구체적인 모습들과 괴리될 때 오히려 교사의 실천적 지침을 제공하지 못할 우려가 있다. 일반적으로 '전인적 교사'는 보통사람에 비해 인격이 훨씬 더 고매하고 이해심도 많고 지식도 풍부하고, 뭐 하나 흠잡을데가 없는 존재라 상정한다. 그러나 이러한 선언적이고 추상적인 모델화는 교사에게 구체적인 활동 지침을 마련해 주지 못한다. Gorden(2003)에서는 교사와 학생 간의 인간관계를 구축하는 데 훌륭한 교사가 되는 열쇠가 있다고 하면서 다음과 같이 말한다.

가장 근본적인 오류는 이들의 생각이 교사에게 인간다움을 부정하라고 요구한다는 점이다. (…) 그들은 스스로를 이 모델에 반하거나 미치지 못한다고 폄하한다. (…) 우리는 훌륭한 교사에 관한 정의를 좀 더 인간적이고 도달 가능하고 현실적인 것으로, 또한 교사로 하여금 그 역할을 즉각 중단하고 본래 자신의 면모, 즉 인간으로서의 자아를 되찾도록 이끄는 교사상으로 대체해야 한다.

파커 J. 파머(2005:27)의 『가르칠 수 있는 용기』에서는 다음과 같이 강조한다.

모든 교실은 다음과 같이 결론지을 수 있다. (…) 학생들과 대면하고 있으면 교사는 딱 한 가지 자원만 즉시 가동할 수 있다. 즉, 나의 정체성, 나의 자기의식, 가르치는 '나'라는 인식이 그것이다. 이것이 없으면 배우려는 대상에 대한 의식도 없게 된다. 훌륭한 가르침은 하나의 수업기술로 격하되지 않는다. 훌륭한 가르침은 교사의 정체성과 성실성에서 나온다. 정체성과 성실성은 결코 허구의 영웅을 조각하는 화강암이 아니다. 그것은 자기발견이라는 복잡하고 어렵고 평생에 걸친 과정 속에서 발견되는 아주 오묘한 차원이다. 정체성은 삶을 형성하는 여러 상황에서 여러 영향력들이 교차하면서 형성된다. 성실성은 자신의 온전함을 이끌어내고 삶의 파편화와 죽음 대신 생명을 불러오는 힘들과 연결시켜 준다.

이러한 논의는 교사가 자신을 들여다보는 성찰과 자신이 하고 있는 일에 대해 가시부여하고 최선을 다하는 것이 훌륭한 교사가 되는 데 얼마나 중요한지를 보여준다. 한국 사회에서 교사에 대한 존경심이 낮아지고, 교사 스스로도 정체성 인식의 어려움을 겪는 일이 많은 상황에서 교직 피로감, 교사와 학생, 교사와 학부모, 또 교사와 교사 간의 갈등상황이 갈수록 심각해지고 있다. 교육 현장의 문제 상황을 현실 논리로 관찰하고 분석하는 과정에서 교사의 자아정체성, 교직에 대한 사명감의 중요성을 되새겨 보게 한다.

나. 효과적인 수업

수업의 목적은 학습자가 현재와 미래에 필요한 지식, 기능, 태도를 습득하는 것이 우선이고 핵심이다. 효과적인 수업을 규정하는 것은 다양한 교육철학, 교육과정, 교수 · 학습에 대한 관점에 따라서 달라질 수 있고, 교사의 입장, 학생의 입장에 따라 조건이 달라질 수 있다. 하지만 효과적인 수업은 무엇보다도 가장 적은 노력으로 가장 효과적으로 교육 목표를 달성한 수업이라고 할 수 있다. 일정한 시간과 노력으로 가장 많은 교육 효과를 냈을 때 가장 좋은 수업이라고 볼 수 있다. 학생 입장에서는 '새롭고, 재미있고, 유익한' 수업이 되어야 한다. 내용 학습 측면과 인간관계 측면을 고려한다면 내용 목표를 달성하고 인간관계의 형성과 발전에 기여하는 수업이 효과적인 수업이라고 볼 수 있다. 이 또한 목표 달성의 효율성을 측정하고 관계 측면의 유용성을 파악하는 범주와 기준 설정이 효과적인 수업을 측정하는 핵심 과제가 된다.

학습 측면에서 좋은 수업은 학습자가 배우고자 하는 내용을 효과적으로 학습하는 수업이 좋은 수업이다. 학습은 학습자가 알지 못하는 지식과 하지 못하는 기능에 대해서 알고 싶고 잘하고 싶은 욕구를 가지고, 그 지식과 기능을 이미 가지고 있는 사람에게 그것을 알려 주고 숙달시켜주기를 요구할 때 기본 조건이 형성된다. 그러나 일반적으로 학습자가 알고 익혀야 하는 지식과 기능은 학습자 스스로 결정하는 것이 아니라 사회적으로 그 학습자가 배워야 하는 것을 공통 교육과정으로 결정하고 그에 따라서 학교에서 강제적으로 지식과 기능을 전수하고 훈련하는 형태를 띠게 된다. 따라서 학교에서 이루어지는 대부분의 수업은 학습자의 자발적 동기나 흥미가 없는 상태에서 학습 내용을 배워야 하므로 학습자의 동기와 흥미를 유발하고, 그 동기와 흥미를 이용하여 학습 목표를 달성하는 수업이 좋은 수업이라고 할 수 있다.

기본적으로 학습은 학습자가 무엇인가 알고자 하는 욕구에서 출발한 의문을 가지고, 그 의문을 해결해 줄 수 있는 사람에게 질문하고 대답을 듣는 대화의 과정을 통해서 이루어지는 것이다. 그러나 어린아이는 장래 자신의 삶에서 무엇을 알고, 무엇을 할 수 있어야 하는지 판단하기 어려우므로 가르치는 사람이 학습자의 학습 필요와 욕구가 있기 전에 그것을 가르치는 형태로 바뀌게 되었고, 그것을 효율적으로 만든 기관이 현재의 학교 형태가 되었다. 따라서 학교 수업에서 이루어지는 효과적인 수업은 먼저 학습자들이 필요한 지식과 기능, 그리고 태도 등에 대해서 학습 동기를 갖도록 하는 것이고, 그 후에 학습자들이 자신의 모자라는 부분을 교사를 통하여서 효과적으로 보완하고, 문제를 해결하는 수업이다. 이를 위해 교사는 철저한 준비를 하여, 진지한 태도를 가지고, 효과적인 수업 수행을 해야 한다. 적절한 발문과 학생 질문 유도, 학생 반응에 대한 적절한 피드백이 이루어져 학습자 스스로 자신의 모자라는 부분, 잘못된 부분을 수정해 나가는 능력을 갖추어 주는 수업이 좋은 수업이 된다.

인간관계 측면에서 좋은 수업은 학습 목적을 달성하기 위해서 수업에 참여하는 모든 사람이 서로 호의적이고, 협력적인 분위기를 만들어 나가며 자신들이 가지고 있는 능력을 최대한 발휘하는 것이다. 수업에서 이루어지는 관계에서 가장 중요하고 일차적인 관계는 첫째, 교사와 학생 관계이다. 교사와 학생은 1:다로 만나지만 개별 학습 현상은 교사와 학생의 1:1로 이루어진다. 교사는 1:다의 현실에서 각 학생과 어떻게 1:1의 관계를 형성하고, 유지하느냐가 성공적인 수업, 효과적인 수업의 관건이 된다. 학교라는 사회적 제도 안에서 이루어지는 수업은 교사·학생의 1:1 관계로 교수·학습이 이루어지도록 허락하는 경우가 거의 없으므로 한 학급의 모든 학생이 한 명의 교사와 바람직한 관계를 유지하면서 최대의 개별 학습 효과를 얻도록 하는 것이 교수·학습 성패의 관건이다. 둘째, 학습자와 학습자의 상호관계이다. 대부분의 수업이 교사가 주도권을 가지고 수업을 진행하므로 교사·학생들의 관계로 수업이 이루어지지만 함께 배우는 학습자 간의 관계는 학습 활동과 그 효과에 절대적 영향을 끼친다. 학습자끼리 서로 경쟁하고, 미워하는 관계인가, 서로 격려하고 협력하는 관계인가는 학습 효과에 절대적 영향을 끼친다. 최근의 협동학습을 강조하는 것은 학습자 간의 협력적 관계를 중시하는 학습 방법이다. 학습자와 학습자의 관계 또한 교사의 영향권 안에서 형성되고 변화한다는 점에서 교사들은 교사 자신과 학생의 관계뿐만 아니라 학생과 학생의 관계에도 신경을 써서 서로 협력적인 분위기에서 수업이 이루어지도록 해야 한다. 교사 자신이 협력적 환경을 만들 뿐 아니라 학생끼리 서로 격려하면서 시너지 효과를 내도록 하는 것이 좋은 수업이라고 할 수 있다.

2. 교사화법의 개념과 교육

가. 교사화법의 개념과 중요성

수업은 교육 현장에서 교사와 학생, 학생과 학생의 상호작용적 의사소통을 통해 교육 목적을 달성하고자 의미를 구성해 가는 과정이라고 본다. 학교교육에서 수업의 각 과정(교육의 계획과 준비, 수행, 평가와 피드백)마다 교사가 갖는 주도적 역할을 감안한다면 교사가 준비한 수업을 실제 교실에서 어떻게 학생들과 언어적 상호작용을 통해 수업을 수행하는가는 교육적으로 대단히 중요한 의미를 지닌다.

나라마다 효과적이고 능률적인 교육 수행을 위해서 교실과 수업에 대한 관심이 많고 교실에서 수행하는 교사의 활동에 대해 활발한 연구가 이루어지고 있다. 그런데 대부분의 교실과 수업 연구에서 관심의 초점은 수업목표 달성을 위해 교사가 교과 내용을 어떻게 잘 가르치고 있는가 하는 교육 효율성이다. 어떻게 가르치는 것이 효과적이며, 어떤 능력을 지닌 사람이 훌륭한 교사인가 하는 것에 교육학의 교실 연구 관심이 기울어져 있었다. 그러나 이러한 교실과 수업에 대한 연구는 교실과 수업에 대한 실체를 밝혔다기보다는 그 복잡성과 실체 파악의 어려움을 더 분명히 확인시켜주는 정도에 머무르고 있다. 이러한 교실과 수업 연구의 문제점들을 해결하기 위해서는 수업 진행의 주도적 역할을 담당하는 참여자요, 진행자요, 관리자로서 교사가 교실에서 무엇을, 어떻게 하고 있는지 수업화법을 정확하게 파악하는 것이 수업 파악의 핵심이다. 따라서 수업 문제의 점검과 해결을 위해서 교사의 수업화법에 대한 연구와 교육이 체계적으로 이루어져야 한다.

'교사화법'에 대한 본격적인 논의를 위해서는 먼저 '화법'의 개념을 정리가 필요가 있다. 지금까지 '화법' 또는 '사람들의 말하기(말하기 · 듣기)'와 관련지어 '인간의 음성언어 의사소통'은 다양한 관점에서 다루어져 왔다. 화자의 설득력과 같은 일방적 말하기 기술(화술)을 강조하는 전통수사학적 관점, 화자가 전달하고자 하는 메시지를 음성부호로 바꾸어 표현 전달하면 청자는 그 역순으로 음성부호를 수신하여 거기에 담긴 메시지 해독한다고 보는 정보처리적 관점, 화자와 청자는 역동적 상황 속에서 상호작용을 통해서 의사소통을 하고 의미를 구성해 간다는 상호작용적 의사소통 관점 등으로 시대에 따라 음성언어 의사소통에 대한 관점이 달라져 왔다. 최근에 설득력을 얻고 있는 의사소통의 관점에서 정의한다면 '음성언어를 중심으로 이루어지는 인간 의사소통 행위와 그 방법'이 '화법'이다. 이런 개념 규정을 인정한다 하더라도 문제가 남아 있다. 그런데 '화법'이란 용어를 용어 사용자들이 '인간 음성언어 의사소통'의 방법, 능력, 연구 분야를 구분하지 않고 사용하는 것이 문제. '화법'이라는 용어를 '화법(음성언어 의사소통 행위 또는 그 방법)', '화법력(화법 능력)', '화법론(화법 연구 분야)'로 나누는 사용하는 것이 필요하다.

'교사화법론'을 논하기 전에 먼저 '교사화법은 무엇인가'에 대한 개념을 명확하게 규정할 필요가 있다. 민현식(2001:68)에서는 교원화법과 교수화법으로 나누고, 교원화법은 '교원(교사, 교수)의 교육활동에서 말하기와 듣기에 관련한 언어활동'으로 개념을 규정하고, 그 하위 범주로 교수화법(수업화법), 상담화법, 생활지도화법, 업무화법을 설정했다. 그리고 교수화법(수업화법)은 '교원화법 중 하나로, 어떤 교육 내용을 어떤 학생에게 전달하고자할 때 관련하는 교수·학습상의 언어활동'이라고 정의했다. 원진숙(2001:270)에서는 '교사화법이란 학교라는 조직 안에서 교육적 활동에 참여하는 교사들을 대상으로 하여 구두언어인 말을 중심매체로 하여 이루어지는 상호교섭적 의사소통의 본질, 원리, 과정, 방법, 평가 등을 다루는 (학문)분야다.'라고 규정했다. 그러나 이런 개념 규정은 '교사화법' 현상 자체와 그 속에 드러나는 원리, 또 그것을 다루는 연구 분야가 구분되지 않는다는 점에서 좀 더 명확히 개념을 구분할 필요가 있다.

'교사화법'의 용어와 개념의 혼란을 피하기 위해서 '교사화법' 안에 '교원화법', '교사 교육화법', '교사 수업화법: 교수화법'이라는 서로 다른 세 개념을 설정하고, 교사화법을 연구하는 학문 분야를 '교사화법론'으로, 그리고 교사화법교육을 연구하는 학문 분야를 '교사화법교육론'으로 나누어 규정하는 것이 필요하다. 교사화법 가운데 가장 넓은 범주로 '교원화법'을 설정하고, 그리고 교사가 학교에서 교육활동에 관련되는 제반활동을 하면서 수행하게 되는 화법을 포괄하는 중간 범주로 '교육화법'을 설정하고, 마지막으로 교사가 교실 안에서 구체적 수업 진행을 하면서 수행하는 가장 좁은 의미의 교사화법으로 '수업화법(교수화법)'을 구분해 설정해야 한다. 사회구성원으로서 교사가 수행하는 전반적인 화법으로서 교원화법(교사 사회화법), 학교 교육업무 수행 과정에 이루어지는 상담이나 행정업무처리 과정에 이루어지는 교육화법(교사 학교화법), 그리고 구체적 교실수업이라는 상황 속에서 이루어지는 수업화법(교사 교실화법)이 무분별하게 사용되거나 논의의 초점이 흐려지는 문제를 해결할 수 있다. 이 세 범주 가운데 교육적으로 가장 비중이 큰 수업화법의 경우 그 안에 하위 범주로 어떤 화법이 들어갈 것인지는 앞으로 구체적 수업 자료들을 토대로 다양한 변인 분석과 범주 설정 기준에 관한 연구들이 이루어져야 한다. 수업화법의 하위 범주로 교사의 정보전달화법, 질의응답화법, 설득화법 식으로 나누는 것이 합리적인지, 시작화법, 중간화법, 정리화법으로 분류하는 것이 바람직한지, 민현식(2001:73–86)에서 제안한 것과 같이 준비언어, 진행언어, 내용언어, 강의도구언어로 나누는 것이 적절한지, 아니면 교육학에서 수업 중 일어나는 교사 학생 상호작용을 분류하는 데 사용하는 10범주FIAC; Flanders Interaction Analysis Categories를 사용하여 나누는 것이 합리적인지, 아니면 한국 교실 수업의 특성을 반영한 새로운 분류가 더 바람직한지는 앞으로 더 논의가 필요하다.

• **교원화법**(교사 사회화법) : 한 사회 구성원으로서 교사의 화법, 가장 넓은 의미의 교사화법
• **교육화법**(교사 학교화법) : 학교교육업무 수행자로서 교사의 화법, 수업, 상담, 생활지도, 행정업무 등의 화법을 포함하는 중간 범주 교사화법
• **수업화법**(교사 교실화법) : 수업 진행, 참여, 관리자로서 교사화법, 가장 좁은 의미의 교사화법

그림1–1 **교사화법의 범주**

먼저 '교원화법'을 설정한 이유는 교사의 화법이 반드시 수업 활동에만 관련된 것이 아니라 교사의 전반적인 인격이나 일상생활과 깊은 관련이 있다는 점을 인정해야 한다고 보기 때문이다. 훌륭한 교사를 육성하기 위해서는 학교 업무뿐만 아니라 한 사회 구성원으로서 어떤 가치관을 가지고 어떤 일(말)을 하면서, 어떻게 살아가게 할 것인가를 고려하지 않으면 안 된다. 교사가 학교 안에서 구사하는 화법이 학교 밖에서 화법과 다소 차이가 있는 것이 인정되지만 학교 밖 화법과 전혀 다른 언어를 사용하고, 전혀 다른 화법을 구사하는 것이 아니기 때문이다. 그런 의미에서 장차 교사가 될 사람을 길러내는 경우에는 학교 안에서 교육활동을 하면서 수행하는 수업화법, 교육화법뿐만 아니라 궁극적으로는 학교 밖에서 한 사회인으로서 교사가 수행하는 언어행위 전반을 포괄하는 교원화법을 염두에 두고 교사양성이 이루어져야 한다. 훌륭한 인격을 갖춘 인간으로서 교원을 길러내는 경우에는 넓은 의미의 교원화법 교육이 중심이 되고, 그 가운데 수업과 학생지도, 상담과 행정업무 수행 등 학교 업무 수행 측면이 강조될 경우에는 교육화법교육이 중심이 되고, 교실에서 교수·학습활동의 중심 역할 수행 측면이 강조될 경우에는 수업화법(교수화법)에 초점을 맞추는 서로 다른 범주 설정과 교사교육 목적에 따른 교육 초점의 이동이 바람직하다. 교원화법에 속하지만 교육화법에 속하지 않는 부분, 교육화법에 속하지만 수업화법에 속하지 않는 부분에 어떤 화법 요소들이 포함되는지, 수업화법은 다시 교사변인, 학생변인, 교육 목식, 교육 내용, 교육 방법 등 다양한 교육교절 변인과 다양한 수업 변인에 따라 어떻게 하위 범주로 나누어지고, 각 하위 범주의 특성과 교사교육 상 고려할 점이 무엇인지 등은 지금부터 실제 수업화법 자료를 가지고 체계적으로 연구할 필요가 있다.

교사화법 연구와 교육은 단순히 수업시간에 이루어지는 교사의 말뿐 아니라 교사의 업무수행, 나아가서 교사의 일상생활에서 수행하는 말까지 포함하는 넓고도 포괄적인 광의의 교원화법을 대상으로 해야겠지만, 가장 넓은 의미의 교원화법 연구와 교육의 어려움을 감안하고, 교사들이 평상시에 대부분의 시간을 학교에서 보내고, 학교업무의 핵심이 교실 수업이라는 점을 고려하면, 현 단계에서는 수업화법에 맞추어지는 것이 바람직하다고 본다. 물론 위 세 가지 다른 차원의 교사화법 범주 가운데 어느 영역을 얼마나, 어떻게 가르칠 것인가는 학교 현장의 구체적 교사화법 실태와 바람직한 교사와 효율적인 수업 수행에 요구되는 교사화법 요소들을 면밀히 분석한 후에 결정되어야 할 것이다.

나. 교사화법 연구와 교육의 중요성

바람직한 교사화법교육을 위해서는 교사화법 연구 분야를 교사화법론이라고 하고, 교사화법교육 연구 분야를 교사화법교육론이라고 하여 두 개의 영역으로 구분하고, 두 분야의 연구 성격과 목적, 방법론을 개발하는 것이 필요하다. 화법과 화법교육 연구를 통합하는 상위 범주를 '화법학'으로 설정하고, 그 하위 영역으로 화법론과 화법교육론을 두고, 다시 화법론과 화법교육론에서 다루는 내용과 연구 방법론 등의 타당성을 논하는 메타화법론과 메타화법교육론을 설정할 필요가 있다. 하위 범주로써 교사화법론과 교사화법교육론도 같은 방식으로 메타교사화법론과 메타교사화법교육론으로 연구 범주를 나누어 설정하는 것이 필요하다.

메타화법론 (메타교사화법론)	메타화법교육론 (메타교사화법교육론)
화법론 (교사화법론) (방송화법론) (……화법론)	화법교육론 (교사화법교육론) (방송화법교육론) (……화법교육론)

그림1-2 **화법론과 화법교육론**

화법론의 하위 영역으로는 화법과 화법 연구의 성격과 목적 등을 다루는 총론과, 연구 대상에 따른 하위 범주들이 설정될 수 있을 것이고, 메타화법론에서는 화법 연구 방법론 등 연구 이론 개발과 이론의 타당성 검토, 화법 연구 목적, 내용, 연구 방법, 연구 결과에 대한 해석 타당성 등이 다루어질 수 있다. 화법교육론의 하위 영역으로는 화법교육의 목표, 내용체계, 교수 · 학습 방법, 평가, 교재 등의 하위 영역이 설정되고, 메타화법 교육론에서는 이러한 화법교육 이론 체계에 대한 타당성과 연구 결과의 합리성 등에 대해서 논의할 수 있다. 화법 자체에 대한 연구와 화법 교육에 대한 연구 영역을 구분, 분리함으로써 화법 연구 목적과 대상, 연구방법이 명확해지고 연구 대상, 방법 결정과 결과의 해석이 간명해질수 있다. 교사화법의 경우에도 교사화법 연구 이론을 중심으로 교사화법 변인과 유형별로 연구 영역과 대상에 대한 체계를 세우고, 그 후에 그 체계에 따라서 구체적 자료 조사, 분석이 먼저 이루어지고, 그것을 바탕으로 교사화법교육을 어떻게 할 것인지 정해야 한다.

서구에서 교실과 수업에 대한 연구의 시작은 사회학의 민족지학, 심리학, 교육학의 관점에서 이루어졌다. 사회학에서는 교사와 학생이라는 특수한 인간관계에서 빚어지는 현상과 문제에 초점을 맞추어 교실대화 연구를 진행하면서 교실언어 자체보다는 교사와 학생의 사회적 관계와 사회적 맥락에 관심이 모아졌고, 교육학에서는 교육의 목적 달성을 위해 교사가 어떤 방법을 사용하고 그 결과는 어떠했는가에 관심을 기울이면서 교실 언어보다는 교육내용, 교수 · 학습 방법, 평가 등에 연구 초점이 맞추어져 이 두 분야의 수업대화 연구는 교사의 언어 수행을 비롯한 교실언어에 대한 언어학적인 접근이 이루어지지 못했다. 교육학에서는 '교사와 학생이 교실 수업이나 다른 학습 상황에 효과적이고 능동적으로 참여하기 위해서는 무엇을 알아야 하는가?', '어떻게 하면 교수 · 학습에 대한 효과를 높일 수 있을까?'에 대한 해답을 얻기 위한 실용적 목적을 가지고 교실 수업에 대한 접근이 이루어졌다. 1960년대 이전까지는 교육에서 교실에 대한 관심은 주로 교실에서 다루어지는 교육의 내용이나 결과에 관한 것이었다. 수업에서 가르치는 내용이나 그 결과의 평가에 연구가 집중되고, 정작 수업 시간 중에 지식이 어떻게 복잡한 과정을 통하여 의미가 형성되고 전달되는가, 그 과정에 드러나는 문제점과 장애요소들은 무엇인가에 대해서 거의 연구가 이루어지지 않았다. 다양한 수업 연구 이론과 방법론이 개발되었지만 최근까지도 교육학에서 교실에 대한 연구는 수업 진행에 중심 역할을 하는 '대화talk, conversation에 관심을 기울이기보다는 주로 수업 중 다루어지는 '주제topic'나 '활동event, activity'에 초점을 맞춘 '체계관찰systematic observation'이 주를 이루고 있다. 학교에서 수업 참관 등에 많이 사용하는 체계관찰은 수업 시간에 이루어지는 활동들, 특수 목적으로 개발된 점검표coding system를 가지고 수업관찰자가 교사와 학생의 활동을 일정한 시간마다 점검하는 수업 관찰 방법으로서 광범위한 표본조사를 통해서 이루어진다. 가장 잘 알려진 체계관찰의 점검표는 Ned Flanders(1970)에서 주장한 FIACFlanders Interaction Analysis Categories인데 이는 수업시간에 교사 수업 장악 수준의 다양함을 측정하기 위해서 개발된 것이다.

그러나 민족지학이나 사회언어학 등 다른 시각을 가진 수업 연구자들로부터 체계관찰은 다음 세 가지 이유로 심한 비판을 받게 된다. 첫째, 미리 정해진 일정 범주체계를 가지고 수업을 관찰할 경우 수업시간에 일어나는 복잡한 양상의 실체를 제대로 파악치 못하게 할 뿐 아니라 이런 복잡성에 관련된 이론 발달을 방해한다. 둘째, 체계관찰에서 사용하는 인위적이고 조작적인 시간대 관찰은 자연스러운 수업 내의 흐름과 참여자들의 상호작용 관찰을 어렵게 하거나 왜곡된 해석을 하게 만든다. 셋째, 체계관찰의 수업 중 상호작용 관찰은 교사와 학생이 관련되어 있는 상황맥락이나 상호관계에 대한 이해 없이 이루어지는데, 상황이나 맥락과 분리된 수업관찰로는 수업을 제대로 파악하기 어렵다.

1960년대 말까지 거의 주목을 받지 못하던 '교실언어language of classroom' 또는 '교실대화classroom talk/classroom conversation'에 대한 전문적 관심과 연구는 학습 과정에 언어가 중심 역할을 하고, 관계나 의미가 어떻게 구성되는가에 대한 증거로써 언어에 대한 가치가 높게 인정되면서 영국을 비롯한 유럽 국가들을 중심으로 이루어졌다. 영국에서 D. Barnes, J. Briton and H. Rosen(1969)의 『언어, 학습자와 학교Language, the Learner and the School』가 발간되면서 교실 언어에 대한 연구를 촉발하는 계기가 마련되었다. 이후 수업대화에 대한 관심은 교사들이 자신들의 수업을 개선하기 위한 반성으로 이어져 교사 주도의 강의 중심의 학습이 교사, 학생의 토론과 협동을 중시하는 학습으로 이루어져야 한다는, 교수ㆍ학습에 대한 관점 전환이 일어났고, 지식 중심의 교육과정 체계를 점검하도록 하는 계기를 제공했으며, 교사 중심의 강의 방식으로 주로 이루어지던 수업의 문제점을 파악함으로써 다양한 수업이론과 교수ㆍ학습 방법을 개발하는 계기가 되었다.

사회학에서는 인간 행위는 단순히 그 행위 자체로 파악되는 것이 아니라 그것을 둘러싸고 있는, 그 상호작용이 일어나도록 뒷받침하는 사회적 상황맥락context을 고려하지 않으면 제대로 파악될 수 없다고 본다. 따라서 사회학에서 바라보는 수업은 교육학에서 수업을 교사 · 학생의 상호작용을 일방 또는 쌍방의 정보전달의 개념으로 바라보는 것과는 근본적으로 다르다. 사회학에서 수업대화를 비롯한 언어를 바라보는 관점은 언어학의 그것과도 다르다. 언어(언어행위 포함)는 구조주의 언어학에서 주장하는 바와 같이 '언어는 언어 자체로 존재하며, 사용 환경과 분리해서 그 자체 구조로 설명할 수 있는 것'이 아니라 '언어는 인간과 인간의 사회적 상호작용의 산물이자 사회의 반영이며 사회를 엮어 가는 역동적인 수단'이므로 사회적 맥락을 떠나서는 언어나 언어현상을 설명할 수 없다고 본다. 사회학의 입장에서 보면, 수업은 그 자체로 존재하는 것이 아니라 그 사회 구조 속에서 일어나는 사회구성원들의 사회적 행위의 하나이며, 수업 중에 교사와 학생 사이에 일어나는 모든 행위도 사회적 상호작용 행위일 뿐이라는 것이다. 수업을 제대로 파악하려면 수업 표면에 드러나는 발화나 행위뿐만 아니라 그 행위 이면에 존재하는 관계 맥락을 고려하지 않으면 안 된다고 본다. 교실에서 이루어지는 교수 · 학습 행위를 전통적으로 교육학에서와 같이 단순 지식전달 행위로 보는 것은 지식과 언어표현의 관계, 언어표현과 화사의 사회적 정체성의 관계, 이들 요소가 가체 체계와 다른 체계와 관계들을 전혀 고려하지 않은 것으로 복잡한 교실 상황, 나아가 전반적 교육 현상을 제대로 파악하기 힘들다고 본다. 교실 상황을 있는 그대로 기술한다고 해도 그 진정한 의미는 전적으로 외부요소들의 구조나 역학관계에 달린 것이지 그 자체로 확정적인 의미가 결정되는 것은 아니라고 본다. 수업에 참여하는 사람들이 왜 그런 행위를 하는지에 대한 다양한 관점의 고려가 있어야 하고, 표현된 것과 의도된 것, 드러난 것과 드러나지 않은 것들을 고려하면서 그 행위 구조를 가능케 하는 전체 구조와 맥락과 관련해 살펴보아야 그 실체를 제대로 파악할 수 있다고 강조한다.

초기 교실대화 연구는 교실이라는 공간에서 교사와 학생이라는 불평등한 사회적 관계(의사와 환자 관계처럼) 구조setting 속에서 교육이라는 사회적 목적을 가지고 행해지는 상호작용 행위라는 점에서 사회학자들의 관심을 끌었다. Sinclair와 Coulthard(1975:6)는 참가자 중 한 사람(교사)이 주제를 소개하고, 누가 말할 것인지 지정하는 등 대화전개의 책임이 있음을 대화참가자들이 인지하고 있고, 모든 대화 참가자들이 진지하게 의사소통 과정에 참여할 뿐만 아니라 잠재적으로 여러 의미로 해석될 수 있는 발화도 혼동 없이 교실 상황에서는 한 가지 의미로 받아들여진다는 점에서, 정해진 대화 상황setting의 대표적인 한 유형으로 교실대화를 보고 연구에 착수했음을 말하고 있다.

그러나 사회학적 관점의 수업연구는 기존 교육학의 수업연구의 시각을 넓혀주고, 수업현상을 사회 상황 속에서 바라보게 하는 시각을 제공했으나, 수업 참여자의 관계나 사회적 맥락 요소를 지나치게 중시한 나머지 수업의 본래 목적인 수업의 주제와 내용 흐름, 의미 생성과 전달 과정, 그 과정에 사용되는 언어 특성 등을 간과하거나 너무 가볍게 다룬다는 비판을 받게 된다. 수업 중에 이루어지는 교사 발화의 경우도 그것을 언어나 언어행위로 보는 것이 아니라 하나의 사회적 맥락 속에서 이루어지는 인간관계 상호작용으로 보기 때문에 교실대화, 교사언어에서 언어적 특성을 찾으려는 노력이 미흡했다.

교육학, 사회학에서 이루어지는 수업과 수업대화, 교사화법 연구의 문제점을 보완하기 위해서는 교실언어, 교수언어의 측면에서 대화분석이 필요하다. 교육학에서는 수업연구, 좁게는 수업대화 연구의 목적이 항상 '효과적인 가르침'이 중요한 화두話頭이다. 구미에서 효과적인 가르침에 대해 상당히 많은 연구가 이루어지고 효과적인 가르침이 되려면 갖추어야할 요소로 가르침에 대한 지식, 수업 기술, 수업 평가와 반성 등을 열거하고 있다. 그러나 이런 요소들이 실제 수업에서 어떻게 이루어지는지 확인하고 점검하는 것은 체계관찰이나 설문지 등의 방법을 사용하는 것이 아니라 수업대화의 정확한 기록과 분석이 훨씬 더 효과적이고 명확한 증거들을 제공할 수 있다는 점에서 교실 상호작용에서 이뤄지는 대화분석이 중요하다. 또 교사들이 효과적인 수업을 위한 여러 준비과정과 시행 절차를 따른다고 하더라도 구체적 수업 상황에서 교사들이 어떤 언어를 어떻게 사용하는지 알기 전에는 수업이 어떻게 진행되는지 파악하기가 쉽지 않다. 수업파악이 어렵다는 것은 교육학에서 강조하는 효과적인 가르침에 관여하는 요소들이 실제 수업에 제대로 작용하는지 여부를 파악하기도 어렵다는 것을 의미한다. Anderson(1991), Cruickshank(1990)에서는 효과적인 가르침의 열 가지 요소를[1] 들고 있는데, 정작 그 요소들이 수업시간에 어떻게 언어행위로 구체적으로 수행되고 있는지에 대한 점검은 면접이나 설문지, 간단한 점검표를 사용한 수업관찰 등의 방법으로는 제대로 이루어지기 어렵다. 설문이나 간단한 점검표를 가지고 이루어지는 수업 점검은 수업언어, 상황맥락의 다양함이 명시적으로 드러나지 않고, 구체적 증거 자료가 없이 설문응답자나 관찰자의 판단으로 이루어진다는 점에서 문제가 된다. 이러한 문제를 점검하고, 보완하기 위한 기초 작업으로 수업대화의 언어학적 대화분석이 절대적으로 필요하다.

결론적으로, 교사들이 교실 수업 과정에서 어떻게 말하고 있는가 하는 교실 사용 언어를 기반으로 한 연구가 이루어지지 않는 한 현재 난관에 부딪친 교육학, 사회학의 수업 연구의 문제를 풀기 어렵다. 교실 언어, 교사화법 연구는 오히려 교육적 목적이나 사회적 관계에 대한 전제가 없이 교사가 교실에서 어떻게 말하고 있고, 그 변화와 다양함을 빚어내는 변인들은 무엇인가 등을 밝혀서 나중에 그것이 교육적으로 바람직한가, 교사와 학생의 관계에 드러나는 특성과 문제점은 무엇인가를 발견하는 쉬운 방법을 취하는 것이 현재 교육학에서, 사회학에서 부닥친 교실 연구의 한계를 극복하는 한 방편이 될 것이다.

교사가 학생을 가르치는 수업 현상은 우리 삶의 일부로서 늘 우리 사회에 오래 전부터 존재해 왔고, 지금도 모든 사람이 교육을 받고 있거나 받은 경험이 있어서 '수

---

1 1) clarity of the teacher's explanation and directions, 2) establishing a task-oriented classroom climate, 3) making use of a variety of learning activities, 4) establishing and maintaining momentum and pace for the lesson, 5) encouraging pupil participation and getting all pupils involved, 6) monitoring pupils' progress and attending quickly to pupils' needs, 7) delivering well structured and well organised lesson, 8) providing pupils with positive and constructive feedback, 9) ensuring coverage of the learning objectives 10) making good use of questioning techniques(Chris Kyriacou(1996: 12)에서 재인용)

업언어'나 '교수언어'는 이른바 '너무나 익숙한 것, 너무나 잘 알고 있는 것'으로 별로 연구할 필요가 없는 것으로 생각하기 쉽다. 교사들조차도 잘 가르치기 위해서는 교과 내용이나 교수·학습 방법, 교재, 교구 등이 성공적인 수업을 위해서 중요한 것들이고, 교사가 사용하는 말이나 대화능력은 수업의 성패에 중요한 영향을 끼치는 요소로 고려하지 않는 경우가 많다. 수업의 중요성을 알고 있고, 수업현상들에 대해서도 너무나 잘 알고 있다는 것이 그 구체적 현실을 조사, 분석해 보면 잘못 알고 있는 경우가 많아 수업과 수업대화는 너무나 잘 알려져 있어서 연구할 것이 없다는 일반의 인식이 잘못되고 있음을 알 수 있다. 예를 들어, 교사는 수업 시간에 수업내용을 충분히 학생들에게 전달하기 위해서 내용 전달에 초점을 맞추고 수업을 진행하고 있다고 생각하고 있지만 실제 수업을 관찰해 보면 교사가 수업내용에 초점을 맞추는 시간보다는 학생을 직접 통제하는 행위통제 발화나 학생이나 교사자신의 발화나 행위에 대해서 언급하는 메타적 발화로 시간을 보내는 경우가 많다. 또 대부분의 교사가 학생들에게 골고루 관심을 보내고 발화 기회를 부여하고 있다고 생각하고 있으나 실제 수업을 조사, 분석을 해보면 합리적이고 균등하게 학생들에게 발표나 질문 기회를 주는 경우는 참으로 흔치 않다. 또 학생의 생각할 기회를 제공하고 창의적인 사고를 키워주기 위해서 수업 중에 질문을 하고 있다고 교사 대부분이 믿고 있지만 실제는 교사 자신이 질문 후에 학생에게 대답할 기회조차 주지 않고 자신이 생각하는 정답을 제시하는 경우가 많음이 드러나고 있고, 학생의 발표 시간을 억제하거나 응답 자체를 막아버리기 위해서 질문을 하는 경우도 발견된다. 잘못된 점이 없는 학생 발표 내용을 교사가 잘못 정정하거나 학생들의 생각을 일방적으로 자기 생각에 맞추고자 자신의 권위를 사용하고 있음도 드러나고 있다.

수업언어, 교사화법을 분석하는 데 사용되는 대화분석 이론을 비롯한 화용론 연구 방법론의 체계화와 선택 기준의 마련은 근본적으로 해결해야 할 과제이다. 현재 대화분석론을 비롯한 화용론 안에도 그 연구 방법론에 대한 논란이 많고, 학자들의 주장하는 연구 방법론에 따라 수업대화의 구체적 분석의 틀도 전혀 다르게 만들어질 것이므로 국내 현실에 적절한 대화분석 이론과 방법론을 결정하는 것이 중요하다. 수업연구가 중요하고, 수업연구의 효과적인 수행을 위해서 수업대화를 연구하는 것이 아무리 중요하다고 해도 실제 분석에 적용할 이론이나 방법론 선택에 대한 확신이 없고, 연구자가 사용할 분석의 틀이 마련되지 않으면 제대로 된 수업화법 연구는 불가능하기 때문이다.

수업언어, 교사화법 연구는 무엇보다도 실제 현장 수업 자료를 바탕으로 이루어져야 하는데, 다양한 수업 변인을 고려한 기초 자료 수집이 이루어지지 않고, 이미 수집되고 분석된 자료들이 제대로 활용되지 못하고 있는 것이 문제이다. 수업화법 연구는 교육문제 발견과 교수 · 학습 개선을 위한 실용적 목적으로 이루어지는 경우가 많으므로, 기존 연구 업적 가운데 합리적으로 인정이 되는 분석 결과들을 현장 수업 문제 점검과 해결, 교사의 자기 수업 반성과 개선, 예비교사 교육, 교육과정 편성, 교수 · 학습 방법론의 개발과 같은 구체적인 교육개선에 적극 활용하는 방안을 강구할 필요가 있다.

수업화법의 연구가 중요하다고 인정이 되고 수업자료의 수집과 분석이 이루어진다고 하더라도 현재와 같이 수업화법을 분석할 전문가가 제대로 양성이 되지 않은 상태에서 효율적인 교수화법 연구기 이루어지기는 어렵다. 수업화법 분석이론과 방법론을 개발할 이론 전문가와 실제 수업에 참여하면서 현장 교육의 나타나는 문제들에 대해서 문제의식을 가지고 연구할 교사, 의욕을 가지고 수업대화 자료를 모으고, 기록하고, 분석하고, 분석된 결과를 다시 현상에 석용하면서 분세섬을 모완알 실제 현장 교육 전문가들을 양성하는 것이 중요한 과제가 된다. 전문가들이 육성되더라도 실제 수업화법 분석을 체계적으로 실시해서 교육 문제를 개선하는 데 기여하는 정도까지 연구 업적과 결과를 쌓는 일은 참으로 어려운 과제다. 개인의 연구, 단기간의 연구로 성과를 얻을 수 없다면, 장기적인 안목에서 수업화법에 연구 초점을 맞추고, 연구를 기획하고 실천에 옮길 수 있는 기관을 설립하거나 기존 연구 기관에 이런 연구 분과를 두고 정부 차원에서 지원 체계를 마련하는 것이 필요하다.

교육적 목적으로 교수화법 자료를 가지고 교수 · 학습의 문제를 진단하고 그 문제들의 해결 방안을 연구할 경우에는 언어학적 분석의 요소뿐만 아니라 교육적 요소들까지 점검할 수 있는 분석의 틀을 마련하는 것이 필요하다. 교육적 요소들도 내용 요소, 참여자 요소, 상황요소 등 다양한 요소로 분류해서 점검할 수 있을 것이고, 구체적 점검사항은 연구자가 확인하고자 하는 요소, 수업화법 자료를 통해서 분석이 가능한 요소들의 범주를 찾고, 그 체계를 갖추어서 분석의 기준을 마련하는 것이 중요한 과제다. 현재 단계로서는 수업화법을 연구할 이론과 방법론이 완전히 체계화가 된 것이 아니므로 개별 연구자가, 연구 기관이 수업화법 자료들을 분석해 가는 가운데 어느 방법이 수업화법 분석에 효율적인지 귀납적으로 방법론을 개발하고, 그런 과정을 통하여 수업화법 연구 이론의 체계화를 귀납적으로 이루어 나가는 것 또한 중요한 과제가 될 것이다.

　현재 국내 대부분의 사범대학이나 교육대학에서 교수화법이나 수업화법 강좌가 개설된 곳이 별로 없다. 최근 수업평가, 강의 평가가 실시되고, 교수·학습 방법이 다양화되면서 교수법에 대한 관심이 높아지고 있다. 대학마다 교수·학습 센터가 개설·운영이 되기 시작하였고, 일부 대학에서 교수화법이나 강의화법 등의 수업화법 관련 강좌가 개설되기 시작한 것은 화법연구와 화법교육 측면에서 보면 고무적인 일이다. 훌륭한 강의, 효과적인 교수법이 갖추어야 할 요소들에 대한 지식은 실제 수업 현장의 특수성이나 맥락의 다양함 등을 고려할 때, 강의나 수업 능력 개선에 큰 효과가 없다고 보기 때문이다. 잘 가르치는 교사는 태어나는 것이 아니라 교육과 훈련을 통해서 길러진다는 것을 인정한다면 현재의 교사양성체제에서 교수화법에 대한 체계적인 지도를 할 수 있는 제도가 없다는 것은 시급히 개선되어야 할 문제이다.

　현재 사범대학이나 교육대학에서 이루어지는 교사 교육도 그 교육과정이 각 교과의 내용지식이나 교육 목표, 내용체계, 교수·학습 방법, 평가 등 교육과정 이론에 치우치고 교사가 될 사람들이 현장 교사들의 실제 수업을 정밀하게 분석하고, 그 후에 자신이 직접 수행해 보고, 그 수행한 자료를 토대로 잘된 점, 모자라는 점을 점검하고 반성해 보는 등의 실질적 교수 능력을 확인하고, 실습하는 과정이 부족한 것은 문제다. 교육학적 관점에서 효과적인 교육을 위한 교사교육의 내용체계를 짜고 교사 교육을 실시하는 것도 중요하지만 교사가 실제 교실에서 수행하는 수업화법을 미시적으로 분석하고 장단점을 분석하고, 자신이 수업을 수행해 보고, 그 수행 기록을 점검하고 분석하는 것은 더욱 중요하다. 단순한 수업 참관이나 간단한 점검표를 가지고 확인하는 체계관찰보다는 교수화법을 비롯한 수업대화의 정확한 기록과 분석이 수업을 정확하게 파악하게 해주고, 그 과정을 통해서 수업 문제의 파악과 문제 해결이 좀 더 효과적으로 이루어질 수 있을 것이다.

결론적으로, 교사화법 연구든 교사화법교육 연구든 성공적인 연구가 이루어지려면, 교사들이 실제 교실 수업 현장에서 어떻게 말하고 있는지에 대한 광범위하고도 체계적인 조사가 먼저 이루어져야 한다. 그리고 그에 근거를 둔 교사화법교육 방안이 마련되어 교육이 이루어지고, 각 대학의 교사화법교육은 또 어떻게 이루어지고 있는지에 대한 연구가 뒤따라야 할 것이다.

교사화법교육이 제대로 이루어지려면 먼저 교사화법 연구가 이루어져야 하고, 그와 연결해서 교사화법교육에 대한 연구가 이루어져야 한다. 이를 위해서 첫째, 교사화법 연구 이론과 방법론에 연계된 교사화법교육 이론과 방법론이 개발되어야 한다. 둘째, 교사화법교육을 위한 기초 자료 수집과 분석이 이루어지고, 교사화법 능력을 효율적으로 신장시키는 데 사용할 교재가 마련되어야 한다. 현재와 같이 교사화법에 대한 기초조사도 없고, 교사화법교육론이나 교재가 없는 상태에서는 제대로 교사화법교육이 이루어지기 어렵다. 교사들의 교수화법이 실제로 좋아지기 위해서 무엇을, 어떻게 교육이 이루어질 것인가는 교사화법교육 내용체계가 마련되고, 그 내용체계에 따른 교재가 만들어지고, 각 내용 범주 특성에 알맞은 교수 학습법과 지원 자료들이 개발되어야 할 것이다. 셋째, 교사화법교육 전문가 육성과 지원 체계 확보가 이루어져야 한다. 전문 이론과 실천 능력을 갖춘 전문가 육성 없이는 교사화법교육은 발음교육이나 표준어 교육, 또는 교육학의 교사론 수준 이상의 교사화법 교육이 이루어지기를 기대하기 어렵다. 넷째, 교사화법교육 연구 결과의 효과적인 이용 체계가 마련되어야 한다. 교사화법 이론과 방법론 연구는 교재, 교구개발, 교사 교육과 훈련, 교실 평가 등에 연계되어서 활용될 수 있는 체계가 마련되어야 한

교사화법

다. 교사화법 자료, 교사화법교육 자료가 체계적으로 관리되고, 교사화법 연구와 교사화법교육 연구가 상호 유기적으로 이루어지는 것이 중요하다.

3. 정리 및 평가

가. 교사화법의 개념과 중요성에 대하여 정리하여 봅시다.
  1) 교사화법의 개념

  2) 교사화법의 중요성

나. 지금까지 가르침을 받았던 선생님 가운데 훌륭한 선생님을 떠올려보고, 그 선생님의 어떤 점이 훌륭했는지 함께 토의해 봅시다.

다. 좋은 교사의 조건에 대해서 정리하고, 자신이 교사가 된다면 가장 부족한 부분이 어떤 영역인지, 왜 그렇게 생각하는지 말해 봅시다.

라. 효과적인 수업을 수행하기 위해서 교사가 갖추어야 할 조건이나 유의사항에 대해서 토의해 봅시다. 교사의 열성과 준비에도 불구하고 수업이 활성화되지 못하는 경우, 그 원인에 대해서 사례를 들어 정리해 봅시다.

나는 교사다

중소도시 작은 학교에서 평소에 "나는 다시 태어나도 선생님이 될 거야!"라고 주변 사람들에게 말하는 선생님이 계셨다. 그 선생님은 늘 학교생활이 즐거워 보였고, 그 반 아이들도 그 선생님을 아주 좋아하고 잘 따랐다. 어느 날 다른 선생님이 그 비결이 무엇이냐고 물었다. 특별한 비결이 없다고 겸손해 하던 선생님이 말했다.

"저는 새로운 학년도 들어 담임 반 배정이 되면, 반 아이들을 만나기 전에 반 배정표와 학생부를 바탕으로 우리 반 아이들의 이름과 얼굴을 미리 알아두려고 노력합니다. 아이들을 얼굴도 이름도 모르는 상태에서 3월 시작하는 것이 두렵고 자신이 없어서, 특히 마음이 아프거나 가정환경이 특별히 어려워 학교생활에 적응하지 못하는 아이가 있는지 먼저 파악하려고 합니다. 삼십 명 정도 아이들의 이름과 얼굴을 연결 지어 기억할 때까지 외우고 학생생활기록부를 미리 읽어보고 주의를 기울일 필요가 있다고 생각하는 학생은, 전 학년 담임선생님에게 특이사항이 있는지 여쭈어 봅니다."

그 정도는 자기도 그렇게 한다고 질문한 선생님이 말하자, 그 선생님은 말했다.

"아, 또 한 가지가 있다면, 저는 4월 중순 정도까지 매일 한 명씩 점심시간에 만나 산책을 하면서 이런저런 이야기를 나눕니다. 한 명씩 점심시간에 만나 이야기를 나누면 학생의 형편과 머리 사정을 파악할 수 있고, 그 학생이 무엇보다 선생님과 가까워졌다고 느껴 생활지도에 부담이 줄어들어요. 특별히 문제가 될 만한 아이들을 집중적으로 파악해서 '선생님이 내 편'이라고 느끼게 해 주려고 합니다. 실제로 학급 운영을 어렵게 만드는 아이들은 서너 명을 넘지 않아 그 아이들을 확실한 내 편으로 만들어 두면 일 년이 원만하게 지나갑니다."

— '성공적인 학급 경영 방법' 교사 세미나 대화에서 발췌

수업 의사소통

— 공을 주고받듯이 교사와 학생이 소통한다면…….

얘야, 손을 내밀렴.

내 안에서 빛나는 너의 신뢰의 빛을 받으며 걸을 수 있도록. — 하난 칸(Hannan

Kahn)

1. 의사소통 모형과 교실 의사소통

문제 상황의 갈등 이면에는 의사소통의 부재라는 원인이 깔려 있는 경우를 볼 수 있다. 의사소통은 흔히 서로의 감정과 생각이 서로 통한다는 뜻으로 사용된다. 매일의 삶을 돌이켜 보면 의사소통이 원활히 이루어지는 경우보다 불충분하게 이루어지거나 서로 의사소통이 이루어졌다고 착각하지만 그렇지 않은 경우가 훨씬 많다. 교실에서도 교사와 학생 사이에는 이와 같은 의사소통적 문제 상황이 항상 발생한다. 이 장에서는 일상생활에서 자신이 경험한 의사소통 상황을 떠올려보면서 의사소통을 이해할 수 있는 여러 가지 의사소통 모형을 살펴본다. 또한 의사소통 모형의 특징을 교실 의사소통 상황에 적용하여 의사소통의 개념을 이해하고 교실 의사소통을 구성하는 요소와 그 구조를 알아본다.

가. 메시지 중심 모형

Shannon & Weaver(1949)가 제시한 의사소통 모형은 오랫동안 일반적인 의사소통의 과정을 대표하는 이론으로 여겨졌다. 이 모형은 전파와 전화 기술의 발달을 반영하여 설계되었으며 크게 발신자, 채널, 수신자의 세 부분으로 이루어졌다. 예를 들어, 발신자는 전화기를 통해 자신이 전달하고자 하는 내용을 말한다. 이때 발신자의 음성이 전기 신호로 바뀌는 과정을 거쳐 채널로 전달되며 전기 신호는 다시 음성으로 바뀌어 수신자의 전화기로 전해진다.

이 모형은 의사소통의 주요 구성요소와 전달 과정을 단순하지만 강력하게 설명했다. 또한, 발신자와 메시지 중심의 모형으로 정보의 흐름이 발신자로부터 수신자에

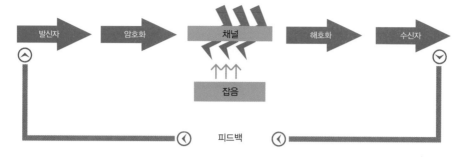

그림1-3 Shannon & Weaver(1949) 메시지 중심 의사소통 모형

게 일방향적으로 전달된다. 이 모형은 발신자와 수신자 간의 의사소통이 일어나는 과정을 간단하게 도식화하여 설명하는 데 효율적인 의사소통이 일어나기 위해서는 불확실성을 줄이는 것이 목표이다. 실제 의사소통 과정에는 여러 가지 잡음이 발생하고 이는 메시지가 최종 목적지인 수신자에게 전달되는 데 있어서 불확실성을 증가시킨다고 본 것이다.

이 모형을 교실에서 일어나는 수업 의사소통에 적용해 보자. 정보의 원천인 발신자는 교사에 해당한다. 교사는 메시지를 생산하며, 이 메시지가 수신자인 학생에게 성공적으로 전달되기 원한다. 하지만 메시지가 전달되는 과정은 순조롭지 않다. 전달 과정에서 잡음 또는 소음이 발생해 생산된 메시지가 목적지에 도착하는 것을 방해한다. 교실 상황에서 발생할 수 있는 소음에는 어떤 것들이 있을까? 우선, 물리적인 소음이 교사의 목소리가 전달되는 데 방해요소로 작용할 수 있다. 운동장에서 뛰어노는 아이들 소리, 옆 반에서 악기를 연주하는 소리, 수업 시간 중 예기치 않은 학교 안내 방송 등은 학생들에게 온전히 메시지가 전달되는 것을 방해한다.

이렇게 큰 소음이 아니라도 교실 안에서는 다양한 소리들이 교사와 학생의 주의집중을 방해한다. 1분만 눈을 감은 채 교실에 앉아서 들리는 소리의 목록을 만들어 보자. 예전에는 미처 의식하지 못했던(의자 끄는 소리, 책가방 여닫는 소리, 연필 굴러가는 소리 등등) 미세한 소리가 들리기 시작하면서 완벽하게 조용한 교실은 존재하기 어렵겠구나라는 생각에 고개를 끄덕이게 된다.

물리적인 소음뿐만 아니라 심리적인 소음 역시 교사의 메시지가 학생에게 전달되는 것을 방해한다. 교사의 메시지에 집중할 수 없게 만드는 수많은 심리적 요소들이 있다. 직전 체육 시간의 피로, 갑자기 쏟아지는 졸음, 잡념 등은 불행히도 교사의 메시지 전달을 방해하는 심리적 소음이다.

의사소통 초기 모형인 Shannon & Weaver(1949)의 메시지 중심 모형을 교실 수업 상황에 적용해 본다면 수업에서 학생들에게 주의를 집중하여 선생님의 말씀을 하나도 빠짐없이 듣고 이해하려 노력하는 역할이 기대된다. 교사는 메시지에 해당하는 수업 내용을 음성 언어 혹은 칠판이나 교과서를 활용한 문자 언어를 통해 정확하게 전달하고 학생들은 외부의 소음이나 내부의 잡념을 최대한 극복하려 노력하며 수업을 들었을 때 성공적인 의사소통이 이루어진다.

나. SMCR 모형

Berlo(1960)는 Shannon & Weave(1949)의 모형을 확장하여 '발신자Source', '메시지Message', '채널Channel', '수신자Receiver'의 약자를 딴 SMCR 모형을 만들었다. 이 모형은 '의미는 단어에 있는 것이 아니라 사람에게 있다.'는 관점을 반영한 것으로 다른 의사소통 모형에 비해 의사소통의 각 요소별로 의사소통의 과정과 결과에 영향을 미치는 요인을 나누어 제시한 점이 다르다. 또한, 기존의 모형이 정보 중심적인데 반해 이 모형은 인간에 대한 관심에서 출발하여 인간 의사소통의 복잡한 측면을 다양하게 이해할 수 있도록 하였다.

[그림 1-4]를 보면 발신자와 수신자의 하위 구성요소가 의사소통 기술Communication skills, 태도Attitude, 지식Knowledge, 사회 체제Social system, 문화Culture로 나뉜다. 이때 의사소통은 발신자와 수신자의 경험의 장이 서로 중복되거나 겹칠 때 더욱 효율적으로 일어난다. 발신자와 수신자가 공유하는 경험의 장이 겹치면 겹칠수록 의사소통이 원활하게 일어날 수 있다.

이 모형을 교실에서 일어나는 수업 의사소통에 적용해 보자. 발신자인 교사는 다양하다. 교사는 나름의 개성과 다양성을 지니며 교실 수업을 이끌어 나간다. 어떤 교사는 학생들과의 의사소통을 인식하고 표현하는 능력이 탁월할 수도 있고, 어떤

그림 1-4 Berlo(1960) SMCR 의사소통 모형

교사는 학생들 앞에서 이야기하는 데 수줍음을 느끼거나 표현을 하는 데 있어서 어려움을 겪을 수도 있다. 또 과학을 심화 전공한 교사가 있을 수도 있고 음악이나 체육에 있어서 특별히 전문적인 기술과 재능을 지닌 교사가 존재한다. 뿐만 아니라 사회에서 교직을 바라보는 관점이나 사회적 지위가 다를 수 있다. 일반 사무직에 비해 교직은 비교적 수평적인 의사소통 문화이며 학교급이나 성별에 따른 의사소통 방식은 교사가 교실에서 학생들과 의사소통을 하는 데 영향을 미친다. 문화도 발신자의 의사소통의 세부 구성 요인 중의 하나이다. 어떠한 취미를 지녔는지, 어떠한 종교 생활을 하는지 등은 알게 모르게 의사소통에 영향을 끼친다.

수신자인 학생 역시 매우 다양하다. 선생님과 눈을 맞추며 메모를 하면서 적극적으로 수업에 참여하는 학생이 있고 선생님의 설명 내용에 주의집중하기 어려움을 느끼고 발표하는 데 두려움을 느끼는 학생들이 있다. 또한 지식의 수준에 있어서도 배경지식이 풍부해서 교과 내용 이외에도 풍부한 시사 상식을 활용해 교과 내용을 확장하거나 심화할 수 있는 학생이 있는 반면 인지적인 어려움이나 게으름으로 인해 배경지식이 부족하여 교과 내용을 이해하는 데 어려움을 겪는 학생들이 있다. 학생들은 본격적으로 사회 체제에 속한 것은 아니지만 준비하거나 예비하는 과정에서 제도 교육을 받고 사회적으로 학생 신분에 맞게 행동해야 한다는 기대나 신념을 지니게 된다. 또한 학생들 역시 학교 안이나 밖에서 또래 문화를 형성하고 유행하거나 지배적인 또래 문화에 동조하는 경향을 보인다.

SMCR 모형은 의사소통의 다양성을 구체적으로 이해할 수 있는 틀을 제공해 주었다. 메시지는 고정되어 전달되는 것이 아니라 개인의 다양성에 의해 변화하며 구성된다. 즉, 교실 의사소통의 국면에 있어서도 통일된 하나의 의사소통 양상이 존재하는 것이 아니라 개별 교사와 학생의 특성에 기반하여 의미가 표현되고 이해되는 상호작용이 일어난다. 발신자와 수신자는 상호의존적인 관계를 형성함으로써 서로가 공유하는 이해의 장을 넓혀나가는 것을 목표로 하게 된다.

또한 기존 의사소통에서 채널이 음성이나 시각적인 면에 국한된 데 반해 이 모형에서는 시각, 청각, 촉각, 후각, 미각으로 감각의 경로를 다양화했다. 교실에서도 시각적이거나 청각적인 요소를 중심으로 교수 · 학습이 이루어지는 경향이 있는데 인간 의사소통에 있어서 의사소통의 채널을 다양화함으로써 보다 다층적이고 역동적인 의사소통이 일어날 수 있다.

다. 의미 중심 모형

Barnlund(1970)는 발신자 중심의 일방향적 의사소통 모형에 도전하는 상호교환적 의사소통 모형을 제안했다. 발신자와 수신자의 역할을 따로 구분하지 않고 누구나 발신자, 수신자의 역할을 상호 교대로 맡음으로써 '의사소통 참여자Communicators'로 명명했다. [그림 1-5]에서도 두 명이 서로 청사와 화자의 식일을 동시에 이고 있음을 알 수 있다. 즉, 발신자가 의미를 전달하고 수신자가 이에 반응하거나 피드백하는 선형적인 의사소통 구조가 아니라 의미의 전달과 피드백이 동시적으로 발생하는 쌍방향적 의사소통 구조이다.

또한 의사소통 모형에 맥락을 포함시켰다. 공적, 사적인 상황 맥락이 의사소통의 배경으로 작용하며 언어적 의사소통과 비언어적 의사소통을 구분하여 제시함으로써 상대적으로 소홀하게 여겨졌던 비언어적 의사소통의 역할을 드러내었다.

이 모형을 교실에서 일어나는 수업 의사소통에 적용해보자. 이전 모형과의 가장 큰 차이는 발신자와 수신자가 따로 구분되지 않고 동시에 참여자가 된다는 점이다.

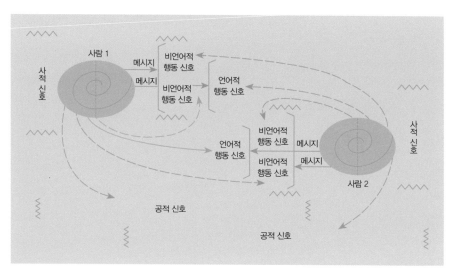

그림 1-5 Barnlund(1970) 의미 중심 의사소통 모형

교사와 학생이 의사소통 참여자가 되어 서로 질문하고 답하는 상황을 떠올려 볼 수 있다. 교사와 학생은 수업 내용에 대해 말하고 듣는 역할을 상호 번갈아 수행하면서 의미를 구성해 나간다.

시간적으로 보면 비언어적인 요소가 언어적 요소보다 선행해서 일어나는데 이는 비언어적 요소가 즉각적인 반응으로 거의 자동적으로 일어나는 데 비해 언어적인 요소는 대부분 의식적인 과정을 거쳐 발현된다는 것을 의미한다. 이때 비언어적 요소와 언어적인 요소가 일치하는 경우 메시지는 더욱 확실하게 상호 간에 소통될 수 있다.

또한 사적인 맥락과 공적인 맥락도 의사소통에 영향을 미친다. 교실이라는 공간은 주로 수업이라는 공적인 목적을 위주로 진행되지만 교사와 학생의 사적인 관계역시 영향을 미친다. 교사에 대한 호감이나 친밀감 등의 사적인 관계는 공적인 수업에 더욱 몰입할 수 있도록 동기 부여를 하는 데 도움을 준다.

라. 교실 의사소통의 지향점

위에서 살펴본 의사소통 모형은 일반적인 상황이나 대인관계에 있어서의 소통을 모형화한 것이기에 교실 의사소통에 적용하는 데는 일정한 한계가 있다. 하지만 의사소통의 핵심이 되는 여러 가지 요소와 전반적인 과정을 이해하는 데 도움을 주며, 교실과 수업 시간이라는 특정한 시·공간과 교사와 학생의 사이에서 일어나는 의사소통 현상을 이해하는 틀로 활용될 수 있다.

의사소통 모형은 일방향에서 쌍방향적인 상호작용으로, 단순하거나 획일적 구성요소에서 구성요소의 다양성과 개별성을 존중하는 방향으로 발전하고 있다. 또한 발신자가 만들어 낸 의미의 전달이 아닌 발신자와 수신자가 상호교섭적으로 의미를 구성하는 방향으로 의사소통을 이해하는 방향으로 발전하고 있다. 수업에서의 의사소통 역시 교사 중심의 지식 전달 수업에서 구성주의적 관점에서 학생의 능동적인 참여에 주목하고 있다. 교사와 학생은 수업을 통해 공동으로 지식을 구성해 나간다.

효과적인 수업 의사소통을 위해서 지향해야 할 교실 의사소통의 방향은 다음과 같다. 첫째, 각각의 의사소통 구성요소들이 활발하게 작동할 수 있는 환경을 제공해 주어야 한다. 수업 의사소통은 그 구성요소 및 하위 요소들의 상호작용에 따라 다양한 형태로 나타날 수 있다. 또한 구성요소들은 고정 불변이 아니라 가변적이고 유동적인 자원이다. 구성요소들이 상호 의미를 공유하며 의사소통 목적을 위해 발전적으로 의미를 구성해 나갈 수 있도록 지원해 줄 환경이 필요하다.

둘째, 구성원 간의 자유로운 의사소통이 보장되어야 한다. 교사와 학생, 학생과 학생 간에 활발한 의사소통이 일어나기 위해서는 허용적인 분위기가 필요하다. 지나치게 권위주의적이거나 집단주의가 강한 문화에서는 구성원들의 의사소통이 제한되거나 형식적인 소통의 상태에 머물기 쉽다. 구성원 간의 의미 있는 상호교섭이 일어나기 위해서는 상호 존중하는 분위기가 필요하며 구성원들의 의사소통 참여의 기회가 보장되어야 한다. 특히 상호 존중의 분위기가 형성되기 위해서는 각자의 언어, 비언어적 행동과 그 의도를 정확히 파악할 수 있도록 상대에 집중해야 한다.

셋째, 교실 의사소통의 목적을 달성할 수 있어야 한다. 교실 의사소통의 목적은 수업목표라고 할 수 있다. 교사는 수업의 목표를 중심으로 계획된 의도를 달성할 수 있도록 수업 내용인 의사소통의 메시지와 메시지의 의미가 구성될 수 있는 전달 방식을 효과적으로 선택하고 구성할 수 있어야 한다. 물론 수업이 교사가 의도한 대로만 흘러가는 것은 아니지만 교사는 학생들과 의사소통을 하는 과정을 메타적으로 인식하고 점검하면서 수업목표를 향해 나아가야 한다.

넷째, 수업 의사소통은 지속적인 관점에서 학생이 인지적, 행동적, 정서적 측면에서 긍정적인 성취를 경험할 수 있도록 해야 한다. 수업 의사소통은 한 차시에 그치거나 일회적으로 끝나는 것이 아니다. 일정 기간 이상 교사는 학생들과 지속적으로 의사소통을 하면서 관계를 맺고 유지하고 발전시켜 나가게 된다. 교사는 수업을 통해 학생들이 지식, 기능, 태도면에서 성장을 경험할 수 있도록 도와주어야 한다. 교실에는 다양한 학생들이 존재하기 때문에 개별 학생들이 교사와 맺는 관계는 매우 다양한 요구와 수준을 충족시킬 수 있어야 한다. 교사는 수업 의사소통을 통해 개별 학생들의 반응을 관찰하고, 이에 따라 수업 의사소통의 구성요소들을 조정함으로써 이상적으로는 개별화된 학습이 일어날 수 있도록 배려할 수 있다.

마지막으로 수업 의사소통은 구성원 간의 소통과 배움을 통해 공동체적 관계를 경험할 수 있어야 한다. 교사와 학생은 인지적·정서적으로 공감하며 소통하면서 서로 유대감을 느끼고 공동체 의식을 함양해 나갈 수 있다. 구성원 간의 자유롭고 다양한 의사소통이 보장되면 공동체 구성원들은 획일성에 대한 강조를 지양하고 다원화된 가치 체계를 인정해 나가는 바탕을 마련할 수 있다. 또한 수업을 통해 긍정적 의사소통을 경험하면 이는 수업 이외의 다양한 사회적 공간으로 전이될 수 있으며, 공동체 구성원이 협력하여 공동의 발전을 향한 의사소통을 지속해 나갈 수 있다는 신념으로 발전할 수 있다.

2. 교사의 듣기와 비언어적 의사소통

가. 교사의 듣기

1) 듣기의 중요성

일상생활에서 또는 교실 수업에서 듣기는 막대한 시간을 차지한다. 그래서 듣기에 대한 바른 이해를 바탕으로 한 연습과 훈련이 필요하다. 잘못된 듣기는 인간 행위 가운데 그 어떤 행위보다도 더 심각하게 인간관계의 문제를 일으킨다. 교사로서 인간관계 증진을 기본으로 한 효과적인 의사소통 환경을 갖춘 교실 분위기를 만드는 것은 매우 중요하다.

수업에서 교사가 일방적으로 설명하고 지시하기도 하지만, 질문을 통해 학생의 대답을 유도하거나 행동을 요구하는 경우가 많다. 이때 교사는 학생의 발화를 경청하면서 공감을 표시하고, 적절한 청자반응을 보이는 것이 중요하다. 교사가 질문을 한 후에 대답을 제대로 듣지 않는다든지, 컴퓨터를 조작한다든지, 다른 학생에게 주목하는 것은 학습자의 의욕을 떨어뜨리고, 학생과의 관계를 악화시키는 요인이 된다. 교사의 적극적 듣기는 다음과 같은 효과가 있다.

- 적극적 듣기 태도는 교사에 대한 학생의 신뢰를 높인다.
- 잘 들어주는 것은 학생의 학습 의욕을 살리는 주요 요소이다.
- 적극적으로 듣는 교사는 학생에게 은연중에 듣기 모델로 작용한다.
- 학생의 학습 상태를 진단하고, 교수·학습 진행 과정을 조절한다.

수업에서 교사의 듣기와 관련된 특징은 다음과 같이 정리할 수 있다.

첫째, 수업에서 특정 학생이 발언할 때 교사는 그 말을 경청할 뿐 아니라 교실에 있는 나머지 학생들의 입장에서 들으면서 학생의 발화를 조정해야 하는 경우가 많다. 이는 일상 대화 상황에서의 듣기와 다른 측면이다.

둘째, 교사는 학생의 학습 효과를 높이기 위해서 학습 상황을 조정하며 들어야 하는 경우가 많기 때문에 경청하기가 어려울 때도 있다. 때로 교사는 잘 듣고 이미 알고 있으면서도 짐짓 모르는 척하며 다른 학생들이 잘 듣도록 유도하기도 하고, 다른 생각을 하면서도 경청하는 자세를 취하기도 한다.

셋째, 교사가 수업 상황에서 학생의 말을 듣고 정리할 때는 시선을 맞추고, 말하는 학생의 불완전한 내용을 보완하여 반복하고 정리하며 듣는다. 때로는 토론에서 사회자와 같은 역할을 하며 학생들의 발표를 들어 주기도 하고, 특정 학생의 발언을 전체 학생들에게 반복해서 전달하면서 듣기도 한다.

넷째, 수업 상황에서 교사는 단순히 경청하는 것만이 아니라 평가하면서 듣고, 그것을 언어적 비언어적으로 표현하면서 들어야 한다. 교사는 학생이 정확하게 이해하고 있는지, 학습 진행 과정에서 문제점이 없는지를 발견하기 위해서 평가와 진단을 목적으로 듣기도 한다.

2) 적극적 듣기 전략

교사의 적극적 듣기 전략의 핵심은 학생과의 의사소통에 몰입하는 것이다. 적극적 듣기는 수동적인 행위가 아니라 말하기 이상으로 적극적이고 능동적인 태도를 요구한다. 교사가 적극적으로 듣고 있음을 인지한 학생은 그 자체만으로도 자신의 대답에 대한 적절하고 효과적인 피드백으로 인식한다.

가) 듣기 위한 분위기 조성하기

교사는 학생과의 관계에서 수시로 학생의 말을 공감적으로 듣겠다는 의미의 언어적 조치를 취할 수 있다. 예를 들어, "이건 딱히 정답이 없는 거예요. 여러분의 다양한 생각을 듣고 싶군요.", "틀려도 괜찮아, 생각나는 대로 한번 얘기해 볼래?", "네 생각이 참 궁금하구나!", "아무런 부담 갖지 말고 편하게 말해 볼래?" 등이 해당된다. 이때 중요한 것은 교실의 허용적인 분위기이다. 물론 허용적인 분위기는 미리 안내한다고 형성되지는 않는다. 오히려 이런 안내를 수시로 한다는 것 자체가 의례적이고 형식적인 것으로 오해되어 역효과를 초래할 수 있다.

하지만 학기 초에 교사는 학생과의 관계를 형성할 때 수업 의사소통의 기본적인 규칙을 설명함으로써 학생들이 이를 받아들이고 적응할 수 있도록 도울 수 있다. 허용적인 분위기는 비언어적인 행동을 통해서도 나타나기 때문에 교사는 학생의 말을 기다리고 있으며 학생의 질문이나 발언에 대해 궁금증을 지니고 기꺼이 들을 준비가 되어 있다는 표시를 할 필요가 있다.

또한 대화가 한번 시작되고 난 후에 상호작용이 지속되기 위해서는 교사는 학생과의 대화를 이어나갈 수 있도록 분위기를 조성할 필요가 있다. 이 방법으로 학생에게 더 말하게 하기가 있다. 학생이 이야기하고 있는 것을 잘 이해하지 못했다면 "그래서? 어떻게 되었는데?", "그렇구나. 더 듣고 싶은데 이야기해 주겠니?", "계속해 봐"라고 요청할 수 있다. 이와 같은 요청은 교사가 학생의 이야기에 몰입하고 있다는 인상을 주며 편안한 상태에서 이야기를 들을 준비가 되어 있다는 의도를 표시하는 효과가 있다.

나) 공감하기 및 감탄하기

공감하기는 학생의 말을 평가하거나 분석하는 것이 목적이 아니라 학생의 생각이나 감정을 이해하는 데에 목적이 있다. 따라서 이런 반응은 학생과 교사의 관계를 증진하는 데에 효과적이다. 언어적인 공감하기로는 "그랬구나", "맞아, 맞아", "그게 그렇더라", "얼마나 힘들었을까?" 등이 있다. 비언어적인 공감하기에는 지속적으로 눈을 마주치면서 고개를 끄덕이거나, 온화한 미소를 띠고 지그시 바라보기, 무릎치기 등이 있다.

교사가 학생이 하고 있는 말을 잘 듣고 있다는 것을 확인시켜주는 또 다른 공감적 반응으로 감탄하기가 있다. "어쩜!", "세상에!", "저런!", "어휴!" 등은 언어적인 감탄하기이다. 비언어적 반응으로서 감탄하기를 효과적으로 나타내기 위해서는 말하는 가운데 지속적으로 동의를 나타내는 의미로 고개를 천천히 끄덕이거나 눈을 맞추고 온화한 표정을 지으면서 들을 필요가 있다. 이후 학생의 감정에 공감해 주면서 학생이 인정받거나 이해해 주기를 원하는 대목에서 감탄사나 감탄하는 시선 및 동작을 취함으로써 학생은 교사가 마치 자신의 일처럼 공감해 주고 있음을 느껴 심리적 지지를 받을 수 있다.

다) 바꿔 말하기

바꿔 말하기는 학생이 말한 메시지 내용과 느낌을 재진술하는 것이다. 이는 단순히 학생이 한 말을 앵무새처럼 따라하는 것과는 다르며, 학생의 말 자체보다 그 속에 들어있는 의미를 이해하려 노력하는 행위를 말한다.

[자료 2-1]

(1) 학생: 선생님, 제가 하기로 한 조별과제 있잖아요. 그게 좀 힘들어요. 민지랑 만날 약속을 정했는데 계속 연락이 안 되고, 원래 민지가 하기로 한 부분이 있었거든요. 그런데 저 혼자서는 어떻게 해야 할지도 모르겠고요… 암튼… 그래요.

(2) 교사: 민지랑 함께 하기로 한 과제인데 연락이 잘 안되었던 모양이구나. 혼자서는 어렵고 막막했겠네.

[자료 2-1]은 교사가 학생의 말을 단순히 재진술하는 것을 넘어 학생이 겪는 어려움의 내용을 이해하고 정리하면서 이에 적절히 반응하는 모습을 보여주고 있다.

라) 지각력 점검하기

지각력 점검하기와 바꿔 말하기는 둘 다 학생이 말하고자 하는 바를 명료화한다는 점에서 비슷하다. 그러나 바꿔 말하기와 달리 지각력 점검하기는 마지막 발화에 국한되지 않고, 좀 더 긴 시간의 행위와 관계가 있다.

학생 중 한 명이 일주일 내내 수업에 지각하고 수업에 참여하지 않으며 숙제도 해 오지 않는 상황을 가정해 보자. 교사는 학생을 불러서 이야기할 필요성을 느낄 것이다. 이때 '지각력 점검하기'를 활용할 수 있다. "○○야, 선생님이 지켜보니 네가 일주일 내내 지각을 하고, 숙제도 해오지 않았더구나. 오늘 수업 시간에 묻는 질문에 전혀 대답도 하지 않고 말이야. 이런 상황을 보니 혹시 무슨 문제가 생긴 게 아닌가 싶어 걱정이 되는데, 너는 어떻게 생각하니?" 이 상황은 학생이 자신의 문제 행동을 제대로 지각하고 있는지를 점검하기 위한 목적으로 발화한 것이다. 이와 같은 교사의 상황 판단에 대한 객관적인 진술은 학생이 지금 자신이 어떤 문제 행동을 보여 왔는지를 정확하게 지각하게 만드는 효과가 있다. 교사가 자신을 부정적으로 본다는 느낌에 집중하지 않고 문제 행동에 대해 집중하여 상황을 지각할 수 있도록 돕기 위한 발화로 볼 수 있다. 학생들은 교사가 자신에 대한 선입견이나 고정 관념을 지닌 채 지시하거나 질책한다고 억울해 하는 경우가 많다. 따라서 학생이 상황을 어떻게 지각하고 있는지를 교사가 점검해 보는 것은 불필요한 감정싸움을 피할 수 있도록 도와준다. 어떤 가정이나 추측이 없이 다른 사람과 의사소통하는 것은 어려운 일이다. 하지만 효과적인 의사소통을 위해서는 이러한 가정과 추측을 점검해 볼 필요가 있다.

마) 질문하기

한 사람의 말을 계속 듣고만 있는 것은 힘든 일이다. 또한 집중하며 경청해야 한다면 더욱 그러하다. 말하는 사람 역시 자신만 말을 하고 있다고 생각하면 괜히 위축될 수도 있다. 대화를 지속해 나가기 위해서는 청자 역시 때때로 질문을 함으로써 상호작용을 활성화할 수 있다. 학생이 말한 내용이 이미를 모르겠거나 어떤 목적이나 의도로 말한 것인지 이해되지 않을 때는 적절한 타이밍에 질문을 해야 한다. 질문은 이야기를 나누고 있는 학생에게 교사가 그들의 생각, 경험, 잘한 점 등에 관심을 가지고 있다는 것을 보여줄 수 있다. 질문 역시 화자의 말에 대한 반응으로 서로 감정과 의미를 공유해 나갈 수 있는 언어적 행위이다. 따라서 공감적 경청을 위한 질문을 할 때는 상대에게 공격적으로 들릴 수 있거나 추궁하는 듯 한 질문은 삼가는 것이 좋다.

바) 침묵 활용하기

침묵은 상황이나 분위기에 따라 긍정적으로 작용하기도 하고, 부정적으로 영향을 미치기도 한다. 대개 교실에서 일어나는 침묵을 떠올리면 교사의 권위적인 태도에 대하여 침묵을 유지하는 태도를 떠올릴 수 있다. 그만큼 교실에서의 침묵에 대해서는 준비가 되어있지 않거나 낯설게 여기는 경우가 많다. 따라서 사전에 침묵에 대한 약속이나 훈련을 통해 긍정적인 침묵을 활용할 필요가 있다. 이를 위해 교사는 특정 상황에서 교사가 침묵할 때, 그 침묵이 '적극적 듣기'를 위한 징표임을 학생들이 인식할 수 있도록 미리 안내할 필요가 있다. 또한 학생이 침묵을 하는 경우에도 "괜찮아. 천천히 생각해.", "지금 당장 생각이 떠오르지 않는다면 생각이 정리되면 말해도 좋아." 같은 말을 해 주어 침묵이 흐르는 상황에서도 교사와 학생이 어색해하지 않으면서 충분히 생각하며 대화를 이어나갈 수 있는 분위기를 만들어야 한다.

나. 교사의 비언어적 의사소통

비언어적 의사소통non-verbal communication은 음성언어 위주의 언어적 의사소통을 제외한 나머지 유의미한 의사소통을 가리킨다. 비언어적 의사소통은 말을 할 때 따라오게 되는 억양, 강세, 속도, 휴지, 침묵 등과 같은 준언어적 의사소통Communication과 표정, 시선, 손짓, 자세, 의상과 같은 신체 언어body language, 시간, 거리, 공간, 배경 등의 상황 언어situational language로 나눌 수 있다.

일상생활에서 사람들은 언어적 의사소통과 비언어적 의사소통을 구분하여 사용하기보다 자연스럽게 함께 사용한다. 비언어적 의사소통은 언어적 의사소통을 대체해 주거나 언어적인 의미를 비언어적 표현으로 강화해 준다. 하지만 언어와 비언어가 서로 상충되는 메시지를 전달하여 상대방에게 혼란스러운 상황을 만들기도 한다. 이와 같이 언어적 의사소통의 의미와 비언어적 의사소통의 의미가 상충될 때 대부분의 사람들은 언어적 의사소통의 의미보다 비언어적 의사소통의 의미에 기대어 상황적 의미를 해석하는 경우가 많다. 다음과 같은 예를 떠올려 보면 쉽게 이해할 수 있다.

[자료 2-2]

((사소한 일로 다툰 연인 사이에 여자가 먼저 남자에게 말을 건다.))

(1) 여자: 자기, 아직도 화났어?

(2) 남자: ((가라앉은 목소리로)) 아니. 괜찮아.

(3) 여자: 내가 보기엔 안 괜찮은 거 같은데 아직도 나한테 화난거야?

(4) 남자: ((큰 목소리로 흥분하며)) 정말 화 안 났다니까.

위 상황에서 남자의 언어적 메시지 '괜찮아', '정말 화 안 났다니까'라는 말을 믿을 사람보다 (가라앉은 목소리로), (큰 목소리로 흥분하며)와 같은 비언어적 메시지에 기대어 상황을 해석할 사람이 더 많을 것이고 그 쪽이 더 현명해 보인다.

하지만 비언어적 표현은 언어적 표현에 비해 매우 모호하다. 보는 사람에 따라 비언어적 표현을 다르게 해석할 수도 있으며, 비언어적 표현은 사람에 따라 여러 가지 다양한 형태로 노출되기 때문에 이것만을 근거로 상황을 이해하거나 해석하기에는 불확실성이 커진다. 비언어적 의사소통은 즉각적이거나 무의식적일 수는 있어도 언어적 메시지와 같은 명확성을 지니지 못한다. 예를 들어 다음과 같은 상황을 떠올려보자.

[자료 2-3]

((교실에서 교사가 학생을 불러 꾸중을 하고 있다.))

(1) 교사: 너, 자꾸 귀를 만지는데 거짓말하는 거 아니니?

(2) 학생: ((눈을 마주쳤다가 고개를 떨구며)) 아니에요.

(3) 교사: 계속 아래만 보는 걸 보니까 뭔가 숨기고 있는 게 틀림없어.

(4) 학생: 정말 아니라니까요.

둘 사이의 진실은 알 수 없다. 적어도 교사는 귀를 만지거나 눈을 마주치지 못하는 등의 비언어적 행동을 보고 학생이 거짓말을 하고 있다고 짐작하고 있다. 하지만 이는 어디까지나 추정일 뿐이다. 학생은 정말 거짓말을 하고 있지 않을 수도 있고 심지어 오해를 받아 억울한 상황일 수도 있다.

이와 같이 모호한 비언어적 의사소통의 특성 때문에 대부분의 연구는 음성언어 위주로 이루어져 왔다. 하지만 Maharabian(1972)이 조사한 바에 의하면, 구어적 의사소통 상황에서 언어적 의사소통, 즉 음성언어를 통한 의미 소통은 7%에 불과하고 비언어적 의사소통은 93%(준언어 38%, 신체언어와 상황언어 55%)에 달한다. Birdwhistell(1970)의 연구에서도 음성언어를 통해 소통되는 의미는 30~35%에 불과하다고 보았다. 실제적인 대면 의사소통 상황에서 비언어적 의사소통의 영향력은 상대적으로 높으며 중요한 단서가 되는 행동들은 언어적인 표현보다 더 의사소통에 기여하는 것으로 보인다.

1) 비언어적 의사소통의 기능

Cooper(2007)는 교실에서 교사가 사용하는 비언어적 의사소통의 기능을 여섯 가지로 정리하고 있다. 교사는 수업시간에 비언어적 수단을 활용하여 자기 표현하기, 규칙과 기대 확인하기, 피드백하기, 친밀감 형성하기, 대화의 흐름 조정하기, 교실 통제하기를 한다.

가) 자기 표현하기

교사가 학생들에게 자신이 어떠한 사람이라고 굳이 말로 표현하지 않더라고 비언어적 수단을 통해 교사는 자기 표현을 할 수 있다. 예를 들어, 어떤 교사가 수업 시간의 정보의 원천이 자신에게 있다고 여기고 권위 있는 이미지로 학생들에게 자기 표현을 하고 싶다면 비언어적인 단서를 통해 이러한 의도가 반영될 수 있다. 교사는 늘 꼿꼿하게 서서 수업을 할 것이고 명령적인 목소리로 말할 것이며 교실 정면에 정위치하여 수업을 할 것이다. 학생 역시 비언어적인 수단을 통해 자기 표현을 할 수 있다. 고개를 끄덕이거나 필기를 한다거나 교사에게 집중하는 모습을 보임으로써 교사에 대한 권위를 인정하는 비언어적 자기 표현의 자세를 취할 것이다.

나) 규칙과 기대 확인하기

교사가 "기한을 넘겨서는 과제를 받지 않는다. 예의를 지키지 않는 태도는 용서할 수 없다."와 같은 학급 규칙을 언어적으로 말하기도 하지만 많은 규칙들은 비언어적으로 소통된다. 교사가 아무 말 없이 굳은 표정으로 학생을 오랫동안 응시하거나 학생을 향해 손이나 손가락을 흔드는 동작을 취하면, 학생들은 교사의 표정이나 손짓을 보고 자신의 행위가 적절하지 않으며 규칙이나 교사의 기대에 어긋난다는 것을 알아차리게 된다. 교실에서 교사는 학생에게 요구되는 규칙이나 기대를 표정, 눈맞춤, 몸짓, 자세 등을 통해 드러낼 수 있고 교실의 자리 배치, 휴식 시간의 조정과 같은 상황적 언어를 통해서도 통제할 수도 있다.

다) 피드백 제공하기

교사가 "잘했어."라는 말을 하지 않더라도, 학생은 교사의 얼굴 표정, 눈맞춤, 접촉 등의 몸의 움직임을 보고 자신에 대해 교사가 어떻게 생각하고 평가하고 있는지를 알 수 있다. 교사가 미소를 짓거나, 고개 끄덕이거나, 부드럽게 학생의 어깨를 두드린다면 학생들은 이와 같은 비언어적인 표현을 이해하고 칭찬의 의미로 받아들인다. 마찬가지로 교사가 눈살을 찌푸리거나, 미심쩍은 시선을 보내거나, 한쪽으로 고개를 비스듬하게 기울이면 학생은 혹시 자신의 행동이 문제가 되지 않는가를 점검하게 된다.

라) 친밀감 형성하기

교사와 학생 사이에 형성된 친밀감은 교사와 학생의 긍정적 관계 형성에 도움이 될 뿐 아니라 학생들에게 긍정적인 동기부여를 제공하여 실제적인 학업 성취에 도움을 줄 수 있다. 교사가 수업 시간에 늘 미소를 짓거나 학생을 따뜻한 시선으로 바라봐 주면 학생들은 교사가 즐겁게 수업을 하고 있으며 학생들을 좋아한다고 느낀다. 반면에 팔짱을 끼고 학생들과 거리를 유지한 채 다가서려 하지 않는다면 학생들은 교사와의 관계에 있어 어려움이나 두려움을 느낄 수 있다.

마) 대화의 흐름 조정하기

교사는 수업 진행에 있어서 주도권을 지니고 있기 때문에 수업 시간에 누가, 얼마나 자주, 얼마나 오랫동안, 언제 말하는지 등을 결정할 수 있다. 교사는 눈맞춤이나 손짓을 활용하여 특정 학생이 발표할 수 있도록 유도할 수도 있고 발언을 독점하는 학생의 시선을 회피하거나 잠시 기다리라는 의미의 손짓을 활용하여 발언권을 조정할 수도 있다. 학생 역시 발표 의사를 표시하거나 다른 학생 의견에 대한 찬성과 반대의 표시를 손짓으로 나타낼 수 있다. 언어적인 수단이 아닌 비언어적 수단을 활용하여 수업 대화의 흐름을 조정하게 되면 일차적으로는 교사의 지시적이거나 명령적인 말이 줄어들게 되어 좋고 수업 대화의 흐름을 끊지 않으면서 비언어를 효과적으로 활용하여 동시에 수업진행을 할 수 있어서 집중에 도움이 된다.

바) 교실 통제하기

비언어적 의사소통 수단은 학생의 바람직한 행위를 촉진하고 바람직하지 않은 행위를 통제하는 데 모두 사용될 수 있다. 비언어적 행위는 학급을 통제하는 데 언어적 행위보다 더 효과인 경우가 많다. 언어적인 질책은 분명하게 전달되는 효과는 있지만 지적을 받은 학생에게 반발감을 줄 수 있다. 하지만 비언어적 행위는 이를 중화시켜 주며 지시하는 의미에 집중할 수 있게 도와준다. 서너 명의 학생들이 떠들고 있는 상황을 가정해 보자. "조용히 해. 떠들지 말고."라고 주의를 주는 것보다 이 학생들과 눈맞춤을 계속 하거나 그들에게 다가가 곁에 서 있으면 학생들은 떠들다가 멈추고 교사를 바라볼 것이다. 또한 학생들이 수업에 더 적극적으로 참여하기를 바랄 때도 비언어적인 의사소통 수단을 활용할 수 있다. 예를 들면, 학생들이 서로 바라볼 수 있도록 반원으로 앉게 하고, 교사도 학생들 옆에 나란히 함께 앉는다면 학생들은 수업에 보다 능동적으로 참여할 것이다. 또한 교사가 질문을 한 뒤에 몇 초 동안 멈춤으로써 학생들은 자신의 생각을 떠올리고 수업에 더 활발하게 참여할 수 있다.

2) 비언어적 의사소통의 유형

가) 준언어

준언어란 언어적 내용과 분리된 음성적 요소로써 목소리의 음조, 강세, 말의 빠르기, 목소리의 크기, 억양 등을 포함한다. 사람의 목소리는 자신이나 다른 사람에 대한 감정을 전달하는데 교사가 사용하는 준언어적 단서 역시 교사의 태도를 전달하기도 한다. 예를 들어, 교사가 조금은 상기된 상태에서 약간 크고 높은 목소리로 "아주 잘 했어!"라고 말한다면, 교사가 학생의 의견에 찬성한다는 것을 전달할 수 있다. 만약 같은 말을 낮고, 차분하고, 빈정거리는 어투로 말했다면 교사가 학생의 의견에 찬성하지 않는다는 것을 전달할 수 있다. 일반적으로 감정이 긍정적일수록 속도는 더 빨라지고, 소리는 더 커지고, 높낮이는 더 다양해진다. 학생들은 교사의 음성을 하루 종일 듣기 때문에 교실 분위기나 학생과의 관계에서 준언어적 의사소통의 비중은 상당하다고 할 수 있다. 위압감을 주거나 차가운 어조의 목소리보다 따듯하고 부드러운 목소리가 학생들에게 긍정적인 영향을 미치는 것은 당연하다.

나) 신체언어

유능한 교사의 비언어적 의사소통 양상을 보면 다른 교사들보다 훨씬 더 많은 동작을 사용하여 학생이 주의를 집중할 수 있도록 하고 학생과의 긍정적인 상호작용을 유지하며 된다. 또한 역동적인 교사는 자신뿐 아니라 학생에게 비언어적인 반응을 유도함으로써 더 긍정적이고 적극적인 수업 참여 태도를 이끌어 낸다.

교사의 동작행위kinesic behavior는 학생의 성취에도 영향을 준다. Wycoff(1973)는 몸짓, 수업 중 잠시 멈춤, 교실 돌아다니기와 같은 신체언어를 활용하여 중학생과 초등학생을 대상으로 수업을 진행하고 이해력 검사를 실시하였다. 실험 결과는 중학생의 경우 교사의 동작이 많을수록 더 높은 점수가 나왔지만 초등학생의 경우 왕성한 교사의 동작에 노출된 학생이 신체 언어가 적은 교사에게 배운 학생보다 더 낮은 점수를 보였다. 교사의 동작이 중학생에게는 자극의 다양성을 증가시켜 주의를 집중하도록 하기도 하지만 초등학생에게는 오히려 주의력을 흩뜨릴 수 있다고 해석할 수 있다. 이후 연구들을 통해 교사가 너무 가만히 있거나 너무 주의산만하게 동작을 하는 경우 모두 학업 성취에 부정적인 영향을 초래한다는 결과들이 보고되었다. 교사는 적절하고 효과적인 신체언어를 활용해 학생들과 소통하고 수업 내용을 효과적으로 가르칠 수 있어야 한다.

(1) 눈맞춤

눈은 사람의 마음을 끄는 힘을 지녔다. 눈은 마음의 창이라고도 하는데 눈을 맞춘다는 것은 상대에 대한 관심을 의미하며 다른 사람과 소통하려하는 의도를 지닌 것으로 이해할 수 있다. 일방적으로 응시를 하게 되면 상대가 불편해하거나 불안해할 수 있지만 상호 간에 눈을 맞추게 되면 친근감과 동시에 집중의 효과를 가져올 수 있다. 예를 들어 교사가 질문하고 바라볼 때 대답하기를 원하지 않는 학생들은 시선을 회피하는 반응을 보이는 반면, 대답하기를 원하는 학생은 교사와 눈을 맞추거나 교사가 자신을 바라봐 주기를 기다릴 것이다.

눈맞춤은 이처럼 대화의 흐름을 조절하고 피드백하기도 하지만 서로의 관계를 정립하기도 한다. 예를 들어, 실내에서 선글라스를 벗지 않고 있는 경우 선글라스를 쓴 사람은 다른 사람을 자유롭게 볼 수 있지만 상대는 그의 눈을 볼 수 없게 되어 일방적인 시선 접촉을 하게 된다. 이러한 일방적인 관찰은 힘의 불균형을 가져와 상대를 주눅들게 하는 효과를 나타낸다. 즉 눈맞춤을 통해 권위를 드러내거나 복종을 강요하는 듯 한 인상을 주기도 한다.

또한 눈맞춤은 문화권에 따라 다른 의미로 해석될 수도 있다. 일반적으로 동양에서는 교사를 정면으로 바라보고 응시하는 행위가 도전으로 받아들여지는 경우가 많으며 학생이 교사 앞에서 시선을 아래로 향하는 것을 공손함을 의미하는 것으로 해석하기도 한다.

수업 상황에서 교사와 학생의 눈맞춤도 일방향적인 것으로 인식되거나 제재나 통제의 수단으로 활용되기보다는 상호적인 관점에서 친밀한 관계와 서로 호감을 느끼는 정서를 나눌 수 있는 통로로 적극 활용될 필요가 있다.

(2) 얼굴 표정

얼굴 표정은 학습된다기보다는 타고나는 것이라고 보는 사람들이 많다. 사람들은 놀라거나, 슬프거나, 행복하거나 분노할 때 자신의 기분과 감정을 얼굴 표정을 통해 드러낸다. 얼굴 표정은 즉각적인 반응으로 나타나고 사라지기 때문에 교사는 학생의 반응을 살펴보기 위해서 주의 깊게 얼굴 표정을 살펴볼 필요가 있다. 학생들의 얼굴 표정은 상황에 따라 수시로 변화하기도 하는데 교사는 학생들의 얼굴 표정을 읽어내어 수업의 흐름에 대한 반응을 확인하고 이에 대해 적절히 점검하고 조정할 수 있어야 한다. 교사는 학생의 얼굴 표정을 통해 다루고 있는 제재에 대한 학생의 이해 정도를 파악할 수 있다. 그러나 얼굴 표정만으로는 이해 정도를 파악하는 데 한계가 있기 때문에 다른 비언어적인 단서들과 종합하여 판단할 필요가 있다. 이렇게 학생의 얼굴 표정을 살피는 데 있어 민감성을 기르고자 하는 태도가 필요하다.

마찬가지로 교사 역시 무의식적으로 드러나는 자신의 얼굴 표정에 신경을 써야 한다. 항상 밝은 미소를 짓거나 기분 좋은 표정을 하는 교사는 학생들이 다가가기 쉽고 친밀하게 느낀다. 반면에 지치거나 무관심한 표정을 나타내거나 감정을 알 수 없는 무표정한 반응을 보인다면 학생이나 교사가 자신들이나 교과목에 대해 무관심하다고 여긴다. 자신의 얼굴 표정을 항상 관리하기는 어렵겠지만 교사는 자신의 표정을 상황에 맞게 적절히 관리할 필요가 있다. 물론 교사는 배우가 아니기 때문에 얼굴 표정에만 신경 쓸 필요는 없다. 하지만 슬픈 상황에서는 자신이 표정을 어제하여 상대의 슬픔에 동조하고 공감할 필요가 있듯이 상황에 적절한 표정으로 학생들과 소통하려 노력할 필요가 있다.

(3) 몸짓(제스처)

몸짓은 상대방에게 시각적 신호를 보내는 여러 가지 동작을 말한다. 제스처는 언어가 없는 상황에서도 보편적으로 쓰일 수 있는 의사소통 수단이 되기도 하지만 다분히 문화적 산물이기도 하다. 똑같은 몸짓이라도 문화권에 따라서 전혀 다른 의미로 해석될 수 있기 때문이다. 또 제스처는 자극에 대한 반응으로 무의식적이면서도 본능적으로 표현되는 몸짓언어이기도 하다. 이러한 비언어적 몸짓은 음성언어에 비해서 더 큰 영향력을 가지며 이들이 서로 일치하지 않은 경우 사람들은 비언어적 몸짓언어를 더 신뢰하는 경향이 있다.

몸짓은 아주 자연스럽고 꾸밈이 없을 때, 또는 언어적인 메시지와 함께 고양되고 조화를 이룰 때 영향력을 발휘하게 된다. 따라서 불필요한 동작이나 경박한 몸짓을 하지 않도록 조심해야 하는 데 특히 공식적인 자리나 엄숙한 자리에서 말을 할 때는 더욱 정중하고 조심스럽게 행동할 필요가 있다. 머리를 수시로 까딱댄다든지 몸 전체를 불필요하게 흔들거나 움직이는 행동은 말하는 사람에 대한 신뢰를 떨어뜨릴 뿐만 아니라 메시지를 효과적으로 전달하는 데도 방해가 되기 때문이다.

(4) 자세

다른 신체언어와 마찬가지로 자세도 그 사람의 신상이나 마음가짐 등에 대해서 많은 정보를 전달해 준다. 우선 사람의 자세는 그의 신분이나 나이, 건강, 심리 상태 등에 대해서 꽤 많은 정보를 알 수 있게 해 준다. 대개 신분이 높은 사람은 고자세를 유지하는 데 반해서 그렇지 않은 사람은 저자세를 유지하고 있다. 또 성격이 적극적인 사람은 늘 진취적인 자세를 취하는 데 반해서 성격이 소극적인 사람은 항상 불안한 자세를 취하는 경향이 있다.

우리 문화에서는 특히 몸의 자세를 중시해서 어른이 말할 때는 바른 자세로 들어야 한다거나 어른에게는 공손한 태도로 말해야 한다는 등의 암묵적인 규약이 있다. 이는 몸의 자세가 그 자체로 상대방에 대한 인식이나 태도에 대한 많은 메시지를 전달하기 때문이다. 어른 앞에서는 팔짱을 끼거나 손으로 턱을 고이는 자세를 취하지 않는 것이 좋다. 왜냐하면 그러한 자세가 상대방의 의견을 있는 수용하지 않겠다거나 생각해 본 다음 나름대로 다시 고려해 보아야겠다는 의미로 읽힐 수 있기 때문이다.

교실에서 교사가 팔을 접어 자신을 감싸고 있는 자세를 보인다고 하면 학생들은 교사에게 다가가는데 어려움을 느낄 수 있다. 자신을 감싸는 자세는 방어적으로 보여 자신만의 시간을 필요로 한다는 의미를 전달하기 때문이다. 약간 팔을 벌린 모습으로 개방적인 자세를 취할 때 학생들은 보다 편안하게 교사에게 다가가 말을 걸 수 있다.

(5) 신체 접촉

사람들은 접촉을 통해 감정적 지지, 애정, 격려와 같은 의사소통적 교류를 많이 경험한다. 태어나면서 줄곧 엄마 품에 안겨 있는 아기처럼 사람들은 접촉을 통해 인간관계가 깊어지는 것을 느낄 수 있다. 학생과 교사 사이에서 접촉의 양은 유치원에서 초등학교 6년을 거치는 동안 점차로 줄어들지만 일반 성인에 비하면 여전히 많은 편이다. 교사는 신체 접촉을 효과적으로 사용하여 그들에게 관심을 갖고 있다는 것과 그들의 생각과 감정을 공감하고 이해하고 있다는 것을 효과적으로 전달할 수 있다는 것을 알아야 한다. 연구에 의하면 접촉이 많은 양육 환경에서 자란 학생은 그렇지 않은 학생보다 지능이 더 높았다고 한다.

촉각을 이용한 접촉과 같은 행위는 유대감을 드러내기 위한 사회적 관계에서 자연스럽게 나타난다. 악수를 하거나 친한 친구와 팔짱을 끼는 등의 행위는 말로는 할 수 없는 자연스러운 친밀감과 유대감을 느낄 수 있도록 만든다. 특히, 포옹이나 쓰다듬기와 같은 행동은 아동의 정서적, 심리적 발달에도 긍정적인 영향을 미치는 것으로 조사되었다. 따라서 교사는 학생이 오해하지 않는 범위에서 정서적 유대감을 활성화할 수 있는 신체 접촉을 활용하여 소통적 관계를 발전시켜 나갈 필요가 있다.

다) 상황 언어

공간과 거리는 의사소통 과정에 알게 모르게 미묘한 방식으로 많은 영향을 미친다. 공간과 거리에 대한 연구에서 근접학proxemics은 사람들이 자기 주위의 공간에 어떻게 반응하고 공간과 상대와의 거리를 이용해서 다른 사람들에게 어떻게 메시지를 전달하는가에 관심을 가지고 이를 연구한다.

Hall은 사람들이 무의식적으로 다른 사람들과 상호작용할 때 사용하는 거리를 친밀간격intimate distance, 개인간격personal distance, 사회적 간격social distance, 공공적 간격public distance으로 분류한다.

친밀한 간격 15~46cm	개인적 간격 46cm~1.2m	사회적 간격 (소집단 거리) 1.2m~3.6m	공공적 간격 (대집단 거리) 3.6m 이상

그림 1-6 **대인 간의 상호작용 거리**

물론, 이와 같은 연구결과는 사회문화적인 배경과 지리, 인구학적 요소에 따라 달라질 수 있다. 하지만 기본적으로 인간의 언어뿐 아니라 거리나 간격을 의사소통 상황에 적극 활용한다는 것을 알 수 있다.

공간 언어와 관련하여 교실의 자리 배치를 생각해 볼 수 있다. 다양한 자리 배치는 의사소통에 영향을 준다. 교실의 다양한 자리배치는 누가 누구와, 언제, 어디에서, 얼마나 오랫동안, 무엇에 대해서 의사소통하는가를 결정한다. 교실의 다양한 자리배치와 의사소통의 빈도는 다음 그림과 같다.

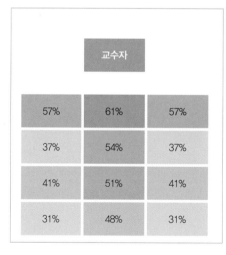

그림 1-7 **전통적인 교실 공간에서 참여 정도**

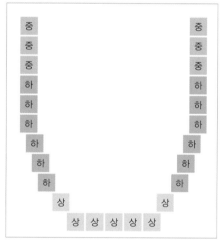

그림 1-8 **말발굽형 자리 배치에서의 상호작용 빈도**

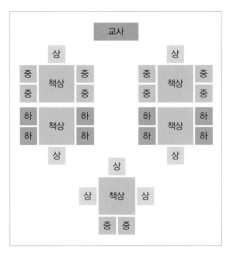

그림 1-9 **모둠형 자리 배치에서의 상호작용 빈도**

라) 시간 언어

시간 언어 중에서 침묵은 자연스럽고 근본적인 의사소통의 한 양상이다. 화자·청자 간의 역할을 순서 교대에 의해서 수행함으로써 이루어지는 대화 과정 중에서 발생하는 침묵은 나름대로 의미가 있다. 차례를 지켜서 말하거나 듣기 위해서는 일단 침묵해야 하고, 또 침묵하지 않으면 잘 들을 수 없기 때문에 효과적인 의사소통에서 침묵이 차지하는 의미는 중요할 수밖에 없다. 침묵에는 여러 가지 유형이 있고 그 유형대로의 함축된 의미가 서로 더 다르기 때문에 상대방의 침묵이 무엇을 의미하는가를 해석하려는 노력이 필요하다.

이 밖에 학교와 관련된 시간 언어chronemics로 1교시를 몇 분으로 할 것인가, 질문하고 기다리는 시간은 어느 정도가 적당한가, 교과별 차시는 몇 차시로 할 것인가, 하루 중 언제 의사소통하기 좋은가 등을 생각해 볼 수 있다.

교실에서 교사의 시간 사용은 의사소통에 많은 영향을 미친다. 예를 들어 교사가 학생이 대답하기를 기다리는 시간의 양은 교사와 학생 간의 상호작용에 영향을 미칠 수 있다. 교사는 학생들이 질문에 대답할 수 있는 충분한 시간을 기다려 주지 못한다. 사실 교사들은 5초 이상 거의 기다려 주지 않는다. 교사들은 교실 안의 침묵

교사화법

을 두려워하여 자신의 질문에 스스로 대답해 버리거나 대답이 나오지 않으면 처음 지목한 학생에서 다음 학생으로 금방 대답할 기회를 옮겨가 버린다. 이러한 의사소통 구조에 익숙해지면 학생은 대답할 필요를 느끼지 못할 것이며 진정한 의사소통이 일어나기를 기대하기는 어려워진다.

3. 수업 의사소통의 적용

가. 수업 의사소통 이해하기

1) 지금까지 배웠던 의사소통의 모형을 떠올려 보면서 수업 의사소통을 구성하는 요소에는 무엇이 있는지 정리하여 봅시다.

2) 1:1 관계가 아닌 1:다 관계의 수업 상황에서 수업 의사소통은 어떠한 특성을 지니는지 함께 토의해 봅시다.

나. 자신과 상대방의 듣기 성찰하기

2~3명이 짝을 이루어 자신이 주로 대화에서 말을 많이 하는 편인지 아니면 주로 들어주는 편인지에 대해 자신의 경험을 바탕으로 이야기를 나눠 봅시다. 그리고 자신만의 효과적인 듣기 전략에는 무엇이 있는지 설명해 봅시다.

다. 비언어적 수업 의사소통 양상 파악하기

1) 비언어적 표현 양상 중에 문화권별로 달라지는 비언어적 표현의 의미에 대해 조사해 봅시다.

	한국	아랍, 남미	영국, 북유럽
자리 앉기	동성친구끼리는 가까이 앉는 것을 선호함. 모르는 사람이나 지위가 다른 사람과는 떨어져 앉는 경향이 있음.	모르는 사람과 멀리 떨어져 앉으면 상대가 거리감을 갖는다고 느낄까 봐 모르는 사람과도 멀리 떨어져 앉지 않으려 함.	모르는 사람과는 멀리 떨어져 앉는 것을 선호함. 너무 가까이 앉을 경우 무례하다는 인상을 줄 수도 있음.
엄지와 검지를 동그랗게 만 손모양			
자신을 가리키는 비언어적인 표현			

2) 다음 표를 채워보면서 자신의 비언어적 의사소통 행위를 탐색해 보고, 학습자의 동기와 태도에 어떤 영향을 미칠지 예상해 봅시다. 그리고 교수 화법의 효율성을 위하여 내가 나 내 보완해야 될 비언어적 표현의 요소가 무엇인지 성찰해 봅시다.

교사의 비언어적 의사소통 행위 탐색하기

	긍정적인 행위	부정적인 행위
■ 정보(지식, 사실)를 제공할 때 특정 사실을 설명하거나 자신의 입장을 시사할 때		
■ 청유 및 요구를 할 때 학생들의 행동이나 사고에 어떤 변화가 있기를 의도할 때 (위협, 명령, 경고, 부탁, 요청 등)		
■ 감정 표현을 할 때 심신 상태, 감정, 인지, 사회적 접촉(관계 형성, 유지)등과 관련한 표현을 할 때		
■ 평가를 할 때 학생들의 특정 행위에 대해 피드백(긍정, 부정, 경멸, 모욕, 비하 등)할 때		
■ 지시를 할 때 어떤 대상을 가리켜 명확히 할 때		
■ 무의식적으로 행동할 때 무의식적인 비언어적 행동 습관을 보일 때		

말과 행동이 다 중요해요

어린 학생들에게 언어적 메시지와 비언어적 메시지의 불일치는 심각한 혼란을 초래하기도 한다. 또한 지속적으로 비언어적 메시지와 언어적 메시지가 상충되어 전달될 경우 의사소통 상황은 왜곡되기 쉽고 그 대화 상황에 참여하는 사람들은 심리적으로 위축되거나 불안감을 느끼게 되는 경우가 많다. 특히 어린아이의 경우에는 심각한 심리 치료까지 필요로 하게 되는 상황이 빚어질 수도 있다.

1956년에 인류학자이자 언어학자인 그레고리 베이트슨G. Bateson 은 이중구속Double bind 의 개념을 통해 부모의 잘못된 양육 방식이 아이들에게 무의식적으로 정신분열을 촉발할 수 있다는 연구 결과를 발표 했다. 아이에게 사랑한다고 말하면서 막상 아이가 다가오면 혐오스럽다는 식으로 고개를 돌린다든지 이렇게 해도 벌을 주고 이렇게 하지 않아도 벌을 준다거나 하는 식의 반복적 양육 태도를 보였을 때 아이는 정신분열 증세를 나타낸다는 것이다. 다음은 베이트슨이 기록한 엄마와 아들의 담화 장면이다.

> (상담실 밖에서 한 엄마가 아들의 심리치료가 끝나길 기다리고 있다.)
> 상담을 마치고 돌아오는 아들을 향해 엄마는 팔을 벌리고 껴안으려고 한다.
> 그런데 아들이 다가올수록 엄마의 표정은 굳고 자세는 불편해 보인다.
> 아들은 어쩔 줄 모르며 멈춰 선다.
> "어서 와서 엄마에게 뽀뽀해주지 않으련?"
> 엄마의 말에도 아들은 여전히 어쩔 줄 몰라한다. 엄마는 아들을 타이른다.
> "하지만 얘야, 너는 네 감정을 숨겨서는 안 돼."

조금 극단적인 사례가 될 수도 있지만 나이 어린 학생들을 대상으로 하는 경우에는 비언어적 메시지와 언어적 메시지의 불일치에 따른 혼란을 줄여주기 위해 노력할 필요가 있다. 예를 들어, 교실 상황에서 "자유롭게 이야기해 보자."라고 말하면서 정작 질문을 받아들이지 않고 무시한다든가 학생들에게 "편하게 대해."라고 말하면서 눈도 마주치지 않는다면 학생들은 상반되는 메시지에 당황하면서 이러지도 저러지도 못하는 상황에 놓이고 말 것이다.

수업과 수업 관찰

— 아는 만큼 보인다!

수업은 하면 할수록 어렵다고 한다.

수업에는 왕도는 없기 때문이다. 하지만 정도는 있다.

수업에 대한 끊임없는 고민과 도전은

좋은 수업을 향해 나갈 수 있는 원동력이며,

수업 관찰은 그 시작의 첫 발걸음이다.

1. 수업과 수업 관찰의 이해

가. 수업의 개념과 특성

1) 수업의 개념

서울대학교 교육연구소(1998)에서는 수업授業에 대한 다양한 정의를 검토하여 다음과 같은 점을 수업의 중요한 특성으로 꼽았다. 첫째, 수업은 하나의 활동 내지 과정이다. 둘째, 수업은 인간적인 상호작용 과정이다. 셋째, 수업은 의도적인 활동이다. 그리고 수업은 '학생들이 새로운 것을 할 수 있거나 할 수 있게 될 방도를 배우게 하거나 변화시킬 목적으로 제공되는 인간적인 상호작용'이라고 정의하였다.

전통적으로 수업은 '교수teaching'를 중심으로 정의하였다. 그러나 교수는 교사의 가르침으로 수업의 한 부분을 지칭하는 협소한 개념이다. 수업의 궁극적인 목적이 학습자의 의미 있는 변화라고 보면 수업의 중요한 부분으로 '학습learning'을 빼놓을 수 없다. 즉, 수업은 교수와 학습의 상호작용 과정인데, 보는 관점에 따라 교사와 학습자의 어느 한 쪽을 강조하는 것이다. 교수는 교사가 중심이 되어 교과 내용을 학습자에게 전달하는 역할을 강조하는 것이고, 학습은 학습자가 전달된 지식을 자신의 행동 변화를 수반하도록 내면화시키는 역할을 강조하는 것이다. 이때 교사와 학습자의 상호작용의 매개물은 교육내용(교재)이다.

이와 같은 관점에서 주삼환(2009: 21~22)은 교사와 학습자는 가르치고 배우는 내용을 매개로 하여 삼각관계를 형성한다고 보았다. 따라서 학습자를 무시한 교사와 내용과의 만남 또는 교사를 무시한 학습자와 내용 간의 만남은 진정한 의미의 수업이라고 할 수 없다. 마찬가지로 내용(가르치고 배우는 자료)을 무시한 교사와 학습자

간의 만남도 수업이라 할 수 없다. 그리고 수업을 '의도한 목표가 정해져 있고 이 목표를 달성하기 위한 교사의 교수 활동과 학습자 학습 활동이 교육내용(학습내용)이나 교수 매체를 통해서 상호작용이 이루어지는 일련의 과정'으로 정의하였다. 즉, 수업은 교육 목적을 달성하기 위해서 교사와 학습자가 교육내용을 가지고 상호작용하는 교육의 핵심적 활동이라고 할 수 있다.

한편, 수업을 교사와 학습자의 상호작용 차원을 넘어서 보다 발전 지향적인 개념으로 제안하기도 한다(천호성, 2008: 24). 흔히 교실에서 일상적으로 이루어지는 형태의 수업, 요컨대 주어진 교과서와 교육내용(교육과정)을 중심으로 교사가 학생에게 지식과 기능을 연마시키고, 바람직한 태도와 가치를 형성하도록 하는 것을 수업이라고 정의하는 것은 1차원적인 의미의 수업에 대한 정의이다. 즉, 지식이나 기능의 전달자로서의 역할에 충실한 교사와 지식을 전수받고 기능을 연마하는 피동적인 학생이 교과서로 대표되는 교육내용을 가지고 만나는 수업은 교수·학습이라는 교육 활동에서 가장 기초적인 행위다. 여기에 더하여 진정한 의미로의 수업은 지식과 기능을 연마하는 1차적인 단계를 넘어서는 상태이다. 요컨대 학생과 교사가 함께 새로운 상황이나 문제에 대해 창조적으로 도전하며 그 해결책을 찾아가기 위해 노력하는 그래서 보다 진일보한 2차적인 행동으로 나아가야만 하는 적극적인 교육 활동으로 정의해야 한다. 이는 교육과정의 재구성을 포함하여 교육내용뿐만 아니라 교수방법에 있어서도 새로운 패러다임의 전환이 요구된다는 것을 의미한다. 이러한 취지에서 수업을 '의도적이며 계획적인 활동으로 규정하고 수업자와 학습자가 일정한 목적을 가지고 상호작용을 통해 무에서 유를 창조해 가는 창의적인 활동'이라고 정의하였다.

2) 수업의 특성

수업은 깊이 들여다보지 않으면 제대로 다루어질 수 없다. 심지어 몇십 년 동안 교육활동을 해 온 교사들조차 수업에서 어떤 일이 일어나는지를 제대로 인식하지 못하는 경우가 허다하다. 교사들은 자신이 수업을 할 때 한 시간 동안 얼마나 많은 말을 하는지, 자신과 학생의 상호작용 패턴이 어떠한지, 자신이 수업을 하고 있는 동안에 많은 학생들이 무엇을 하고 있는지에 관해서 명시적으로 알지 못하는 경우가 많다. 이는 근본적으로 교실 수업 현상의 복잡성에서 기인하는 것이다. 이러한 수업이 갖는 복잡성을 수업의 생태학적 특성이라 할 수 있다(Doyle, 1986).

가) 다면성 multidimensionality

수업은 다양한 일들로 구성되어 진행되며, 한 사건은 여러 가지 결과를 낳는다. 예를 들어 한 학생에게 질문한 후 대답을 기다리는 시간은 그 학생에게는 긍정적일 수 있는 반면에, 다른 학생에게는 수업의 진도를 느리게 하여 부정적인 영향을 미칠 수 있다.

나) 동시다발성 simultaneity

수업 시간에는 많은 일들이 한 번에 동시적으로 일어난다. 교사는 학생들과 상호작용하는 과정에서 발표하는 학생의 대답을 듣고 반응하는 동시에 다른 학생들이 제대로 이해하는지 반응을 살피면서 수업의 진도를 나간다.

다) 즉각성 immediacy

교사는 수업 도중 부딪치는 일들에 대해서 즉시 반응해야 한다. 학생들이 말이나 행동에 대한 피드백을 미뤄 두거나 연기할 수 없으며 즉각적인 피드백을 제공해야 한다.

라) 예측불가성 unpredictable

교실에서 수업은 교사가 예상하지 못한 방식으로 일어난다. 교사가 수업 전에 아무리 면밀하게 예측하고 계획하더라도 실제 수업 상황에서는 예기치 못한 일들이 일어나며 그러한 상황에서 유연하게 대처할 수 있어야 한다.

마) 공공성 public classroom climate

한 학생에게 일어나는 일은 다른 모든 학생들에게 관찰 가능한 대상이다. 따라서 교사의 말 한 마디가 학생에게 큰 힘이 되기도 하고 반대로 교사가 무심코 던진 말에 학생들은 상처를 받기도 한다.

바) 역사성 history

학년 초 수업 방식은 학년이 끝날 때까지 수업 방식의 상당 부분을 결정짓는다. 따라서 학기 초에 학습 훈련이 잘 이루어진 경우와 그렇지 않은 경우 이후 수업의 질은 상당히 달라질 수밖에 없다.

나. 수업 관찰의 의미

1) 수업 관찰의 필요성

학교의 가장 중심적인 활동은 두말할 것 없이 수업이다. 따라서 학교에서 늘 반복되고 있는 일상적인 수업에 대해 교사들과 교과교육 연구자들은 더 좋은 수업을 위해 쉬지 않고 탐구하고 노력해 왔다. 그럼에도 불구하고 왜 학교 현장의 수업이 그다지 변화가 없는 것일까? 이는 그간의 수업 연구가 수업의 외적 조건에 지나치게 치중한 나머지 수업의 본질적인 측면을 직접적인 연구와 분석의 대상으로 삼는 데 소홀해 왔기 때문이다. 다시 말해 수업 계획 활동 등 수업의 외적인 현상이나 조건에 관해서는 매우 적극적으로 대처해 온 반면, 정작 교실 수업의 실행 과정 그 자체를 꼼꼼하게 관찰하고 분석하려는 연구나 노력 등 수업의 본질을 이해하고 이를 통해 교육의 질을 개선하는 데에는 소홀해 왔기 때문이다. 교사들에게 보다 좋은 수업을 위한 조건 중의 하나는 수업에 대한 자신의 노하우나 경험의 연속적인 축적만이 아니라 자신의 수업과 타인의 수업을 세밀하게 관찰하고 이를 바탕으로 체계적으로 분석할 수 있는 능력을 배양하는 일이다. 즉, 교사에게 있어서 좋은 수업을 하기 위한 절대적인 요건 중의 하나가 수업에 대한 세밀한 관찰과 체계적인 분석 과정이다 (천호성, 2008: 69-70).

2) 수업 관찰의 개념과 목적

수업 관찰은 교육 현장의 수업을 진단하고 분석하기 위하여 자료를 수집하는 제반 행위를 말한다. 즉, 관찰자가 미리 준비된 관찰도구와 방법 및 절차에 의거하여 교사의 행동, 학생의 행동, 교사와 학생 간의 상호작용, 수업 전개 형태, 자료의 활용 등 수업활동 전반을 체계적으로 기록하는 것을 의미한다(주삼환 외, 2009).

이러한 수업 관찰은 교수 방법 개선을 위한 수업과정에 관한 자료 수집과 수업 분석 및 수업 평가에 가장 보편적으로 활용되고 있는 수단이다. 수업 관찰은 학생들이 배워야 할 내용을 유의미하고 가치로운 방식으로 학습할 수 있도록 수업하고자 할 때, 이를 더욱 촉진시키는 부분과 방해하는 요인이 어떤 것인지 확인하고 실제로 어떻게 할 것인가에 대한 해답을 구하고자 실시한다. Borish(2003)는 이러한 수업 관찰의 목적을 다음과 같이 들고 있다.

- 수업에 대한 인식력 키우기
- 교수 문제에 대한 새로운 해결책과 대안적 교수 방법 발견하기
- 교수 행위의 장점과 개선을 필요로 하는 분야 이해하기
- 좋은 수업을 위한 중요한 영역에 집중하여 반성하기

한편 김정렬(2007: 46)은 수업 관찰의 궁극적인 목적을 교사의 교수 방법 개선에 두있다. 학습자들의 학습 성공 여부는 각 학급에서 이루어지는 수업의 질에 달려 있으며, 수업의 질은 교사가 수업을 어떻게 이끌어 가느냐에 따라 달라지기 때문이다. 교사가 자신의 수업의 질을 향상시키기 위해서는 새로운 수업이론에 관한 지식도 습득해야 하고, 성공적으로 실시된 타인의 수업을 자주 관찰하는 경험도 가져야 한다. 그러나 무엇보다 자신의 수업이 어떻게 이루어지는가를 정확하게 되돌아보는 기회를 가지는 것이 중요하다. 자기 수업에 대한 과학적이고 정확한 분석과 평가를 통해 수업의 장점과 단점이 무엇인가에 관해 정확한 피드백을 받음으로써 더 나은 수업을 창조할 수 있게 되기 때문이다. 따라서 수업을 실제적으로 관찰하고 분석하는 수업 관찰은 교사의 전문성 신장에 필수적인 활동이라 할 수 있다.

교사화법

수업 관찰의 초점을 교수 행위에 국한하지 않고 학습 차원으로 확대한다면 수업 관찰의 궁극적인 목적은 '좋은 수업'을 위함일 것이다. 앞서 수업의 개념에 대한 논의에서 교수와 학습의 상호작용 과정으로 수업을 정의한다면, 수업 관찰의 초점이 종래의 교사의 교수 행위에서, 학생의 학습 행위로 옮아갈 필요가 있다. 기존의 교실 수업 관찰의 목적이나 관찰 도구들이 대부분 전통적인 교사주도형 교실 수업을 전제하고 있기 때문에 최근에 변화하는 교실 수업 상황을 제대로 관찰하기 위해서는 관찰의 목적이나 방향이 바뀌어야 한다. 최근 교사의 직접적인 가르침보다는 학생들이 주도하는 배움이나 학습이 강조되면서 문제 중심 학습Problem Based Learning, 팀 기반 학습Team Based Learning, 프로젝트 수업Project Based Learning, 거꾸로 수업Flipped Learning 등에서 학생들의 협력적인 학습이 중심이 되고, 교사는 학생들의 학습을 안내하고 조력하는 역할을 수행한다. 따라서 수업 관찰은 교수 방법의 개선에만 국한할 것이 아니라 학생들의 학습을 어떻게 안내하고 조력하고 있는지를 관찰하고, 이러한 관찰 결과를 바탕으로 한 진단과 분석이 수업 개선으로 이어질 수 있도록 그 목적을 확대할 필요가 있다.

2. 수업 관찰의 방법

수업 관찰 방법은 크게 두 가지로 구분할 수 있다. 하나는 수업 중에 일어나는 사건을 계량화하여 관찰하는 양적 접근법이며, 다른 하나는 눈에 보이는 사건들이 왜 발생하는가에 대한 이면의 해석을 추구하는 질적 접근법이다.[2]

가. 양적 수업 관찰
양적 수업 관찰은 수업에서 일어나는 일들을 계량화하여 분석함으로써 수업 현상

---

2 이하 내용은 Wragg(1999), 변영계 외(2005), 주삼환 외(2009), 김정렬(2007), 천호성(2008)을 참고하여 정리한 것이다.

을 객관적으로 설명한다. 이러한 양적 수업 관찰은 다음과 같은 의의를 가진다.

첫째, 객관적인 시각에서 수집한 자료를 바탕으로 하기 때문에 수업 현상을 설명하고 이해하는데 객관성을 유지할 수 있다. 관찰 기준과 정해진 척도의 범위 내에서 관찰하므로 관찰자의 주관성이나 인상적인 비평이 개입될 수 있는 여지를 차단할 수 있다. 이는 수업 평가를 할 때 평가자의 신뢰도를 높여 평가의 객관성을 확보하는 방편이 될 수 있다.

둘째, 자료를 수치화하여 통계 처리를 하기 때문에 관찰 결과를 이해하고 비교하는데 편리하다. 관찰한 내용을 숫자, 그래프 등을 사용하여 통계 처리를 하기 때문에 수업 관찰의 결과를 비교적 명료하게 이해할 수 있을 뿐만 아니라 수업에 내재한 다양한 요인들 간의 가치나 수업자간 수업 능력 등을 비교하는데 수월하다.

셋째, 수업 관찰을 위해 사전에 정의된 개념과 이론을 사용하기 때문에 체계적인 관찰이 가능하다. 수업을 관찰할 때 관찰자마다 각기 다른 관심을 가지고 있기 때문에 동일한 수업에서 관심을 두는 부분이 다를 수 있다. 어떤 관찰자는 교사와 학생의 상호작용에 관심을 둘 수도 있고, 어떤 관찰자는 교사의 창의적인 수업 아이디어에 관심을 둘 수도 있다. 그러나 사전에 관찰할 내용과 방법 등을 정하면 이러한 오류를 줄일 수 있다. 이러한 특성 때문에 양적 연구 방법론을 따르는 수업 관찰을 체계적 관찰법이라고도 한다. 체계적 관찰법은 연구 목적에 부합하는 관찰이 가능하도록 하기 위하여 사전에 관찰 내용과 관찰 방법 등을 체계화하여 수업을 관찰하는 것이다. 즉, 관찰 대상자의 행동을 사전에 분류한 범주나 체계표에 따라 관찰하는 방법을 의미한다.

1) 평정 척도법

평정 척도는 수업 관찰에서 흔히 사용되고 있는 방법 중의 하나로써 대상을 어떤 특성에 비추어 일정한 표준에 따라 판단하도록 되어 있는 척도를 말한다. 평정 척의 종류는 숫자평정척 numerical rating scale, 기술평정척 descriptive rating scale, 기술도표척 descriptive rating scale 등이 있다(주삼환 외, 2009).

교사화법

학교 현장에서 흔히 볼 수 있는 [표 1-1]과 같은 수업 참관표가 평정척도에 의한 수업 관찰의 가장 일반적인 형태일 것이다. 이 참관표에는 각각의 항목에 따라 3단계 척도(만족, 보통, 개선)로 평가를 하도록 하고 있다.

일시	20 년 월 일(요일)		학년 / 반(장소)	( )학년( )반( )	수업자			
교과			단원(제재)		참관자			
영역	요소		분석관점		만족	보통	개선	비고
교수 · 학습 활동 설계	① 학습 목표		• 교수-학습 과정 활동에 부합되게 진술 되었나?					
	② 교재 내용의 구조화		• 목표 수준과 관련지어 상하 위계 조직을 밝히는 학습구 조인가?					
	③ 지도 계획		• 학습지도 단계가 교과와 제재의 특성에 맞게 설계되었는가?					
	④ 평가 계획		• 목표 도달을 알기 위한 형성평가는 계획되어있나?					
	⑤ 지원 계획		• 학습 효과를 올릴 수 있는 자료 투입과 활용이 적절한가?					

표 1-1 교수 · 학습 참관록

그리고 다음 [그림 1-10]과 같은 수업 분위기 분석표도 평정 척도에 의한 관찰의 예다. 수업 분위기 분석법은 학습의 성취 및 수업의 효과를 높이기 위하여 수업 분위기를 관찰하고 각 항목에 평정 척도로 평가하는 방법이다. 수업 분위기란 수업 중 교사와 학생이 서로에 대하여 가지는 전반적인 태도를 의미하며, 이에 대해 수업 분위기에 대한 구성 요인을 문항으로 제시하고 이를 척도에 따라 평가하는 방식이다.

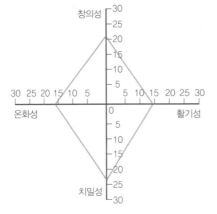

1. 독창적인	5 4 3 2 1	상투적인
2. 참을성 있는	5 4 3 2 1	성미가 급한
3. 냉정한	5 4 3 2 1	온화한
4. 권위적인	5 4 3 2 1	상냥한
5. 창의적인	5 4 3 2 1	모방적인

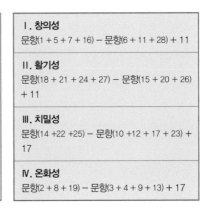

Ⅰ. 창의성
문항(1 + 5 + 7 + 16) − 문항(6 + 11 + 28) + 11
Ⅱ. 활기성
문항(18 + 21 + 24 + 27) − 문항(15 + 20 + 26) + 11
Ⅲ. 치밀성
문항(14 +22 +25) − 문항(10 +12 + 17 + 23) + 17
Ⅳ. 온화성
문항(2 + 8 + 19) − 문항(3 + 4 + 9 + 13) + 17

그림 1-10 **수업 분위기 관찰지, 점수 환산 공식, 관찰 결과**

수업 분위기 분석법에 따라 관찰하고 해석하는 방법은 다음과 같다. 먼저 수업을 관찰하면서 관찰지의 평정 척도에 따라 기록을 한다. 관찰과 기록이 끝나면 점수 환산 공식에 따라 각 문항별 점수를 합산한다. 점수 합산이 끝나면 좌표에 네 영역별 로 점수를 표시하고 도형을 완성한다. 위의 분석 결과를 보면 창의성 22점, 활기성 14점, 치밀성 24점, 온화성 16점임을 알 수 있다. 이 수업은 활기성과 온화성 영역에서 상대적으로 미리오를 끼고 있다고 해석할 수 있다.

2) 기호 체계법

기호 체계법은 한 장면을 스냅사진을 찍듯이 수업 장면을 기술하는 방식으로, 특정한 행동이나 현상에 초점을 맞추어 기술한다. 즉, 학생의 특정한 행동이나 수업 현상을 관찰자가 정한 기호로 체계화하여 기록하는 방식이다. 이 방법을 이용한 수업 관찰법으로 과업 집중 분석법, 언어 흐름 분석법, 자리 이동 경로 분석법 등이 있다(변영계 외, 2005).

과업 집중 분석법은 학습활동 중 학생이 학업에 열중했는지, 또는 교사의 학습활

74

교사화법

동 수준(내용)이 적절했는지에 대한 자료를 제공한다. 과업을 관찰하고 기록하는 방법은 다음과 같다. ①교실 내 학생들의 좌석형태와 같은 좌석표를 만든다. ②좌석표에 성별과 각 학생의 특성을 나타내는 식별 표시를 한다. ③관찰할 과업행동과 부적절한 행동의 각 형태를 나타내는 범례를 만든다(범례: A. 과업중(혼자) B. 이야기하며 과업 C. 잡담 D. 자리 이탈 E. 친구가 하는 것을 봄). ④관찰된 행동을 지시해 주는 문자 범례(ABCDEF)에 의거하여 3~4분 간격을 두고 [그림 1-11]과 같이 기록한다('1A'란 10시 13분 시점에 과업을 집중한 경우이고 이후 2C, 3A 등과 같이 시차에 따라 기록한다.). ⑤관찰 시각을 좌석표의 적당한 곳에 표시한다.

교실 정면		
가(여) 1C,2B,3C,4C, 5C,6C,7E,8E,9A,10A		바(여) 1B,2C,3C,4C,5A, 6E,7E,8A,9A,10A
나(여) C,6C,7B,8B,9A,10A	라(남) 1A,2B,3E,4E,5C, 6B,7C,8B,9E,10A	마(남) 1A,2C,3B,4C,5A, 6B,7D,8E,9E,10A
다(남) 1A,2C,3B,4A, 5C,6A,7E,8E,9A,10A		

1. 10 : 13	6. 10 : 28	A. 과업중(혼자)
2. 10 : 16	7. 10 : 31	B. 이야기하며 과업
3. 10 : 19	8. 10 : 34	C. 잡담
4. 10 : 22	9. 10 : 37	D. 자리이탈
5. 10 : 25	10. 10 : 40	E. 친구가 하는 것을 봄

그림 1-11 **과업 집중 기록표**

이렇게 관찰한 결과는 [표 1-2]와 같이 정리하여 학생의 과업 집중정도를 해석할 수 있다. 이 학생의 경우 과업에 집중하는 경우(A)는 전체 활동 중 약 50%정도이고 잡담을 하며 과업에 집중하지 않은 경우(C)가 30%정도임을 알 수 있다.

범례	시간	10:13	10:16	10:19	10:22	10:25	10:28	10:31	10:34	10:37	10:40	합계	%
과업 집중	A (과업중, 혼자)	3	1	0	1	2	1	0	1	4	6	19	31.7
	B (이야기하며 과업)	1	2	2	0	0	2	1	2	0	0	10	16.7
과업 비집중	C (잡담)	2	3	2	4	4	2	1	0	0	0	18	30.0
	D (자리이탈)	0	0	0	0	0	0	1	0	0	0	1	1.6
	E (친구가 하는 것을 봄)	0	0	2	1	0	1	3	3	2	0	12	20.0

표 1-2 **과업 집중 자료 분석 결과**

3) 범주 체계법

범주 체계법은 학생의 행동을 몇 가지 영역으로 구분한 후 해당 영역에서 나타날 수 있는 행동 특성들을 기술함으로써 범주로 체계화하는 것이다. 이때 체계화된 범주를 빈도별로 수량화하여 학생과 교사의 활동을 분석할 수 있다. Flanders의 언어 상호작용 분석법Flanders Interaction Analysis Category System은 가장 널리 알려진 방법[3] 중 하나이다. Flanders의 언어 상호작용 분석법은 관찰자가 교사와 학생이 주고받는 언어적 상호작용을 [표 1-3]과 같은 항목에 맞게 매 3초마다 관찰하여 기록한다.

---

3 Flanders의 언어 상호작용 분석 방법은 다음과 같은 특징을 갖는다. 첫째, 객관적, 양적 분석 방법이다. 수업 과정을 신뢰롭게 기술하고 기술된 자료를 객관적으로 분석한다. 둘째, 언어적 상호작용에 초점을 두고 있다. 이 분석법은 수업 과정은 대체로 언어적 상호작용을 중심으로 전개되고 있다는 가정을 포함하고 있다. 셋째, 교사와 학생의 언어 상호작용 형태를 분석하는 데 한정되어 있다. 교사와 학생의 언어 상호작용이 강의를 하고 있는가, 질문 대답을 하고 있는가 등의 상호작용 형식에 관심을 두고 있다. 넷째, 수업 과정의 정의적 분위기를 분석한다. 수업 과정에서 사용되는 언어가 수업목표와 어떻게 관련되며 어떤 수준의 언어가 사용되고 있는가와 같은 인지적인 내용이나 수준을 분석하는 것이 아니라 교사와 학생의 관계가 민주적인가 또는 전제적인가, 수업 과정이 교사 중심적인가 또는 학생 중심적인가와 같은 정의적 분위기를 분석하는 데 주안을 두고 있다.

교사의 발언	비지시적 발언	① 감정의 수용	공포가 없는 상태에서 학생들의 느낌을 받아들이고 명백히 함. 느낌은 긍정적일 수도 있고 부정적일 수도 있다. 예언이나 회상의 느낌도 포함
		② 칭찬이나 격려	학생 행동을 칭찬하거나 권장하는 것, 다른 학생을 희생시키는 일이 없이 긴장을 풀기 위한 농담, 고개를 끄덕이면서 '으흠, 으흠' 하거나 '계속해' 따위도 포함
		③ 학생의 아이디어 수용 또는 사용	학생이 말한 생각을 명백히 하거나 도와주거나 발전시키는 것, 교사가 자기의 생각을 보충할 때는 제5항목(강의)으로 간주
		④ 질문	학생이 답변할 것을 기대하는 내용이나 절차에 대한 질문
	지시적 발언	⑤ 강의	내용이나 절차에 대한 사실이나 의견을 말하는 것, 자기 자신의 생각을 표현하는 것
		⑥ 지시	학생이 복종할 것을 요구하는 지시나 명령
		⑦ 학생을 비평 또는 권위를 정당화함	좋지 못한 학생의 행동을 좋은 행동으로 바꾸기 위한 교사의 말, 꾸짖는 말, 교사가 왜 그렇게 해야 하는가에 대한 설명, 극단적인 자기 자랑
학생의 발언		⑧ 학생의 말-반응	교사의 단순한 질문에 대한 학생의 단순한 답변, 학생이 답변하도록 교사가 먼저 유도함
		⑨ 학생의 말-주도적	학생이 자진하여 말하는 것, 교사의 넓은 질문에 대하여 학생이 여러 가지 의견 또는 이유를 말하는 것
기타		⑩ 침묵, 혼란	실험, 실습, 토론, 책읽기, 머뭇거리는 것, 잠시 동안의 침묵, 관찰자가 학생간의 의사소통과정을 이해할 수 없는 혼동의 과정

표 1-3 Flanders의 언어 상호작용 분석 항목

나. 질적 수업 관찰

질적 수업 관찰은 수업이라는 현상을 있는 그대로 기술하고 해석, 설명하는 데 목적을 두고 있다. 이러한 질적 수업 관찰법은 양적 관찰법과 달리 교실 수업 장면 이면에 깔려 있는 의미를 포착해 내고 해석할 수 있다는 장점이 있다. 그러나 철저한 준비와 훈련이 없으면 수업에 대한 일반적인 인상이나 느낌을 기술하는 데 그치고 만다.

1) 참여 관찰법

수업 참여 관찰법은 수업 연구자 혹은 관찰자가 교실 수업에 직접 참여하여, 일상생활을 함께하는 가운데 지속성을 가지고 관찰하고 기록함으로써 연구자의 연구 목적을 달성하는 방법이다(천호성, 2008: 90-93).

가) 목적

수업 연구자 혹은 관찰자가 교실 수업의 세계에 들어가 그들의 생활과 삶에 참여하여 수업을 관찰하고 자료 및 정보를 수집하여 이를 분석하기 위함이다. 수업 환경에서 발생하는 사실과 현상, 수업과 관련하여 이루어지는 교사와 학생의 행위, 그 행위들 간의 관련성과 의미를 탐구하기 위해 수업에 직접 참여하여 관찰하고 분석하는 것을 목적으로 한다.

나) 관찰 방법

연구자는 수업을 관찰할 대상으로부터 동의를 구하고, 참여 관찰에 대한 공식적인 승인과 허가를 받아야 한다. 물론 관찰할 대상자를 포함하여 수업 교사에게도 허락과 동의를 함께 받아야 한다. 관찰의 형태나 방식은 다양할 수 있다. 그냥 교실 안의 제3자의 입장에서 관찰만 하거나 수업을 관찰한다는 연구의 명분을 앞세우기보다는 가능하다면 수업을 보조하거나 교사를 도와주면서 자연스럽게 수업에 참여하면서 관찰하는 방법이 훨씬 효과적이다. 그런데 관찰은 관찰로 끝나서는 안 된다. 수업이 시작되면 연구자는 준비된 관찰 노트를 들고 맡은 역할을 수행함과 동시에 수업에 지장을 주지 않는 범위 내에서 자유롭게 수업의 전체적인 내용들을 노트에 기록하고 관찰 및 자료(정보) 수집을 시작한다. 연구자는 연구에 필요한 자료가 어느 정도 수집되었다고 판단되면, 참여 관찰을 마치고 관찰 및 자료(정보) 수집 결과를 기초로 하여 문제의식이나 연구 목적과 결부시켜 관찰 결과를 해석한다.

다) 관찰시 유의 사항

연구자는 연구자의 연구 목적을 달성하기 위해 관찰 시에 수업에 영향을 주거나 방해하는 행위를 해서는 안 된다. 연구자는 관찰 대상자의 언어뿐만이 아니라 행위나 표정 등 다양한 관점에서 대상자에 관해 관찰하려고 노력하여야 한다. 참여 관찰은 면밀한 관찰과 관찰 내용을 그때그때 기록하는 일을 함께 진행해야 하기 때문에 관찰 및 관찰 내용에 대한 기록 시간이 절대적으로 부족하다. 이런 경우 사전에 수업 관찰에 필요한 수업 내용 및 기타 환경 등을 미리 파악하여 노트에 기록해 놓을 필요가 있다. 관찰 내용에 관한 기술 방법이나 특정한 형식은 없다. 따라서 연구자 혹은 관찰자가 자신의 연구 관점이나 목적에 맞게 자유롭게 기술하면 된다.

학년 반	2학년 1반	교사	강○○	학생 수	35명
교과	통합교과	차시	2/2	수업 일시	2000. 0. 0
단원명	2. 아껴 쓰는 생활	관찰자			박○○
학습 목표	• 사용하지 않는 물건을 교환하여 사용할 때의 좋은 점을 알 수 있다. • 필요 없는 물건을 교환하여 사용하려는 마음과 태도를 기른다.				
관찰 내용	교실 문을 여는 순간 마치 시장 골목에 온 것처럼 시끌벅적하였다. 각자 가져온 물건을 꺼내어 친구들에게 자랑하며 빨리 알뜰 시장을 시작하자고 매달리며 조른다. 교사는 반가를 부르며 아이들을 제자리에 앉힌 다음 교실에서 실천하는 아나바다 운동 이야기를 하며 오늘 수업의 장을 열었다. 동욱이는 오늘 사촌형에게 물려받은 잠바를 입고 와서 여러 친구들이 '와'하는 함성과 함께 멋지다고 박수를 보내 주었다. (하략)				
의견					

표 1-4 **수업 관찰 양식지와 기록의 예**(천호성, 2008: 95)

2) 중요 사태 파악법

중요 사태 파악법은 Flanagan(1954)이 개발한 'Critical Incidents Technique[CIT]'에 기초한 것이다.[4] 중요 사태 파악법은 실질적인 문제를 해결하는 데 있어서 잠재적

---

4 CIT는 제2차 세계대전 중 1941년 조종사의 선별과 분류를 위한 절차를 개발하기 위해 미공군 비행심리 프로그램 연구에서 비롯된 것이다. 이 연구는 비행 훈련학교에서 탈락된 조종사 지원자를 대상으로 조종술을 배우는 데 실패한 특별한 이유를 분석하였고, 1943-1944년에는 조종사의 폭격 임무 실패 원인을 수집하였다. 1944년에는 미공군의 전투 지휘에서의 문제점을 분석하기 위한 연구로 전투 참전자를 대상으로 효율적 또는 비효율적인 행동의 특정 사건을 수집하고 분석하였다. 그러나 현재 사용되고 있는 CIT는 항공 심리부서장이었던 Flanagan(1954)이 미공군 비행심리 프로그램 연구를 인간 행동 연구를 위한 도구로 개발한 것이다.

유용성을 제공하기 위해 어떤 특정 상황에서 일어나는 인간행동을 직접 관찰하여 자료를 수집하는 일련의 과정으로 구성되어 있다(Flanagan, 1954: 327). 이 방법은 연구자가 관심 있는 상황에 대하여 매우 효과적이거나 비효과적인 결과를 유발시킨 사건을 수집하고 분석하는 데 있어서 자료 수집에 적용하는 규칙을 엄격히 규정하기보다 특정 상황, 즉 당면하고 있는 문제에 맞게 방법을 수정하여 적용하는 융통성 있는 질적 연구 방법이다.

특정 상황에서 발생되는 사건들을 분석하는 목적은 어떤 임무수행에 있어서 결정적 요소를 밝혀 보다 효과적으로 임무를 수행할 수 있도록 정보를 제공해 주는 것이다. 수집된 사건들은 업무수행 과정에서 발생하는 일반적인 행동들이나 발생하는 모든 행동을 포함하는 것이 아니며, 특정 업무를 수행하는데 있어서 결과의 성공과 실패를 결정짓는 중요한 행동들을 포함하는 사건이어야 한다. 어떤 행동이 추구하는 목표에 긍정적 또는 부정적으로 심각한 영향을 미칠 경우에 그 사건을 '중요하다' 또는 '결정적이다'라고 할 수 있다. 따라서 발생한 모든 사건이 수집되는 것이 아니라 특별한 결과(만족/불만족, 효과적/비효과적)를 유발하는 사건으로 관찰자가 기억할 수 있는 특정 상황에서 발생되는 특별한 사건이나 행동을 자세히 기록해야 한다(박정영, 2000).

중요 사태 파악법을 통한 수업 관찰은 관찰자가 교수 방법이나 전략, 수업 관리 측면에서 중요한 사태라고 판단되는 수업 행위의 구체적인 내용 찾아내는 것이다. 이때 중요한 사태는 반드시 극적인 사태가 아니더라도 관찰자가 판단하는 수업의 핵심적인 사항이면 된다. 따라서 수업에서 중요 사태를 파악할 때는 교사의 교수 방법이나 전략의 두드러진 측면을 보여주는 수업의 특수한 사례들, 즉 규칙 정하기, 규칙 지키기나 어기기와 같은 수업 운영의 요소, 대인 관계를 반영하는 요소, 다른 암시적인 사건을 반영하는 요소 등을 선택적으로 주시注視할 필요가 있다. 그리고 수업 관찰자가 수업에서 포착한 사건이 일어나게 된 배경, 일어난 사건 그리고 그 결과가 어떠한지를 기록하고 해석하는 과정을 거친다(박창균, 2012: 85).

[자료 3-1]

- **일시** : 2000년 0월 0일 목요일 2교시
- **장소** : ○○초등학교 5학년 6반 교실
- **교과 및 단원** : 도덕 6. 나와 우리
- **제재** : 여러 사람을 위한 생활 사례 찾기
- **학습 목표** : 도덕적인 문제 상황 속에서 공익을 위한 행동을 알고 실천할 수 있다.
- **수업 중 문제 사태**

    교사: 학교에서 여러 사람을 위해 행동할 수 있는 상황을 찾아 연습해 봅시다.

    교사: 먼저 역할극으로 표현하려면 무엇을 해야 하죠?

    학생: 네, 역할극을 하기 위한 대본을 짜야 합니다.

    교사: 그럼, 모둠별 활동을 위하여 먼저 자리 이동을 할까요?

    학생: ((모둠별로 책상을 배치한 후 바른 자세를 취한다.))

    교사: 모둠활동을 위한 준비가 다 되어 있군요. 그럼 학교에서 여러 사람을 위해 행동할 수 있
    는 상황을 대본으로 짜보세요.

    학생: ((웅성웅성거린다.))

    교사: 자, 떠들지 말고 역할극을 위한 대본 내용을 토의해 보세요.

    학생: 학교에서 여러 사람을 위해 행동할 수 있는 상황? 그게 뭐예요.

    교사: 여러분들이 매일 학교에서 겪는 일이잖아요?

    학생: 너무 어려워요. 다시 설명해 주세요.

- **의사소통상의 문제점**

    포괄적인 언어로 교사의 입장에서 학생들의 활동을 안내해서 아동들이 학습 활동에 대한 이
    해가 이루어지지 않아 학습활동에 대한 재발문 및 어수선한 학습 분위기로 교사 발문에 대한
    문제점을 제시한 예다. 학생들이 이해를 못한 것은 학습 내용이 아니라 교사의 발문 내용을
    이해하지 못해서 의사 소통상의 문제가 발생한 것이다.

- **사태에 대한 대안**

    포괄적인 언어를 좀 더 자세하게 구체적 상황의 여러 가지 예를 들어서 설명한 후 각 상황에
    따른 행동을 찾아보도록 학습 안내를 하도록 한다. 혹은 구체적 한 상황에 대한 예를 학습들
    에게 질문하여 학생들이 스스로 그 해결책을 찾아 발표해 봄으로써 그 예시를 제시한 후에 다
    른 상황에 대한 해결책을 역할극 대본의 내용으로 선정하여 모둠별로 짜 보도록 한다.

3) 일화기록법

일화기록법은 수업 중에 일어나는 사건을 노트에 간단하게 기록하는 것이다. 이 노트는 수업 중에 무슨 일이 일어났는지에 대해서 '부호protocol' 형태로 기록한다. 일화기록은 흔히 관찰 내용을 요약하는 짧은 문장으로 기술한다. 문장은 가능한 객관적이고 비평가적이어야 한다. '학생들이 싫증을 내고 있다.[평가적]'라고 기록하기보다는 '몇몇 학생들이 하품한다. 진수는 창밖을 본다.[비평가적]'라고 기록해야 할 것이다. '교사는 지시를 잘 하고 있다'고 기록하기 보다는 '교사는 명확하게 지시를 하고 있다. 학생이 이해했는지 묻는다. 대개의 학생이 끄덕이거나 "예"라고 대답한다.'와 같이 기록해야 한다(주삼환 외, 2009: 98-99).

교사와 학생의 행동은 일화기록으로 관찰하고 기록하기 위한 사태만은 아니다. 예를 들면 다음과 같은 수업 환경에도 주의를 기울여야 한다. '교실은 따뜻하다. 온도계가 25℃를 가리키고 있다.', '교사는 학생들에게 지도를 보여준다. 지도는 색이 바랬다. 나라 이름을 읽기가 곤란하다.', '방송 때문에 수업이 방해를 받는다.', '형광등 하나가 시끄럽게 잡음을 낸다.'

4) 비언어적 접근법

비언어적 접근법은 수업을 관찰할 때 비언어적 측면에 초점을 두는 것이다. 비언어적 요소는 교사나 학생이 언어적으로 표현하지 않은 다양한 정보나 감정들을 파악할 수 있다. 교사의 수업 행위를 나타내는 비언어적 측면으로는 자세, 제스처, 얼굴 표정, 시선접촉 등이 있다(Wragg, 1984).

가) 자세|posture

자세는 즉각적인 행동을 취할 것 같은 신호이다. 예를 들어 사람들은 누군가가 공격을 암시하는 자세 변화를 본다면 자기도 모르게 움찔한다. 교사들도 가끔 위협적인 어떤 자세를 취하기도 하는데, 잘못된 행동을 하고 있는 학생들을 향하여 빠르게 다가가는 경우가 있다. 학생들은 비록 교사가 자신들을 때리지 않을 것이라는 것을

교사화법

알고 있을 지라도 물리적 거리를 좁히는 이러한 교사의 빠른 움직임은 어떤 질책을 암시하기 때문에 학생들은 자신의 행동을 중단한다.

나) 제스처gesture

교사들은 의미를 상세히 설명하기 위해서 제스처를 다양한 목적으로 사용한다. 손가락을 이용하여 그래프의 선을 설명하거나 음악 리듬의 타이밍을 설명할 수도 있다. 양손은 물건의 폭을 나타내기 위해 사용할 수 있고, 화가 나거나 흥분된 학생들을 달래기 위해 사용할 수도 있으며 높낮이를 설명하기 위해서도 사용한다. 이밖에도 손가락으로 쿡 찌르거나 질책하는 표시를 함으로써 체벌의 의사를 나타내는 데 사용할 수도 있다.

다) 얼굴 표정facial expression

당혹감, 행복함, 염려, 경멸을 나타내는 것과 같은 다양한 얼굴 표정은 부가된 의미를 전달한다. 얼굴을 붉히는 것과 같은 얼굴 표정은 학습된 것이 아니라 선천적이지만, 다른 얼굴 표정들은 사회적으로 학습된다.

라) 시선

시선은 비언어적 의사소통과 언어적 의사소통에서 가장 중요한 요소 중의 하나이다. 교사들은 교실에서 무슨 일이 일어났는지를 알아보기 위해서 교실을 자세히 살펴본다든지 개별 학생을 응시한다. 또한 학생들이 무슨 생각을 하고 있는지 알아보기 위해서 학생들과 시선을 마주치기도 한다. 때때로 시선 처리에 소홀하면 교사들은 어떤 학생들이 흥미를 잃었는지, 혹은 학생들이 자신의 과제활동을 끝내고서 교사의 시선을 끌기 위해 노력하고 있는지를 파악할 수 없다.

여기에서 주의할 것은 이러한 교사의 비언어적 행동을 해석할 때 잘못 해석하지 않도록 해야 한다. 교사의 태도나 얼굴 표정이 신경질적인 미소인지 자신감에 찬 미소인지, 공상을 하고 있는 것인지, 다음 동작을 취하려고 하는 것인지, 당황하여 얼굴을 찌푸리는 것인지 화가 나서 얼굴을 찌푸리는 것인지 알 수 없을 때가 있다. 따라서 교사나 학생의 비언어적 메시지의 전달과 신호들이 무엇을 의미하는지 정확하게 인식해야 한다.

5) 교육 비평적 접근

Eisner(1985)에 의해 개발된 '교육 비평'은 마치 음악, 미술, 문학, 무용 등을 감상하고 비평하듯이 수업을 비평하고 기록하는 방법이다. 이는 수업을 객관적, 분석적으로만 보는 것이 아니라 수업에다 주관적이고 개인적인 의미를 부여하는 것으로 현상학, 해석학 관점과 일치한다. Eisner(1985)에 의하면 교육 비평가는 학생과 교사의 시각에서 수업 환경, 사태, 상호작용의 영향을 보려고 하며, 수업의 숨은 의미를 참여자에게 알리고 그들이 동의하는지를 알아보려고 한다. 따라서 이 기법은 작품을 읽고 그 작품의 표현 방법과 등장인물을 해석하는 것과 같은 문학적 비평에 비유될 수 있다.

교육 비평가는 거리를 둔 관찰자, 참여하는 관찰자의 역할을 모두 수행하며 정보를 기록한다. 수업과 거리를 유지하는 면에서 거리를 둔 관찰자, 수업에 대한 참여자의 시각을 좀 더 알기 위하여 학생과 교사가 서로 이야기하는 것을 듣는 면에서는 참여하는 관찰자의 역할을 하는 것이다. 교육 감식안을 위한 자료는 많지만 가장 중요한 것은 교사와 교실 생활에 대한 관찰이라고 할 수 있다. 가르치는 것과 교실에 관한 안목은 학생들과 그들이 하고 있는 것에 관해 이야기하고 무엇이 일어나고 있는가에 관한 그들의 관점을 알아볼 뿐만 아니라 관찰을 통해 확인된다. 감식안은 복잡하고 미묘한 특징을 섬세하게 식별하는 능력을 말하며 감상의 기술이다. 감식안은 교육적인 실천을 포함하며, 특징, 의미 혹은 대상의 가치, 상황 그리고 행위가 일어나고 변화하는 모든 영역에서 나타난다(Eisner, 1998).

[자료 3-2]

우리들의 일그러진 텍스트

정재찬

이 수업은 안우리(가명) 교사(서울 ○○초)가 올해 4월 초에 했던 국어과 수업으로 5학년 1학기 《읽기》 교과서 중 〈우리들의 일그러진 영웅〉을 소재로 한 수업이다. 안 선생님은 이 작품과 관련해 총 10차시 정도를 배정할 정도로 크게 의미를 부여하고 있다. 이 비평문은 그중에서 고작 두 차시 수업을 촬영하고 관찰해서 쓴 것이기 때문에 실제 수업의 전면모를 드러내기에는 여러 가지로 부족함이 많다.

이 글은 주로 중등학교 문학교육과의 비교를 염두에 두면서 초등 국어교육에서 문학교육의 특성을 바라보는 데 주력했다.

이문열의 선택

6차 교육과정기 초등학교 6학년 교과서에 〈우리들의 일그러진 영웅〉을 수록하는 문제를 두고 당시에 적잖은 논란이 벌어졌던 것으로 기억한다. 한마디로 기대 반 우려 반의 시선이 지배적인 분위기였다. 그러던 것이 7차 교육과정기 초등학교 5학년 교과서에 이 작품이 다시 수록된 것을 보면 현장의 반응이 긍정적인 쪽으로 나타났음을 짐작하게 된다.

중등 국어 교과서와 달리 초등 국어 교과서에서 두 교육과정 동안 연속해서 동일한 제재가 실리는 일은 흔한 일이 아니다. 무슨 이유에서 그런지는 모르겠으나, 교육과정평가원에서는 '초등 국어 교과서 집필 지침'을 통해 가급적 지난 교육과정 교과서에 실린 제재는 교체할 것을 요구한다. 반면에 고등학교 교과서를 보면 교육과정이 여러 차례 바뀌어도 〈관동별곡〉 〈기미독립선언문〉 등 꿈쩍 않고 계속 등장하는 제재가 한둘이 아니다. 이러한 현상 앞에서 나는 이율배반을 느끼게 된다. 중등 국어교육이 지나치게 정전正典 중심이어서 문제라면, 초등 국어교육은 정전급 텍스트에 대한 합의가 너무 없어 문제이기 때문이다.

(하략)

3. 수업 관찰의 적용

가. 수업 참관록 분석하기

※ 다음과 같은 수업 참관록의 장점과 단점을 분석하여 봅시다.

일시	20 년 월 일(요일)		학년 / 반(장소)	( )학년( )반( )		수업자			
교과		단원(제재)				참관자			
영역	요소		분석관점			만족	보통	개선	비고
교수·학습활동설계	① 학습 목표		• 교수–학습 과정 활동에 부합되게 진술 되었나?						
	② 교재 내용의 구조화		• 목표 수준과 관련지어 상하 위계 조직을 밝히는 학습구조인가?						
	③ 지도 계획		• 학습지도 단계가 교과와 제재의 특성에 맞게 설계되었는가?						
	④ 평가 계획		• 목표 도달을 알기 위한 형성평가는 계획되어있나?						
	⑤ 지원 계획		• 학습 효과를 올릴 수 있는 자료 투입과 활용이 적절한가?						
교사활동	① 교사 언어		• 사용 언어가 학생 수준에 맞고 발문은 적절한가?						
	② 교수 조직		• 교수 조직 및 활동은 목표 달성을 위해 적절한가?						
	③ 개별화 지도		• 학생들을 학습 활동에 능력별로 참여시키고 있는가?						
	④ 수업과정 준수		• 교수·학습 활동 과정이 단계별로 이루어지고 있는가?						
	⑤ 평가 활동		• 형성평가는 잘 이루어졌으며 목표에 도달했는가?						
학생활동	① 학생 발언		• 학생의 발언은 명확하고 조리 있게 진행되고 있는가?						
	② 의욕과 참여		• 학습에 흥미를 갖고 열심히 참여하는가?						
	③ 학습방법 훈련		• 자발적인 조사, 토의, 발표 등이 훈련되어 있는가?						
	④ 학습자료 활용		• 학습 자료는 바르게 선택 활용되고 있는가?						
	⑤ 학습 목표 파악		• 학습 목표를 파악하고 학습에 임하는가?						
수업매체	① 자료의 적절성		• 학습 목표 도달을 위한 적절한 자료를 제시하였나?						
	② 자료의 관심도		• 수업 매체가 학생의 관심과 흥미를 유발하는가?						
	③ 자료 활용의 효율성		• 학생의 입장을 고려하여 자료를 적절하게 활용하는가?						
	④ 자료의 정교성		• 사용하는 교수·학습 자료가 정교하게 제작되었는가?						
분위기 및 환경	① 학습 분위기		• 물리적, 정신적 분위기가 조성되어 있는가?						
	② 학습안내 및 환경		• 교실 환경이 학습과 관련되도록 적절한가?						
종합의견									

나. 모둠 활동에 대해 토의하기

※ 다음은 중요 사태 파악법으로 학생들의 모둠 활동을 관찰한 결과입니다. 이처럼 학생들이 모둠 활동에서 일어날 수 있는 문제와 해결 방안에 대해 토의해 봅시다.

((과학실에서 과학 실험을 하는 장면이다. 한 학생은 인상을 찌푸리고 있고 한 학생은 울고 있으며, 두 명의 학생은 난감해하는 표정을 짓고 있다.))

교사: 2모둠은 왜 실험을 멈췄나요?

학생1: 수민이가 혼자 다 한다고 실험 재료를 못 만지게 해요.

학생2: 그러면 협동 점수가 깎인다고 그러지 말라고 했는데 저희 말을 안 듣고 제멋대로예요.

교사: 넌 왜 울고 있니?

학생3: 제가 욕심쟁이라고 했더니 바보같은 게 나서지 말라고 했어요.

학생4: 아무리 위로를 해도 얘가 눈물을 멈추지 않아요.

교사: ((화가 나서)) 너희들 안 되겠다. 뒤로 나가서 서 있어! 선생님이 그러라고 설명했니?

다. 수업 관찰 연습하기

※ 우수 수업 동영상(good.edunet4u.net/)을 관찰하며 수업시연 채점 기준표에 따라 평가해 봅시다.

수업시연 채점 기준표

평가 항목	평가 내용	배 점	점 수
구조	• 학습 목표가 명시적으로 진술되었으며, 학습자에게 명료하게 제시되었는가? • 선수학습과 연관된 학습 내용의 흐름을 학생들에게 제시하였는가? • 학습 단계별 시간 배분이 적절하였으며, 논리적 일관성이 유지되었는가?	8	
내용	• 학생들의 창의력, 사고력을 자극하는 확산적 발문과 정확하고 설득력 있는 교수용어로 수업을 진행하였는가? • 교사와 학생의 상호작용을 통해 흥미 있는 교수.학습 활동이 전개되었는가? • 교수 · 학습 과정에 있어서 학생들의 수준을 고려한 학습활동이 전개되었는가? • 학습 결과의 요약, 정리, 형성평가가 적절하게 이루어졌으며, 다음 수업 시가의 학습과제가 적절히 예고되었는가?	20	
태도	• 학습 동기를 부여하여 능동적인 학습 분위기가 조성되었는가? • 교수 · 학습 자료의 활용이 적절하였는가? • 교사로서 적절한 표준 발음을 구사하며, 지식 전달, 교수 방법의 표현 능력을 보유하고 있는가? • 교사로서 수업을 운용하는 데 필요한 바람직한 융통성, 개방성, 가치관, 자신감을 갖고 있는가?	12	
총점		40	

수업대화의 이해와 분석

— 알아야 면장을 하지!

동료의 수업을 참관하거나 자신의 수업 동영상을 보면 참 많은 것을 느끼게 됩
니다. 그런데 수업을 제대로 보고 싶은데, 무엇을 어떻게 해야 하는지 모르겠어
요. 수업대화를 제대로 분석하려면 어떻게 해야 할까요?

— 어느 교사의 이야기 중에서

1. 수업대화의 이해

가. 수업대화의 개념

교실에서 교사와 학생의 교수·학습을 위한 상호 작용은 대화를 통해서 이루어진다. 이렇게 교실에서 교수·학습을 전제로 교사와 학생, 학생과 학생 간에 주고받는 대화를 수업대화라고 한다. 수업대화 연구에서 수업대화와 관련된 용어와 개념은 다양하게 사용되고 있다. 수업대화 연구에서 사용되는 용어는 수업대화, 수업담화, 교실대화, 교수화법, 교사화법, 학습대화, 학습자대화, 소집단 대화, 모둠 대화 등으로 다양하다. 이는 크게 세 가지 용어로 귀결이 되는데, 여기서는 수업대화, 교수화법, 학습대화의 개념에 대해 살펴보겠다. 먼저 수업대화 연구의 범주를 그림으로 나타내면 다음과 같다.

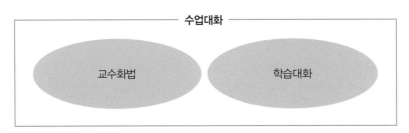

그림 1-12 **수업대화 연구의 범주**

수업대화, 교수화법, 학습대화는 교실 수업이라는 공간적 범위는 같으나 연구 목적과 연구 대상에 따라 다양하게 쓰인다. 따라서 수업대화 연구의 목적, 대상, 범위에 따라 적절한 용어와 개념을 사용할 필요가 있다.

수업대화는 교실 소통의 연구 대상 측면에서 보면, 교수화법과 학습대화를 포괄하는 상위 개념으로 볼 수 있다. 교수화법은 좁은 의미로써 교사의 수업화법으로 교사 중심의 수업대화 분야이다. 학습대화는 교실에서 학습을 위해 이루어지는 학생의 말하기나 학생 간의 대화로서 학생 중심의 수업대화 분야이다. 세 용어의 개념, 연구 대상, 연구 목적을 정리하면 다음과 같다.

구 분	수업대화	교수화법	학습대화
개념	수업 시간에 교수 · 학습을 전제로 한 교사와 학생, 학생과 학생 간에 주고받는 대화	교사가 수업 시간에 교육적 목적을 달성하기 위해서 학생들과 상호작용하는 화법	수업 시간에 학습을 위해 이루어지는 학생과 학생의 대화
연구 대상	교사와 학생, 학생과 학생	교사와 학생	학생과 학생
연구 목적	교수 · 학습을 위해 수업 중에 이루어지는 교사와 학생, 학생과 학생의 언어적, 비언어적 의사소통 탐색	교수 · 학습을 위해 수업 중에 이루어지는 교사 중심의 화법 탐색	학습을 위해 수업 중에 이루어지는 학생의 말하기 또는 학생 간의 대화 탐색

표 1-5 **수업대화, 교수화법, 학습대화의 구분**

나. 수업대화의 특성

수업대화는 대화의 보편적인 특성과 함께 교실에서 교수 · 학습을 전제로 교사와 학생이 사용하는 대화로써 수업대화만의 특수성이 반영된 독자적인 특성을 갖는다. 수업대화는 일상대화와는 달리 다음과 같은 몇 가지 특성이 있다.

1) 학습 목표와 관계 목표를 지향하는 대화

수업대화는 학습 목표와 관계 목표를 동시에 달성하는 것을 지향하는 대화이다. 수업대화는 교사와 학생의 상호작용을 통해 의미를 구성함으로써 해당 수업의 목표를 달성함은 물론 교사와 학생의 상호작용을 통해 서로 간의 관계를 형성, 유지, 증진, 개선을 중시하는 대화이다. 따라서 교사와 학생은 의미 구성을 위해 공동으로 노력하는 과정에서 교사와 학생 간의 신뢰를 쌓는 것이 중요하다.

2) 수업의 역동성을 반영한 준비되고 계획된 대화

수업대화는 교수·학습을 전제로 이루어지는 대화이다. 교사는 어떠한 방식으로든 수업에 앞서 수업에 대한 준비를 한다. 때로는 수업 중 일어나는 돌발 상황에 대해 수업 상황에서 즉흥적으로 대처하기도 하지만 대부분의 수업대화는 준비되고 계획된 대화라 할 수 있다. 수업대화는 교사의 준비와 계획에 의해 여타 일반 대화와는 다른 전개 양상을 띠게 된다. 교사는 수업의 여러 특성을 고려하여 수업을 계획하지만 예측불가성이란 수업 특성 때문에 모든 대화 상황을 예측하기란 쉽지 않다. 하지만 교사는 이를 사전에 계획하고 준비함으로써 수업에서 나타날 수 있는 다양한 상황에 대해 전략적으로 대처할 수 있게 된다.

3) 1대 1 대화를 지향하는 대집단 대화

대화의 유형은 대화 참가자의 수에 따라 2인 대화, 소집단 대화, 대집단 대화로 나눌 수 있다. 수업대화는 2인 대화, 소집단 대화, 대집단 대화가 복합적으로 나타난다. 하지만 일반적으로 1대 다 대화의 특성을 갖는 대집단 대화로 분류할 수 있다. 구성주의에서는 학습자가 개인을 둘러싸고 있는 다양한 환경과 상호작용하면서 지식을 구성하는 방식에 관심을 두고 있다. 나아가 소집단 속에서 토의, 토론과 같은 대화를 통해 정련됨을 강조한다. 따라서 수업 상황에서 1대 다의 대집단 대화 양상은 1대 1 대화인 2인 대화나 1대 소수인 소집단 대화로 견인되는 것이 바람직하다. 이런 수업대화의 의도적인 전환을 위해서 교사는 일방적인 강의식 수업을 탈피하려는 노력을 경주하고 개인의 수준에 맞는 대화 전략과 소집단 대화가 활성화될 수 있는 방안을 끊임없이 찾아야 한다.

4) 공개적이며 비공개적인 대화

수업대화를 공개성의 정도에 따라 나눌 때 수업대화는 누구나 보고 들을 수 있는 공개성이 높은 대화이다. 하지만 실제 학교에서 학부모 공개 수업이나 동료 교원 공개 수업과 같이 공식적으로 공개되는 수업을 제외하면 학급의 수업을 관찰하는 것은 쉬운 일이 아니다. 때로는 사전 양해 없이 수업을 관찰하는 것은 큰 결례가 되기도 한다. 따라서 실질적인 측면에서 수업대화는 비공개적인 성향이 더 강하다고 볼 수 있다. 교사의 수업전문성 신장이란 국가, 사회, 시대적인 요구를 감안할 때, 수업대화는 고립되고 비공개적인 대화보다는 공개적인 대화로 전환될 가능성이 높아 보인다. 수업의 공개에 대해서는 이견이 분분하다. 하지만 수업대화가 공개될 때 잃는 것보다는 얻는 것이 더 많아질 것이다. 현재 학교사회에서 수업을 방해하는 많은 요소들이 개선될 것이고, 교사의 수업대화에 대한 긍정적 인식이 높아질 것이다. 무엇보다도 교사 각자가 자신의 수업에 대한 점검과 조정 능력을 갖게 되어 수업이나 수업대화의 질을 한층 끌어올릴 수 있을 것이다.

다. 수업대화의 구조

영국과 같은 선진국에서는 수업대화에 대해서 이미 1960년대부터 국가적 관심을 가지고 연구를 시작했지만 한국에서는 교육적 중요성에도 불구하고 수업 상황에서 이루어지는 교사화법 자체에 대한 연구는 별로 이루어지지 않았다(이창덕, 2008; 179). 수업대화의 구조를 알기 위해서는 우선 대화이동move, 대응쌍adjacency pairs, 말차례turn, 화행speech act, 대화연속체dialogue sequence의 주요 개념을 살펴볼 필요가 있다.

대화이동은 대화 참여자가 대화를 주고받을 때 대화가 성립되는 기능적 구성요소를 말한다. 대응쌍은 말차례의 교체가 이루어지는 동안 대응되는 두 개의 발화를 말한다(Sacks, 1972). 일반적인 대화에서 대응쌍의 전형적인 예는 '질문-대답', '인사-인사', '제의-수락' 등이다. 이때 질문, 대답, 인사, 응대로서의 인사, 제의, 수락을 하나의 대화이동이라고 한다. 일반적인 대화 연구는 '질문-대답', '인사-인사', '제의-수락'과 같이 짝을 이루고 있는 두 개의 대화이동에 대한 연구로부터 시작이 되었다. 말차례는 대화 기여나 발화 순서 교체라고도 하는데 대화 참가자에게 주어진 발화utterance 기회에 수행한 발화의 총체적 단위를 뜻하며, 대화 참여자는 말차례를 서로 주고받으며 대화를 전개한다. 이때 대화 참여자가 대화하는 동안 말이 어떤 일을 수행한다. 예를 들어 "문 좀 열어 주시겠습니까?"라고 발화하면 상대방은 문을 여는 행위를 수행한다. 이와 같이 말이 어떤 일(행위)을 하게 만드는 것을 언어행위, 줄여서 화행이라고 한다. 화행은 언어적, 비언어적 행위로 구성되는 의사소통의 최소 단위로 참여자의 의사소통 목적을 바탕으로 규칙에 의해서 조정되고 도출되는 인간의 행동이다.

대화분석 연구에서도 수업대화는 중요한 연구 주제 중 하나였으며, Sinclair & Coulthard(1975)는 교실 상호 작용의 기본 구조로 I(시작 발화; Initiation)–R(반응 발화; Response)–F(피드백 발화; Feedback) 대화연속체를 제시하였다. 이후 I–R–F 구조는 국내외의 수업대화 연구자에 의해 수정·보완되면서 교사와 학생의 역동적인 수업대화 양상을 규명하는 데 크게 기여하고 있다(김주영, 2017; 378). 수업대화는 'I–R–F'의 대화연속체로 구성된다. 일반적으로 교사 주도의 수업은 교사가 대화를 시작하고 학생이 반응을 보이며, 이를 다시 교사가 평가하거나 피드백을 제공하는 방식으로 이루어진다. 반면 학생 주도의 수업에서는 학생이 대화를 시작하고 이에 대해 동료 학생이나 교사가 반응하고 피드백을 제공하기도 한다.

교사가 주도하는 수업에서 교사의 시작 발화(I)는 대화 상대자(학생)가 협력하여 대화연속체를 구성하는 데 동참하도록 유도하는 기능을 갖는다. 어떤 사실에 대한 질문이나 정보를 제공하는 것일 수도 있고, 특정한 행위를 조정하는 것일 수도 있다. 교사의 시작 발화는 수업 시간 내내 이어지고, 시작을 어떻게 하느냐에 따라 수업 신행의 성석과 방양이 설성된나고 해노 파인는 아니나. 학생의 반응 발화(R)는 교사가 질문을 하거나 지시를 했을 때 학생이 개별적으로 또는 집단적으로 그것에 대응하는 발화를 말한다. 시작 발화에 의해 제시된 조건에 따라 적절하게 반응하는 것으로 학생의 대답과 정보 확인 또는 실행에 의해 실현된다. 학생이 대답하거나 교사의 지시에 따른 행동을 했을 경우 교사는 그에 대한 여러 가지 반응을 보이는데 이를 피드백 발화(F)라고 한다. 교사의 피드백 발화는 학생의 반응을 수용, 평가, 설명하며 학생들에게 자신의 반응이 얼마나 잘 수행했는가를 알려 주는 기능을 하는데, 이때 교사는 학생의 반응을 반복, 부연, 수정, 평가하는 방식으로 정보를 제공한다. 교사의 피드백은 단위 화제 내에서 대화를 종결하거나 후속 대화를 이끄는 역할을 한다. 다음 자료는 교사의 질문으로 시작하는 대화 연속체로 교사 질문, 학생 대답, 교사 피드백이 연속적으로 나타나는 질문 연속체이다.

[자료 4-1]	
(1) 교사 : ((색연필을 손에 들며)) 이거 뭐예요?	[시작-교사 질문]
(2) 학생들 : 색연필	[반응-학생 대답]
(3) 교사 : 1) 색연필.	[피드백-교사 피드백]
2) 색연필인데 지금 다 채워져 있어요?	[시작-교사 후속질문]
(4) 학생들 : 아니요.	[반응-학생 대답]
(5) 교사 : 1) 다 안 채워져 있어요. 몇 개는 없어졌어요. 없어진 색연필.	[피드백-교사 피드백]
2) 뭐가 떠오르는지 한 번 이야기해 볼 친구 있어요? 문수.	[시작-교사 후속질문]
(6) 문수 : 빠진 이.	[반응-학생 대답]
(7) 교사 : 1) 빠진 이, 빠진 이빨.	[피드백-교사 피드백]
2) 또? 아무거나 상관없어요. 색깔 보고 무지개를 떠올려도 되고요. 진희.	[시작-교사 후속질문]
(8) 진희 : 이산가족이요.	[반응-학생 대답]
(9) 교사 : 1) 어, 이산가족!	[피드백-교사 피드백]
2) 또, 승엽이.	[시작-교사 후속질문]
(10) 승엽 : 여섯 색 무지개요.	[반응-학생 대답]
(11) 교사 : 여섯 색깔 무지개.	[피드백-교사 피드백]

[자료 4-1]을 살펴보면 수업대화는 [시작 발화]-[반응 발화]-[피드백 발화], [시작 발화]-[반응 발화]-[피드백 발화], [시작 발화]와 같은 구조로 전개된다. 이때 (3), (5), (7), (9)의 교사 발화를 살펴보면, 교사는 학생의 반응에 대한 피드백 발화와 아울러 후속 질문을 통해 다시 발화를 시작하고 있으며, 이는 수업대화를 전개하는 follow-up 기능을 한다. 이와 같이 수업대화는 일상의 다른 대화와 달리 'I-R-F'의 기

본 구조가 반복되면서 전개된다는 점이 그 특징이라 할 수 있다. 하지만 실제 수업대화는 좀 더 복잡한 양상을 띤다. 이처럼 복잡하고 다양하게 전개되는 수업대화는 'I−R−F' 간에 일정한 병렬적, 계열적 변이형 등이 존재한다. 예를 들어 교사의 질문으로 시작하는 질문 연속체는 일문일답형으로 진행되는 독립형(평가형), 일문다답형으로 진행되는 반복형, 나열형, 선행 질문을 보완하거나 확장하는 구체화형, 확장형 등이 있으며 여러 가지 형태가 섞여있는 혼합형 등이 있다.

수업대화 연구에서 연구 대상의 관심이 교사에서 학생으로 옮겨지는 것은 수업 이론이나 수업 모형의 변화와도 궤를 같이 한다. 근자에는 기존의 교사 중심의 강의식, 일제식 수업을 탈피하고 학생 중심의 토의·토론 수업, 프로젝트 수업, 협동 수업 등으로 수업의 모형이 변화하고 있다. 따라서 수업대화 연구에서도 교사 중심의 연구에서 학생 중심의 연구로 그 지향을 달리할 필요가 있다. 그러기 위해서는 수업대화 분석의 기본 대화 구조에 대한 고민이 선행되어야 한다. 현재 많은 수업대화 연구에서 분석 단위로 사용하는 I−R−F는 '시작 발화−반응 발화−피드백 발화'의 3원 연속체를 기본 구조로 한다. 하지만 수업의 구조적 모형이 변화하고 수업대화의 구조가 변하는 시점에서는 3원 연속체에 대해 유연한 태도를 가질 필요가 있다. 현재의 I−R−F는 교사의 시작 발화와 그에 따른 학생의 반응 발화 그리고 교사의 피드백 발화로 그 유형이 고정된 듯 보인다. 하지만 실제 학생 중심의 수업에서는 기본 구소의 나싱인 변이형(학생 시작 발화 – 교사 반응 발화 – 학생 피드백 발화, 학생1 시작 발화 – 학생2 반응 발화 – 학생3 피드백 발화)이 존재하며 교사의 적극적인 개입과 중재를 통한 다원 연속체(학생1 시작 발화 – 학생2 문제제기 발화 – 학생1 수행 발화 – 교사 피드백 발화, 학생1 시작 발화 – 학생2 문제제기 발화 – 학생3 수행 발화 – 학생1 피드백 발화)에도 관심을 기울임으로써 수업대화의 다양한 구조와 변이형에 대한 접근이 필요하다.

2. 수업대화의 분석

가. 수업대화의 전사 방법

앞에서 살펴본 [자료 4-1]은 수업대화의 일반적인 구조를 드러내어 보이는 것이며, 실제 교실에서 교사와 학생이 주고받는 대화를 살펴보면 이보다 훨씬 더 복잡한 양상을 띤다. 따라서 수업대화를 제대로 이해하고 분석하기 위해서는 이를 전사transcribe하고, 전사한 자료를 바탕으로 체계적으로 분석하는 절차를 거쳐야 한다.

1) 전사의 개념과 의의

전사란 청각 또는 시청각 대화 자료를 규정된 규칙에 따라서 문자화하는 것을 말한다(박용익, 2001). 즉 소리를 문자로 변환한 것이라고 할 수 있다. 대화는 문자로 된 문서와 달리 순간적이고 일회적으로 발생한다. 연구자들은 이러한 대화의 내용을 재구성하여 되돌아보기란 매우 어렵다는 것을 알고 오래 전부터 녹음이나 녹화를 하였다. 그러나 녹음이나 녹화 자료는 시간 순서에 따라 순차적으로 기록되므로 원하는 부분을 찾거나 반복해서 듣거나 보는 데 불편함이 따른다. 또한 녹음이나 녹화가 되어 있다 하더라도 분석을 위해 처리해야하는 대화의 양은 기억에 의존할 수밖에 없다. 이러한 어려움을 줄이기 위해 녹음하거나 녹화한 자료를 문자로 옮기는데 이를 전사transcribing라고 한다.

전사를 할 때는 대화에 나타난 언어의 특징을 가공하지 않고 있는 그대로 기록한다. 따라서 전사 자료를 통해 말의 빠르기, 크기, 억양과 같은 준언어paralanguage나 표정, 몸짓과 같은 비언어적 요소nonverbal language를 비교적 상세하게 파악할 수 있다. 또한 머뭇거림, 비표준 발음 등과 같은 언어 사용의 모습을 자세히 파악할 수 있고, 말을 주고받는 차례나 말이 겹치는 것과 같은 대화의 구조적 특성을 파악하는 데도 도움을 얻을 수 있다.

2) 전사 기호 체계와 방법

수업대화의 전사는 연구의 목적, 성격, 대상에 따라 다소 다르게 사용하지만, 일반적으로 다음과 같은 전사 기호 체계를 사용한다(Have, 2007).

전개구조

[　　　　발화의 시작이 겹침

]　　　　발화의 종료가 겹침

=　　　　앞 발화의 끝에 바로 이어지는 발화

^　　　　발화가 쉼 없이 이어짐.

시간 간격

(0.0)　　괄호 안의 초 단위 숫자만큼 멈춤

(.)　　　잠깐 동안의 멈춤

발화의 특징

<u>낱말</u>　낱말아래 밑줄이 그어진 것은 특히 세게 발화한 것

낱말　속도를 빨리하며 얼버무림.

::　　　앞 낱말에 이어서 길게 나타남

~　　　톤이 물결치듯 올라갔다 내려옴. 또는 내려갔다 올라감.

…　　　말 끝을 분명히 맺지 못하고 흐리며 알아듣기 어려움.

–　　　정상적인 순서교대에 의하지 않고 발화가 끊김.

¿　　　온점(.) 보다는 톤이 높고 물음표(?) 보다는 톤이 낮음

↑↓　화살표의 위치에서 발화의 끝을 빠르게 올리거나 내림.

°낱말°　표시된 사이의 낱말은 상대적으로 조용하고 작은 목소리

〈 〉　좌, 우 부등호 방향으로 소리가 점점 빨라짐

•　　　점이 있는 것은 들숨, 점이 없는 것은 날숨

낱(h)말　낱말 사이의 h는 웃거나 울 때와 같이 호흡이 큰 경우

전사자의 해설

( )　　　빈 괄호는 알아듣지 못함.

(낱말)　정확하지 않은 전사

(( ))　전사자의 해설이나 상황 설명

수업대화의 전사 자료를 기록할 때는 크게 세 개의 항목으로 구분하는 것이 효과적이다. 첫째 항목은 발화의 순차적 번호, 둘째 항목은 발화자(교, 학, T, Ss 등의 약호로 표기하기도 한다), 세 번째 항목은 발화 내용이다. 셋째 항목에는 전사 기호를 사용하여 대화를 가능한 자세하게 기록한다. 여기에 발화의 진행 시간을 덧붙이면 녹화 자료와 전사 자료를 참조하는 데 도움이 된다(이정우, 2004).

[자료 4-2]

(154) 교사: 1) 자↑

　　　　　　2) 오늘 할 거는~

　　　　　　3) 숙제는 집에 가서 하세요.

(155) 학생들: ((짧은 공백)) ((학생들 떠든다.))

(156) 교사: 1) 자,

　　　　　　2) 그리고 (2.0) 또 한 가지 [숙제가 있지?

　　　　　　3) 어~

(157) 학생들: [에에?= ((웃음))

(158) 교사: 1) =에에?!

　　　　　　2) [숙제이야기만 하면 아무튼–

(159) NH: [저는 [다른 것은 안했어요.

(158) YJ: [잊어 [버렸어요.

(159) KW: [집에 놓고 왔어요.

교사: 자↑ 오늘 할 거는~ 숙제는 집에 가서 하세요, SH씨!

학생들: ((짧은 공백)) ((학생들 떠든다.))

08:53

[자료 4-3]

교사: 자↑ 오늘 할 거는~ 숙제는 집에 가서 하세요.
학생: ((짧은 공백)) ((학생들 떠든다.))

교사: 자, 그리고 (2.0) 또 한 가지 숙제가 있지? 어~   08:53
학생1: 에에?((웃음))

교사: 에에?! 숙제 이야기만 하면 아무튼
학생1: 저는 다른 것은 안했어요.
학생2: 잊어 버렸어요.
학생3: 집에 놓고 왔어요.

실제 수업대화 자료를 전사하는 방법은 [자료 4-2]와 같은 극본(텍스트) 방식과 [자료 4-3]과 같은 악보 방식이 있다. 극본 방식은 한 사람의 말차례에 국한하여 시작부터 끝날 때까지 발화 내용을 전사하고 다음 사람의 말차례의 발화 내용을 전사하는 것이다. 악보 방식은 제한된 시간에 모든 대화 참여자의 발화를 참여자 수만큼의 칸으로 이루어진 공간에 발화의 상대적 시간을 알 수 있도록 표시하는 방법이다. 악보 방식은 극본 방식에 비해 말차례 교체의 역동성이나 발화의 동시성 등을 보다 명시적으로 나타낼 수 있는 강점이 있지만, 분석자 이외의 독자가 읽기에 복잡하고 특히 길게 수행된 대화를 문자화하는 데 문제가 있다(박용익, 2001).

수업대화를 전사할 때, 중요한 것은 수업대화를 분석하는 데 있어 연구에서 필요한 대화 자료를 교실 상황이 잘 드러나도록 전사 방식을 선택하고 전사 기호를 채택하여 사용하는 것이다. 예를 들어, 교사와 학생의 특정 대화 연속체를 분석하고자 할 때는 언어적인 요소가 반영된 전사 기호를 사용하고, 교사와 학생의 비언어적인 특징을 분석할 때는 비언어나 준언어적 요소가 잘 드러나는 전사 기호를 사용함으로써 교실의 대화 상황을 더욱 생생하게 전할 수 있다.

나. 수업대화의 분석 절차

수업대화 분석은 연구자의 직관을 통해 이론을 정립하고, 이를 뒷받침할 수 있는 수업 자료를 분석하는 연역적 방법Top-down과 수업대화 관찰을 통해 문제의식을 갖고 이를 체계적으로 설명하기 위해 이론적으로 논의하는 귀납적 방법Bottom-up이 있다. 기존의 대화분석 연구는 연구 방법론에 있어서 귀납적 분석과 연역적 분석이 많은 마찰을 빚고 서로 공존할 수 없는 듯 대치하기도 하였다. 연구 방법의 지향은 있을 수 있으나 실제 연구 과정에서는 절대적인 연역이나 귀납과 같이 이분법적으로 구분하기는 어렵다. 이는 어디까지나 연구 목적이나 성격, 대상에 따라 유연한 설계 과정을 통해 적용할 수 있다.

수업대화 분석은 일반적으로 다음과 같은 8단계를 거쳐 이루어진다. 이 단계는 고정된 것이 아니며, 연구의 성격, 목적, 대상에 따라 수정, 대체, 추가, 생략되며 순환적 과정을 거치게 된다.

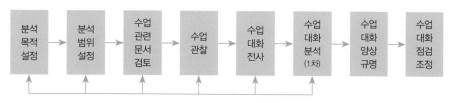

그림 1-13 **수업대화의 분석 절차**

1) 분석 목적 설정

연구자는 탐구할 가치가 있는 수업대화의 주제나 영역을 선정함으로써 수업대화의 분석 목적을 명확히 해야 한다. 예를 들어, '교사의 질문화법 양상 분석'이나 '수업에서 교사의 비언어적인 특성과 이동 분석'과 같이 분석 목적과 주제를 명확히 한다.

2) 분석 범위 설정

수업대화 연구의 분석 목적을 설정한 뒤에는 분석하고자 하는 범위를 설정해야 한다. 이창덕(2014)에서는 교사화법의 체계적인 연구를 위한 세 층위를 제안한 바

있다. 첫째는 미시적 차원으로 교사의 몸짓, 눈빛, 어조, 강세, 빠르기와 같은 비언어, 준언어적 특징과 질문, 설명, 피드백과 같은 교사의 주요한 개별 발화를 연구하는 차원이다. 둘째는 중간 단계 차원으로 질문 연속체, 설명 연속체와 같은 대화연속체의 단위에서 그 양상과 변이형을 연구하는 차원이다. 마지막으로 거시적 차원은 도입, 전개, 정리단계와 같은 수업 주요 국면의 교수화법을 연구하는 차원이다. 연구자는 수업대화의 어떤 차원을 분석할지를 정함으로써 분석의 범위를 설정해야 한다. 예를 들어, '교사의 질문화법 양상'을 분석하고자 할 때, 미시적 차원에서는 '교사가 질문할 때의 비언어적인 특성 분석', 중간 단계 차원에서는 '교사와 학생의 질문연속체 양상 분석', 거시적 차원에서는 '정리단계에서의 교사 질문의 특성 분석'과 같이 분석의 범위를 명확히 할 수 있다.

3) 수업 관련 문서의 검토

수업 관찰에 앞서 연구자는 수업에 관여하는 여러 가지 문서를 검토할 필요가 있다. 수업에 관여하는 대표적인 문서는 교육과정, 교과서, 수업 과정안 등이 있다. 교사는 수업을 할 때, 교육과정, 교과서, 수업 과정안을 기반으로 수업을 진행한다. 따라서 이들 문서는 수업을 관찰하기에 앞서 검토함으로써 수업의 계획, 실행, 반성 단계의 관계를 파악하는 데 도움을 준다.

4) 수업 관찰 및 동영상 자료 수집

수업 관찰은 수업을 직접 관찰하는 참여관찰 방식과 녹화된 동영상 자료를 관찰하는 비참여 관찰 등 다양한 방식으로 이루어질 수 있다. 수업 관찰은 연구자가 직접 참여하는 방식이 수업의 특성이나 상황맥락을 파악하는 데 가장 용이하지만 상황에 따라 비참여 관찰을 할 수도 있다. 다만 수업 관찰 시 동영상 촬영을 반드시 병행하여 수업대화 자료의 전사와 추가 관찰에 사용하도록 한다.

5) 수업대화 전사

앞서 살핀 바와 같이 수업대화 전사 자료는 수업대화 분석의 가장 중요한 자료로 사용되며, 분석을 하기 위해 가장 많은 노력을 요구하는 작업이다. 따라서 연구의 목적, 성격 등을 고려하여 알맞은 전사 기호 체계를 마련하고 이를 사용하여 수업대화를 문자화한다. 전사기호는 국제적으로 통용되는 공식적인 기호 체계를 사용하되, 수업대화 분석의 목적과 성격에 따라 선택적으로 사용할 수 있다. 다만 수업 전개 과정의 유의미한 부분이나 분석에 있어 의미 있는 부분을 놓치지 않도록 유의하여야 한다.

6) 수업대화 분석

구체적인 수업대화의 분석은 연구의 목적, 성격, 대상에 따라 다양한 방식으로 이루어진다. 우선 수업대화 전사 자료를 검토하는 과정에서 분석틀을 도출할 수 있다. 분석틀은 수업대화 관련 선행연구 검토와 수업대화의 1차적인 분석을 통해서 이후의 수업대화를 분석하는 예비적 성격의 틀이다. 이후 귀납적으로 수업대화를 분석하고 분석틀과 상호 조회하면서 구체적인 유형이나 전략을 탐색할 수 있다. 예를 들어, 거시적 차원에서 도입화법의 하위 기능단계를 1차 분석한다면 다음과 같은 방식으로 분석틀을 설정할 수 있다.

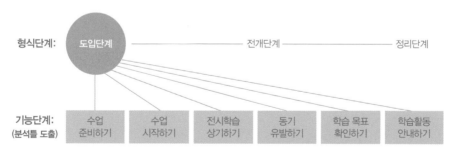

그림 1-14 **도입화법의 1차 분석을 통한 분석틀 도출 예시**

7) 수업대화의 양상 규명

분석틀을 도출한 이후 여러 차례의 수업대화 분석이 이루어진다. 때로는 동영상을 추가 관찰하거나 추가 분석을 통해 분석틀을 조정하며 수업대화의 양상을 규명하게 된다. 예를 들어, 도입화법의 하위 기능단계와 단계별 소통 전략을 다음과 같이 규명할 수 있다.

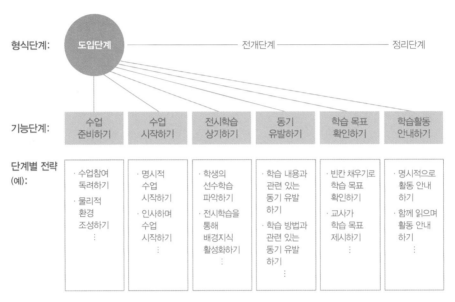

그림 1-15 **분석틀을 통한 기능단계별 소통 전략 분석**

8) 수업대화에 대한 점검과 조정

수업대화를 분석하고 연구하는 궁극적인 이유는 수업대화에 대한 점검과 조정에 있다. 자신이 관심 있는 주제와 영역을 분석하고 그 양상을 살펴보았다면, 수업대화에 대한 점검과 조정의 과정을 거칠 필요가 있다. 수업대화 양상의 분석을 통해 문제를 발견하고 이에 대한 대안을 제시하거나 시사점을 도출하는 것도 좋은 방법이다. 예를 들어, 초등학교 수업의 도입화법을 살펴보았을 때, 도입화법의 문제점은 교사가 일방적으로 제시하는 학습 목표, 학습자의 흥미와 동기를 유발하지 못하는 동기유발, 결속성이 떨어지는 대화의 전개구조 등이며 이에 대한 효과적인 도입화법 전략으로는 도입화법의 기본 전개 구조를 알고 시간 준수하기, 도전과 탐구 정신을 고취하는 목표 탐색과 활동 구안하기, 대화 전개의 응집성 제고하기 등이 있을 수 있다(이창덕, 2011).

다. 수업대화 분석의 예

여기서는 이창덕(2014)에서 제안한 거시적 차원, 중간 단계 차원, 미시적 차원에 따라 수업대화 분석의 예를 제시하도록 한다.

1) 거시적 차원의 수업대화 분석

- **분석의 목적** : 수업 정리단계의 교사화법의 기능단계 탐색
- **분석의 범위** : 거시적 차원
- **수업의 개관**
  - 학교급 및 학년 : 초등학교 5학년
  - 교과 : 국어
  - 학습 목표 : 시에 대한 생각이나 느낌을 이야기할 수 있다.
- **수업대화 분석의 예**

(1) 교사: 오늘 어떤 활동을 했는지 알아보겠어요. 활동1에서 어떤 활동을 했죠? (2) 학생들: 시 낭독하기를 했어요. 시에 대한 생각이나 느낌을 말했어요. (3) 교사: 맞습니다. 시를 읽고 그 시에 대한 생각이나 느낌을 말해 보았어요. 활동2에서 어떤 활동을 했죠? (4) 학생들: 몽돌 친구와 모서리 친구에 대해 생각하고 이야기 했어요. 시를 지어서 친구와 바꾸어 봤어요. 시에 대해 생각이나 느낌을 발표했어요. (5) 교사: 네, 몽돌 친구, 모서리 친구에 대해 말하고 시를 바꾸어 지어보고 발표했어요. 활동3에서 어떤 활동을 했죠?	[수업내용 정리하기]

(6) 학생들: 친구에 대한 시를 새로 지었어요. 생각 나눔판에 시를 만들고 발표했어요. PMI 평가활동을 했어요.	
(7) 교사: 1) 그래요. 모둠원과 함께 시를 짓고 PMI 평가를 해보았어요. 시를 통해서 친구에 대한 생각이나 느낌을 잘 알 수 있었어요. 2) 칠판에 쓴 학습문제를 잘 해결한 것 같아요?	평가하기
(8) 학생들: 네.	
(9) 교사: 그렇습니다. 여러분이 열심히 활동해서 오늘의 학습 문제를 잘 해결했습니다. 앞으로도 잘 할 수 있을 것 같아요?	차시 예고하기 과제 제시하기
(10) 학생들: 네.	
(11) 교사: 1) 다음 시간에는 분수라는 시에 대해서 배울게요. 2) 집에서 한 번 읽어보면 좋겠습니다.	수업 종료하기
(12) 학생들: 네.	
(13) 교사: 이것으로 수업을 마치겠습니다.	

- **수업대화 점검 및 조정**
  - 시사점: 수업 정리단계에서 교사는 형식적으로 과제를 제시하는 경우가 많다. 과제를 제시할 때는 학생의 입장을 고려하여 인지적 부담 정도가 적은 과제를 제시할 수 있으나, 실제적으로 본시 학습이나 차시 학습에 대한 복습 또는 예습의 기능을 할 수 있는 과제를 제시하는 방법을 고려해야 한다. 또한 교사는 학생들이 적극적으로 과제를 하도록 동기 부여를 하거나 과제의 실효성에 대한 고민을 해야 한다.

2) 중간 차원의 수업대화 분석

- **분석의 목적** : 수업대화에서 교사와 학생의 질문 연속체 유형과 특성 탐색
- **분석의 범위** : 중간 단계 차원
- **수업의 개관**

교사화법

- 학교급 및 학년 : 초등학교 4학년
- 교과 : 국어
- 학습 목표 : 낱말의 종류를 알고 분류할 수 있다.

■ **수업대화 분석의 예**

(1) 교사: ((정답 화면을 보면서)) 책상, 라면, 기린, 사과. 어떤 공통점이 있을까요? 이 낱말들의 공통점? 은수.	교사 질문
(2) 은수: 먹는 거예요.	학생 대답
(3) 교사: 1) 먹는 거예요! 책상은 먹을 수가 없어요.	교사 피드백
2) 다시 어떤 공통점이 있을까요? 유진이.	교사 재질문(질문 반복)
(4) 유진: 두 글자예요.	학생 대답
(5) 교사: 1) 두 글자다. 와! 아주 놀라운 공통점이에요.	교사 피드백
2) 그런데 조금만 더 깊숙하게 들어갈까? 자, 지후.	교사 재질문(대답 요구)
(6) 지후: 이 세상에 있는 거예요.	학생 대답
(7) 교사: 1) 이 세상에 있는 거다. 좋아요.	교사 피드백
2) 다시 한 번 손 내릴게요. 잠깐만 얘들아, ((화면을 가리키며)) 책상이 뭐예요?	교사 추가질문(질문 구체화)
(8) 학생들: ((책상을 보며)) 가구예요.	학생 대답
(9) 교사: 1) 네. 책상은 가구지요.	교사 피드백
2) 자, 그러면 라면, 기린, 사과. 선생님이 힌트를 더 줄게요. ((리모컨을 들며)) 이게 뭘까요?	교사 추가질문(단서 제시)
(10) 학생들: 리모컨이요.	학생 대답
(11) 교사: 1)	교사 피드백 생략
2) ((휴대폰을 들며)) 이건 뭘까요?	교사 추가질문(단서 제시)
(12) 학생들: 휴대폰이요.	학생 대답
(13) 교사: 1)	교사 피드백 생략
2) ((매직을 들며)) 이건 뭘까요?	교사 추가질문(단서 제시)
(14) 학생들: 매직.	학생 대답

. (15) 교사: 그래서 낱말의 공통점은? 은호. (16) 은호: 낱말의 이름. (17) 교사: 그렇지요.	교사 추가질문(질문 복귀) 학생 대답 교사 피드백

■ **수업대화 점검 및 조정**

• 시사점: 교사의 질문은 교사가 학생으로 하여금 도출하려는 반응을 이끌기 위해 다양한 형태로 제시되는 것을 알 수 있다. 어떤 질문은 교사의 처음 시작 질문을 보완하기 위해 제시되기도 하고, 어떤 질문은 학생의 대답을 구체화하기 위해 제시되기도 한다. 이처럼 교사의 질문은 유목적적인 교육 활동을 하는 데 중요한 수단으로 사용된다.

3) 미시적 차원의 수업대화 분석

■ **분석의 목적**: 교사 피드백화법의 유형과 전략 탐색

■ **분석의 범위**: 미시적 차원

■ **수업의 개관**

• 학교급 및 학년: 초등학교 5학년

• 교과: 미술

• 학습 목표: 현대 미술의 다양한 표현 방법을 이용하여 표현할 수 있다.

■ **수업대화 분석의 예**

(1) 교사: ((작은 화분을 손에 들며)) 어거 뭐예요? (2) 학생들: ((학생 전체가 대답한다.)) 화분. (3) 교사: 화분이에요. 그렇지요. 이거 보고 아무거나 떠오르는 것이 있는 사람? (4) 병민: 요강. (5) 교사: 요강! 요강처럼 생겼어요. 또? 안 했던 친구들도 한 번 이야기해 볼까? 예슬이.	긍정적 피드백: 확인하기, 학생 반응 확장하기 긍정적 피드백: 확인하기, 학생 참여 유도하기

(6) 예슬: 가마솥이요.	
(7) 교사: 가마솥이 떠오른대. 하민이?	긍정적 피드백: 확인하기, 참여 유도하기
(8) 하민: 항아리.	
(9) 교사: 항아리가 떠오르기도 하네요. 또 뭐가 있을까요? 민수.	긍정적 피드백: 확인하기, 참여 유도하기
(10) 민수: 밥솥.	
(11) 교사: 아, 밥솥이 떠오른대요.	긍정적 피드백: 확인하기

■ **수업대화 점검 및 조정**

• 시사점: 교사의 피드백은 주로 확인하기와 수용하기를 통해 학생의 반응에 대한 평가를 내리고 후속하는 대화를 이끈다. 교사의 피드백은 학생의 반응에 대한 평가의 역할뿐만 아니라 후속하는 대화를 계속적으로 연결시키기 때문에 미시적인 차원의 분석뿐만 아니라 연속체 차원에서 살펴보는 것도 의미가 있을 것이다.

3. 수업대화 분석의 적용

가. 수업대화 분석하기

※ 수업대화의 이해와 분석에서 배운 내용을 생각하며, 수업 정리단계의 대화 자료를 분석해 봅시다.

1) 교사와 학생의 발화를 시작 발화(I), 반응 발화(R), 피드백 발화(F)로 구분하여 표시하여 봅시다.

(1) 교사: 이번 시간에는 선생님과 함께 말의 재미를 느끼며 말 주고받기를 해봤어요. 여러분들이 말 주고받기를 하면서 느낀 점을 좀 손들고 얘기해 볼까요? 느낀 점이나 자기 생각을 얘기해 봅시다. 누가 이야기할까요? 이소라.	시작 발화
(2) 소라: 제가 이야기하겠습니다. 재미있었습니다.	반응 발화
(3) 교사: 1) 아, 재미있었어요? 2) 또, 장윤경	피드백 발화 시작 발화
(4) 윤경: 저는 선생님께서 말 주고받기를 하면서 글자를 배운 것 같습니다.	
(5) 교사: 1) 우리말이 이렇게 많이 있구나 하는 것도 알게 되었죠? 2) 그러면?	
(6) 현우: 저의 생각은 공부는 노는 것과 똑같습니다. 저는 끝말잇기나 말 주고받기는 졌어도 그래도 공부는 잘한 것 같습니다. 저는 선생님께 제일 고맙게 생각해야 된다고 생각했습니다.	
(7) 교사: 1) 우와. 이야. 현우가 지금 뭐라고 얘기를 했냐면 저는 공부를 놀이라고 생각합니다. 재미있게 놀면서 공부를 했기 때문에 선생님께 고맙게 생각을 한대요. 우와~ 현우, 시더 니의요. 어쩜 이렇게 기특한 말을 할 수가 있어. 우리 현우에게 박수를! 그래요. 2) 선생님은 늘 공부를 이렇게 게임식으로 재미있게 가르쳐주죠?	

(8) 학생: 네~

(9) 교사: 1) 감사합니다.

2) 그러면 다음 시간에 해야 될 것을 여러분한테 알려 주려고 해요. 뭐가 나오나 보자. 누가 끝까지 잘하나 봅시다. 김한경, 참 고맙습니다. 윤나영, 고맙습니다. 앞에서는 다 보여요. 우리 3반 참 예쁘다.

3) 다음 시간에는 꽁지따기 놀이를 새롭게 한번 해 볼 거예요. 오늘 집에 가서 가족과 함께 해보세요. 뭘까? 눈은 희다. 이렇게 시작하면, 흰 것은 설탕. 설탕은 달다.

(10) 학생: 설탕은 달다. 단 것은 사탕. 사탕은 맛있어. 맛있으면 바나나. 바나나는 길어, 길으면 기차, 기차는 빨라, 빠르면 비행기, 비행기는 높아, 높으면 백두산, 백두산은 뾰족해, 뾰족하면 바늘, 바늘은 얇아, 얇으면 종이, 종이는 가벼워…

(11) 교사: 여러분들이 이제 잘 배워서 꽁지따기가 줄줄되네. 오늘 집에 가서 가족하고 해 보세요. 다음 국어시간에는 꽁지따기를 누가 새롭고 길게 많이 할 수 있나 한번 시합을 꼭 해 보려고 해요. 공부해 올 수 있겠죠? 이상으로 재미있는 국어 수업을 마치겠습니다.

2) 위에서 구분한 시작 발화, 반응 발화, 피드백 발화의 특징을 살펴보고, 그 특징을 분석하여 봅시다.

• 시작 발화의 특징:

- 반응 발화의 특징:

- 피드백 발화의 특징:

나. 수업대화 분석 토의하기

※ 수업대화의 이해와 분석에서 배운 내용을 생각하며, 수업대화 분석과 관련하여 토의하여 봅시다.

1) 교사화법을 분석할 때, 세 가지 층위가 있습니다. 미시적, 중간 단계, 거시적 차원 중에서 분석을 하고 싶은 층위는 무엇이며, 그렇게 생각한 까닭은 무엇입니까?
2) 수업대화에서 분석하고 싶은 교사의 발화는 무엇이며, 그렇게 생각한 까닭은 무엇입니까?

다. 수업대화 분석 연습하기

※ 다음은 정리단계의 수업대화 자료입니다. 아래의 〈수업대화 분석 개관〉을 참고하여 각 기능단계의 소통 방법이 무엇인지 찾아봅시다.

〈수업대화 분석 개관〉

- **분석의 목적** : 수업 정리단계의 기능단계별 소통 전략 분석
- **분석의 범위** : 거시적 차원
- **수업의 개관**
  - 학교급 및 학년 : 초등학교 6학년
  - 교과 : 체육
  - 학습 목표 : 자기 마음을 조절하면서 표적 올림픽 활동을 할 수 있다.
- **수업대화 전사 자료**

[수업내용 정리하기]

(1) 교사: 오늘 어떤 활동을 했어요?

(2) 학생들: 승부차기를 하고, 올림픽 대회를 했습니다.

(3) 교사: 활동을 해보니 어떤 걸 느꼈나요? 네. 병남이가 발표해볼까요?

(4) 병남: ((손을 들며)) 활동이 재미없던 것도 있었어요.

(5) 재훈: ((손을 들며)) 마음을 비우니 성공 가능성이 높았습니다.

(6) 교사: 표적 도전에 성공하지 못했을 때는 조금 지루할 수도 있었지만, 마음을 비우고 도전해보니 성공 가능성이 높았다고 하네요. ((양 손바닥을 펴 넓게 서는 것을 표시하며)) 아까 줄넘기 대형처럼 선 다음 선생님 시범에 따라 스트레칭을 해 볼까요? ((양 팔 스트레칭, 무릎 스트레칭, 다리 스트레칭 순으로 시범을 보인다))

[정리 운동하기]

(7) 학생들: ((넓게 서고 양 팔 스트레칭, 무릎 스트레칭, 다리 스트레칭 순으로 교사의 시범에 따라 정리 운동을 한다.))

(8) 교사: ((양 손바닥을 이용하여 안쪽으로 모여 줄 것을 표시하며)) 다시 좁은 대형으로 모여 볼까요?

(9) 학생들: ((좁은 대형으로 모인다.))

(10) 교사: 오늘 여러모로 많이 노력해준 도우미 학생 3명에게 선생님이 상을 주도록 하겠습니다. 람보르기니, 페라리, BMW…

(11) 학생들: ((놀라는 표정으로)) 오호!

(12) 교사: 라고 적힌 비타민을 하나씩 선물로 드릴게요.

(13) 학생1,2,3: ((도우미 학생 3명이 비타민을 받는다.))

(14) 교사: 다음 시간에는 신체뿐만이 아닌 도구를 활용한 표적 활동을 하겠습니다. 간이 골프를 할 예정이구요. 오늘처럼 열심히 활동해주길 바랍니다.

[차시 예고하기]

(15) 교사: 이제 수업을 마치도록 하겠습니다. 1반, 전체 차렷! 우리 반 수업을 참관해주신 선생님들을 향해 공수, 인사!

[수업 종료하기]

(16) 학생들: ((선생님들을 향해 공수 후)) 배려하겠습니다.

■ **기능단계별 소통 방법**

• 수업내용 정리하기:

• 정리 운동하기:

• 차시 예고하기:

• 수업 종료하기:

교사화법

저와 단둘이 말해요

정 선생님 반은 수업을 마치고 하교 준비를 하고 있다. 정 선생님은 학생들에게 알림장
을 펴라고 말한다. 그러자 민수가 선생님께 질문한다.

"선생님, 알림장 펴요?"

정 선생님은 친절하게 대답한다.

"네, 알림장 펴요. 이제 알림장 쓰고 집에 가야 해요."

옆에 있는 지애도 질문한다.

"선생님, 알림장 펴는 거 맞아요?"

"그래요. 알림장 펴는 거 맞아요."

정 선생님은 역시 친절하게 대답한다. 이번에는 성진이와 서정이도 함께 힘을 합쳐 질문
하였다.

"알림장 펴요?"

"그래, 펴라고……."

1학년 학생들은 교사에게 같은 질문을 되풀이하곤 한다. 친구와 자신의 질문 내용이 같
더라도 직접 물어 보아야 하나 보다. 또한 교사가 학급 전체에게 대답을 하더라도 교사가
학생 자신에게 직접 들려주는 대답을 들어야 하는 것 같다. 1학년 학생들은 교사와 학생이
1대 1 형태로 주고받는 것만 대화로 인식하는지도 모르겠다.

— 이창덕 외(2017), 『황당하고 재미있는 수업이야기』 중에서

교사화법의
이해와 탐구

도입화법

— 시작이 반이다!

수업의 도입단계에서 중요한 것은 학생에게 본시 학습에 대한 흥미를 유발함으로써 학생 스스로가 학습목표를 탐색하게 하는 것이다. 많은 교사들이 수업을 계획하고 준비할 때 이 점을 가장 많이 고민한다.

— 16년차 경력교사의 이야기 중에서

1. 도입화법의 이해

가. 도입화법의 개념

일반적으로 단위 수업은 '도입, 전개, 정리'의 세 단계로 구분하는데, 이는 수업의 흐름을 절차상으로 나눈 편의상의 구분일 뿐 실제 수업에서는 분리되거나 독립적으로 이루어지지는 않는다. 수업의 도입단계에서는 수업을 준비하고 시작하며 전시학습을 떠올리고 동기유발을 통해 학습 목표를 확인하고 주요 학습 활동을 안내하며 수업을 시작한다.

수업에서 도입단계는 수업 시작 후 5~10분 정도가 소요되는 부분으로 이는 물리적인 측면의 구분이며, 기능적인 측면에서는 두 가지의 핵심적인 특징이 있다.

첫째, 도입단계에서는 전시학습 상기를 통해 수업과 수업을 연결한다. 도입단계의 '전시학습 상기하기'는 학생의 선수학습 정도를 파악하는 데 초점이 있지만, 수업 간의 연결성을 확보하는 역할을 한다. 즉, 수업에서 도입단계는 본 차시의 수업을 위한 도입 기능뿐만 아니라 단위 차시의 수업을 넘어 확장된 기능으로서 차시와 차시, 단원과 단원을 연계한다. 이러한 연계 기능은 수업의 말미에 해당하는 정리단계의 '차시학습 예고하기'에서도 잘 드러난다.

둘째, 도입단계에서는 동기유발을 통해 학습 목표의 각인에 초점을 둔다. 도입단계의 동기유발하기와 학습 목표 탐색하기는 수업에서 다루고자 하는 주요 내용과 활동을 학생들에게 분명하게 각인시키는 기능을 한다. 교육의 방식은 크게 연역적 방식과 귀납적 방식의 두 가지로 설명할 수 있다. 귀납적 방식의 수업에서는 학습이 일어나는 상황에서 학생의 요구와 필요에 의해 교육이 시작된다. 하지만 학교교육

교사화법

은 학생에게 필요할 것이라고 여겨지는 교육과정을 미리 정하고 이를 교육하는 연역적 방식을 취하고 있다. 학생은 학교교육에서 제시하는 학습 목표, 내용, 방법 등에서 재미를 찾거나 학습의 필요를 느끼기가 쉽지 않다. 따라서 수업에서 다루는 제재나 활동을 학생들에게 보다 친숙한 것으로 하거나 학생이 스스로 필요하다고 여기게끔 연관시키는 장면이 필요하게 된다. 이를 동기유발이 담당하고 있다. 따라서 도입단계의 동기유발하기는 단순한 흥미 유발보다는 학습 목표와의 밀접한 관련을 통해 학생이 수업에 대한 필요성을 인식하게 해야 한다.

도입화법의 개념은 앞서 살펴본 도입단계의 기능과 역할을 통해 설정할 수 있다. 즉, 도입화법은 전시학습 상기하기를 통해 차시와 단원을 연계하고 동기유발을 통해 연역적인 방식으로 설계된 수업을 귀납적인 방식으로 치환하는 과정에서 학생이 학습 목표를 탐색하게끔 하고 수업을 안내하는 일련의 대화를 말한다.

이러한 도입화법은 차시와 차시, 단원과 단원의 학습이 서로 밀접한 관련 속에서 연계성을 확보하게 하고 동기유발을 통해 학습 목표를 탐색하게끔 함으로써 학습 목표를 각인시키는 점에서 그 중요성과 의의를 찾을 수 있다.

나. 도입화법의 구조

도입화법의 구조는 수업 도입단계에서 일반적으로 나타나지만 반드시 순차적으로 나타나지 않으며 학교급, 교과, 교사, 수업 방식 등과 같은 다양한 변인에 의해 추가, 대체, 수정, 통합, 생략되기도 한다. 다음은 도입화법의 일반적인 구조를 보여주는 대화 자료이다.

[자료 1-1]

(1) 교사: 친구들 다 들어왔나요?　　　　　　　　　　[수업 준비하기]

(2) 학생들: 네.

(3) 교사: 좋아요. 그럼 우리 반이 정말 좋아하는 수학 수업을 하　[수업 시작하기]
　　　겠어요. 기대가 되지요?

(4) 학생들: 네.

(5) 교사: 자, 우리가 지난 시간에 무엇을 배웠는지 기억이 나나요?　[전시학습 상기하기]

(6) 학생: 네, 백분율을 이용해서 원그래프를 그리는 방법을 배
　　　웠어요.

(7) 교사: 그래요. 잘 알고 있네요. 그래서 선생님이 수업에 앞서　[동기유발하기]
　　　우리 반 친구들이 가지고 있는 고민을 조사해 봤어요.
　　　화면을 같이 보겠어요.

(8) 학생들: ((화면을 본다.))

(9) 교사: ((화면을 가리키며)) 어때요? 우리 반 친구들이 어떤 고
　　　민을 하고 있는지 한 눈에 보이나요? 친구들은 어떤
　　　고민을 많이 하고 있나요?

(10) 학생들: ((여기저기서)) 네, 성적에 대한 고민이 가장 많아요.

(11) 교사: 그렇죠. 우리 반 친구들은 공부를 잘 하고 싶어서 성
　　　적에 대한 고민이 가장 많네요. 화면에서 보는 것처
　　　럼 주어진 자료를 어떻게 표현하면 한 눈에 알아보기
　　　쉬울까요?

(12) 학생들: 띠 그래프나 원 그래프를 이용해서 비율 그래프로
　　　나타내면 좋아요.

(13) 교사: ((판서를 준비하며)) 그렇지요. 그럼 오늘 어떤 내용을　[학습 목표 확인하기]
　　　공부하면 좋을까요?

(14) 학생들: ((판서 내용을 보면서 빈 칸을 채워서 학습 목표를
　　　읽는다.)) 조사한 자료를 비율 그래프로 나타낼 수
　　　있다.

　　　　　　　　　　　　　　　　　　　교사화법

(15) 교사: ((학습 활동 1, 2, 3을 가리키며)) 네. 아주 잘 읽었어요. 맞아요. 오늘은 우리 반을 대상으로 설문 조사를 하고, 비율 그래프로 나타내고, 조별로 만든 그래프를 설명하는 활동을 하도록 하겠습니다. [학습활동 안내하기]

[자료 1-1]은 수업 도입단계의 일반적인 장면으로 도입화법의 구조가 잘 드러나고 있다. 이를 대화분석의 단위에 따라 형식단계와 기능단계로 나타내면 다음과 같다.

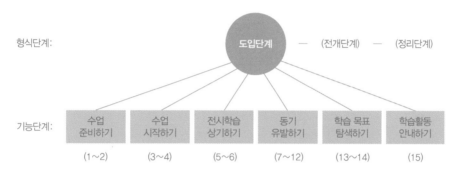

그림 2-1 **도입화법의 일반적인 구조**

[자료 1-1]의 (1)~(2)는 수업이 본격적으로 시작되기 전에 교사가 수업을 준비하는 것으로 주로 학생을 맞이하거나 수업에 사용할 교과서나 교구를 준비하는 단계이다. 수업 준비하기는 학교급이나 과목, 교사의 담임제 여부에 따라 다양한 방식으로 나타난다. 예를 들어, 초등학교의 담임 수업에서는 수업에 앞서 교사가 다음 수업을 위해 교과서나 준비물을 살피거나 학생들이 교실에 모두 있는지를 확인하는 경우가 해당한다. 반면에 중등학교의 교과 전담 수업에서는 특별실로 이동하여 수업을 하는 경우에 교사가 수업에 앞서 학생들을 맞이하는 것이 일반적이다. 운동장에서 수업을 준비하거나 학생을 맞이하는 체육 수업이 이에 해당한다고 할 수 있다.

수업 준비하기는 수업을 위한 물리적인 준비뿐만 아니라 수업을 원활히 진행하기 위한 심리적, 관계적 준비도 포함한다. 교사가 수업 시간에 임박하여 헐레벌떡 교실로 들어가거나 수업에 늦는 것은 정상적으로 수업을 하는 데 큰 방해 요인이 된다. 어떠한 형태로든 교사는 수업이 이루어지는 장소에서 수업을 위한 물리적, 심리적, 관계적인 준비를 해야 한다. 교사가 연구실이나 협의실에서 수업할 내용을 사전에 찬찬히 살펴보는 것도 수업 준비하기에 해당한다. 보다 거시적인 차원에서 보면 수업 전에 교재 연구도 수업 준비하기에 해당되며, 공식적인 수업 단계는 아니지만 이러한 교수행위 유무에 따라 수업의 성패가 좌우되기도 한다.

[자료 1-1]의 (1)에서 교사는 수업의 본격적인 시작에 앞서 학생들이 모두 교실에 있음을 확인하면서 수업을 준비하고 있다. 만일 학생이 자리에 없거나 본격적인 수업을 방해하는 문제가 있다면 이런 문제들을 해결한 뒤에야 수업 시작이 가능하다.

(3)~(4)는 수업을 본격적으로 시작하는 단계이다. 일반적으로 수업 시작은 학교의 시간 운영 계획에 따라 이루어진다. 정해진 시간이 되면 교실에 담당 교과목의 교사가 들어오고 수업을 시작한다. 초등학교의 경우는 담임교사가 대부분의 교과 수업을 진행하기 때문에 담임교사가 거의 모든 수업의 시작과 끝을 통제한다. 어쨌든 정해진 시간이 되면 교사는 학생이 수업 이전의 상황에서 벗어나 교사가 의도한 수업 장면으로 들어오기를 바란다. 이를 위해 교사는 수업을 시작한다는 것을 알리면서 수업을 시작한다. 교사가 수업 시작을 알릴 때는 "자, 이제 ○○수업을 시작하겠습니다."와 같이 명시적으로 선언하기도 하지만 늘 이처럼 명시적으로 수업 시작 선언이 이루어지지는 않는다. 교사와 학생의 인사하기를 통해 수업의 시작을 알리기도 하고 교사와 학생들이 노래를 부르거나 게임을 함으로써 수업을 시작하기도 한다.

교사는 도입단계에서 수업이 시작되었다는 것을 선언하는 것 이외에 학생들이 수업 이전 상황에서 벗어나 수업 상황에 집중하기를 바란다. 따라서 교사는 학생들이 물리적으로 자리에 앉아 있는 것만 중요하게 여기는 것이 아니라 심리적으로도 수업에 참여하고 집중할 수 있게 만드는 데 많은 신경을 쓴다. 그래서 교사가 수업 시작을 알린 후에도 수업 상황에 집중하지 않은 학생이 있으면 통제적인 발화를 사용하기도 한다. 그리고 수업 자세나 학습 준비 상태를 점검하면서 학습 분위기를 조성하기도 한다. (3)~(4)에서 교사는 명시적으로 수업 시작을 알리고 있다.

　(5)~(6)은 전시학습 내용을 상기시키는 것으로 교사가 앞 시간에 배운 내용을 언급함으로써 해당 학습 내용과의 연계성을 확보하고 있다. 전시학습 내용을 상기시킬 때는 교사의 질문이나 설명이 많이 사용된다. 전시학습 내용을 점검하는 이유는 본시 학습과의 유기적인 연계와 학생의 선수학습 정도를 파악하기 위한 것이다. 따라서 전시학습 내용을 점검할 때는 앞 시간에 다룬 내용을 간략히 확인하는 것뿐만 아니라 본시 학습과 연관된 선행 지식이 활성화 될 수 있도록 하여야 한다. (5)~(6)에서 교사는 지난 시간에 배운 학습 내용을 확인하고 있다.

　(7)~(12)는 학생들의 학습 동기를 유발하는 과정이다. 교사는 수업이 의미 있게 전개되고 학습 효과가 충분히 달성되기 위해서 학생들이 학습 내용에 대해서 명확한 문제의식과 왕성한 학습 의욕을 가지고 자발적인 학습이 이루어지도록 학습 동기를 유발시켜야 한다. 동기유발에서 가장 역점을 두어야 할 것은 동기유발 활동과 학습 목표가 밀접한 관련을 맺어야 한다는 점이다. 학습 목표와 관련을 맺지 않고 학생에게 즐거움만을 제공하는 동기유발은 학생이 수업에 집중하는 데 오히려 역효과를 불러일으킬 수 있다. 그리고 동기유발 활동은 적절한 시간 조절이 필요하다. 동기유발에 너무 많은 시간을 할애하여 정작 핵심이 되는 본시 학습 활동을 하는 데 많은 시간을 안배하지 못하는 경우가 발생하기 때문이다.

　수업 도입단계의 동기유발은 학생들이 학습의 필요성을 인식하는 데 관심을 두어야 한다. 학생들이 학습의 필요성을 인식하면 교실에서 배운 내용을 자신의 삶에 적용하기 위해 노력한다. 학생이 학습의 필요성을 인식하지 못하면 맹목적으로 학습 활동을 하게 되고, 학습에 대한 흥미도 떨어지게 마련이다. 따라서 학생들이 보다 분명한 목표 의식을 갖고 학습 활동에 참여하도록 유도하고 수업시간에 배운 내용을 자신의 삶 속에 적용할 수 있도록 학습의 필요성을 인식시켜 주어야 한다. (7)~(12)에서 교사는 학생 개개인의 고민을 사전에 조사하고 조사한 내용을 바탕으로 비율 그래프를 만들어 동기유발 자료로 활용하였다. 학생들은 수업에서 제시되는 자료가 자신과 관련 있거나 자신의 것일 때 더욱 흥미를 보인다. 학급의 고민을 조사한 자료는 학생으로 하여금 흥미를 유발할 뿐만 아니라 본시 학습에서 다룰 학습 내용 및 방법과 직접적인 관련이 있기 때문에 학생들은 교사가 제시한 자료에서 눈을 떼지 못한다. 학생의 동기를 유발한 활동은 이어지는 학습 목표 탐색으로 자연스럽게 연결이 된다.

(13)~(14)는 수업 도입단계에서 가장 핵심적인 활동으로 학습 목표를 학생들이 확인하고 탐색하는 단계다. 학습 목표는 교육과정에서 의도하고 있는 목표와 내용을 성취시킬 수 있는 학습 경험을 선정하는 데 명확하고 객관적인 준거가 된다. 따라서 수업 도입단계에서 교사가 사용하는 활동과 화법은 학습 목표를 분명하게 제시하는 것에 초점을 두어야 한다.

학습 목표를 확인할 때는 교사가 직접 제시하여 확인시키기도 하지만 학생과 함께 학습 목표를 탐색하면서 확인하기도 한다. 이때 교사는 학생들에게 학습 목표를 유추할 수 있는 다양한 자료나 언어적 단서를 제시한 뒤에 이러한 내용을 종합하여 학습 목표를 탐색하게 한다. 여기서 주의할 점은 학생이 학습 목표를 유추할 수 있도록 단서를 제시하고 질문을 세분화해야 한다는 것이다. 즉, 교사가 준비한 자료나 언어적 활동을 제시하고 나서 곧바로 "오늘 학습 목표는 무엇일까요?"와 같이 묻기보다는 학생이 생각할 수 있도록 "이 자료(선생님의 이야기)는 무엇에 대한 내용인가요?", "중요한 것(주의할 점)은 무엇인가요?", "그러면 우리가 살펴본 자료(이야기)와 중요한 내용을 보고 오늘 무엇에 대해 공부할 것인지 생각해 봅시다."와 같이 단계적으로 질문을 해야 한다. (13)~(14)에서 교사는 학습 목표의 주요 용어를 빈칸으로 두고 학생이 중요한 용어를 찾고 함께 읽음으로써 학습 목표를 확인하고 있다.

(15)는 학습 활동을 안내하는 단계이다. 학습 목표를 확인한 다음에는 학습 활동에 대한 안내가 이어지기도 한다. 교사는 수업 도입단계에서 학생들에게 학습 활동을 안내해 주어 학생이 수업에 대한 전체 계획을 가지고 전개단계에서 보다 능동적이고 의미 있게 수업에 참여할 수 있게 한다. 이처럼 학습 활동 안내하기는 도입단계와 전개단계의 접점으로 두 단계의 임계점을 이룬다. 즉 학습 활동 안내하기는 학

습 목표를 제시한 이후에 도입단계에서 전개단계로 넘어가는 징검다리 역할을 한다. 따라서 학습 활동을 안내할 때도 단순한 기능적인 차원에서 안내를 하기 보다는 도입단계에서 확인한 학습 목표가 전개단계에서 자연스럽고 본격적으로 다루어 질수 있도록 주의해야 한다. 학습 활동의 구조가 복잡하여 도입단계에서 학습 활동을 안내하기 어려운 경우에는 전개단계에서 각각의 활동을 안내하기도 한다. (15)에서 교사는 학습 목표의 확인 이후에 학습 활동에 대한 안내를 하고 있다.

2. 도입화법의 방법

가. 도입화법의 일반적인 방법

1) 수업 준비하기

'수업 준비하기'의 구체적인 방법으로는 수업 참여 독려하기, 물리적인 환경 조성하기, 학급 규칙을 적용한 수업 준비하기, 나 전달법으로 수업 준비하기 등이 있다.

[자료 1-2]
(1) 교사: 오늘은 수업공개가 있는 날입니다. 오늘 수업도 재미있고 즐겁게 합시다. 발표 잘 할 수 있죠?
(2) 학생들: 네, 잘 할 수 있어요.

[자료 1-3]
(1) 교사: 발표 잘 할 준비됐습니까?
(2) 학생들: 네.

[자료 1-2]과 [자료 1-3]에서 교사는 학생의 적극적인 수업 참여를 바라며 수업 참여를 독려하며 수업을 준비하고 있다. 수업 준비하기는 수업을 본격적으로 시작하기에 앞서 원활한 수업의 진행을 위해 물리적, 심리적, 관계적으로 수업을 준비하는 단계이다. [자료 1-2]에서 교사는 공개수업이라는 수업의 외적인 상황을 드러내

며 학생이 심리적으로 안정을 취하고 동시에 수업에 적극적으로 참여하기를 바라고 있다.

[자료 1-4]
(1) 교사: 누가 수업 준비를 잘 하고 있나 볼게요.
(2) 학생들: ((자세를 바르게 고쳐 앉는다.))

[자료 1-4]에서 교사는 학생이 바른 자세로 수업에 임하기를 바라며 나 전달법을 이용해 수업을 준비하고 있다. 일반적으로 초등학교에서는 학년 초에 교사와 학생이 학습 규칙과 생활 규칙을 함께 만들고 학교생활을 하면서 이 규칙들을 지켜나가려고 한다. 일상적인 초등학교 교실 풍경을 떠올렸을 때, 교사가 '바른'이라고 선창하면 학생이 '자세'라고 후창을 하면서 자세를 바르게 고쳐 앉는 모습을 쉽게 관찰할 수 있다. 이런 학습 규칙이나 약속은 학교급, 학년, 교사, 학생에 따라 다양한 형태로 운영된다. 하지만 이런 규칙이나 약속을 통제적인 방식으로 생각하여 별도의 규칙이나 약속이 없는 수업도 존재한다. [자료 1-4]에서 교사는 통제적인 규칙보다는 나 전달법의 자연스러운 언어적 조치로 수업의 도입 부분에서 학생들이 바른 자세로 수업에 임하도록 하고 있다.

2) 수업 시작하기

'수업 시작하기'의 구체적인 방법으로는 명시적으로 수업 시작 선언하기, 인사하며 수업 시작하기, 노래 부르며 수업 시작하기 등이 있다.

[자료 1-5]
(1) 교사: 자, 지금부터 수업을 시작하겠습니다.

[자료 1-5]와 [자료 1-6]은 명시적인 방식으로 수업의 시작을 알리고 있다. 수업의 시작은 차임벨이나 시그널 음악과 같은 학교의 시간 운영 계획에 따라 시작되기도 하지만, 이처럼 교사가 수업을 시작한다고 발화함으로써 명시적으로 수업의 시작을 알리기도 한다.

[자료 1-7]의 교사는 노래를 부르며 수업을 시작하고 있다. 수업의 시작은 교사와 학생의 인사나 교사의 명시적인 시작 선언 외에도 평소 수업에서 자주 부르는 노래나 간단한 게임을 통해 이루어지기도 한다. 특히 수업 분위기가 어수선할 때나 나른한 오후 시간에 노래나 게임은 수업 분위기를 부드럽게 해 주고 학생의 주의를 환기하며 학생을 수업에 집중시키는 역할을 하기 때문에 수업을 시작하는 유용한 방법 중 하나이다.

3) 전시학습 상기하기

'전시학습 상기하기'의 구체적인 방법으로는 학생의 선수학습 정도 파악하기, 전시학습을 통해 배경지식 활성화하기, 동기를 유발하는 전시학습 상기하기 등이 있다.

(1) 교사: 우리가 국어 시간에 말의 영향에 대해서 배우고 있지요. 지난 시간에는 금지어 국어사전을 만들었어요. 금지어 사전을 왜 만들었죠? ((손을 들며)) 수빈이.

(2) 수빈: 금지어를 쓰면 상대방 기분이 나빠져서요.

(3) 교사: 그렇지. 부정적인 말을 쓰면 상대방의 기분을 나쁘게 하는 영향을 줄 수 있다고 배웠지요.

[자료 1-8]의 교사는 전시학습 상기를 위해 학생의 선수학습 정도를 파악하고 있다. 이 수업은 단원의 마지막 차시로 학습 목표는 '말의 영향을 생각하며 역할극을 할 수 있다.'이다. 따라서 교사는 이전에 학습한 내용을 학생들이 얼마나 잘 알고 있는지 확인하기 위하여 금지어 사전을 만든 까닭을 묻고 있다. 전시학습 내용을 확인하는 수준의 질문은 교사의 질문과 학생 전체의 대답으로 이루어진다. 하지만 여기서 교사의 질문은 학생 전체가 대답하는 방식이 아니라 대답을 할 수 있는 학생이 손을 들어 발표하는 방식으로 이루어진다. 이때 교사는 발표할 사람은 손을 들라는 비언어적인 표시를 하며 질문과 대답을 주고받고 있다. 이러한 교사의 질문과 학생의 대답은 학생의 선수학습 정도를 파악하기 위한 교사의 의도가 있는 것이다.

[자료 1-9]

(1) 교사: 여러분들은 지난 시간에 물의 상태 세 가지를 배웠어요. 그렇죠?

(2) 학생들: 네

(3) 교사: 그럼, 선생님이 한 번 확인해 볼게요. ((과학실 한 쪽에 있는 물을 틀며)) 자, 액체인?

(4) 학생들: 물.

(5) 교사: ((냉동실을 열며)) 고체인?

(6) 학생들: 얼음.

(7) 교사: 맞아요. ((손을 허공에서 움직이며)) 그리고 눈에는 안 보이지만?

(8) 학생들: 수증기.

(9) 교사: 그래요. 기체인 수증기가 있어요. 자, 이렇게 우리가 지금까지 배운 것이 물의 상태 세 가지입니다. 그 내용을 잘 알고 있고 오늘 공부를 시작해 보겠어요.

[자료 1-9]의 교사는 전시학습을 떠올리면서 배경 지식을 활성화하고 있다. 이 수업의 학습 목표는 '물이 얼 때의 무게와 부피 변화를 알 수 있다.'이다. 학생들은 물질의 세 가지 상태에 대해서는 지난 시간까지 학습을 하였고, 이번 시간부터 물질의 상태 변화에 대해 공부하게 되었다. 교사는 물질의 상태가 변할 때 어떤 변화가 있는지를 알기 위해 배경 지식이 되는 전시학습을 상기시킴으로써 본시 학습과 관련을 짓고 있다.

4) 동기유발하기

'동기유발하기'의 주요 방법은 학습 내용과 관련 있는 동기유발하기, 학습 방법과 관련 있는 동기유발하기, 학습 내용 및 방법과 관련 있는 동기유발하기, 학습 활동과 관련 있는 동기유발하기, 전시학습 상기하기와 통합된 동기유발하기 등이 있다.

[자료 1-10]

(1) 교사: 선생님이 칠판에 사진을 몇 장 붙여놓았어요. 잘 보이나요?

(2) 학생들: 네.

(3) 교사: ((세 장의 사진 중 첫 번째 사진을 가리키며)) 이 사진은 무엇이죠?

(4) 학생들: 양궁이요.

(5) 교사: ((두 번째 사진을 가리키며)) 이 사진은 무엇이죠?

(6) 학생들: 축구요.

(7) 교사: ((마지막 사진을 가리키며)) 이 사진은요?

(8) 학생들: 야구요.

(9) 교사: 맞아요. 그럼, 양궁은 어디를 맞추는 것이죠?

(10) 학생들: 과녁이요.

(11) 교사: 그럼, 축구는 어디에 공을 넣어야 하나요?

(12) 학생들: 골대요.

(13) 교사: 야구는 투수가 공을 어디에 던지죠?

(14) 학생들: 포수에게 던져요.

(15) 교사: 이 세 운동의 공통점은 무엇인가요?

(16) 학생들: 운동마다 정해진 표적을 맞추는 것이에요.

(17) 교사: 우리가 지난 시간까지 어딘가에 공을 맞추는 활동을 했어요. 이번 시간에도 지난 시간에 이어 비슷한 활동을 해보도록 하겠어요.

[자료 1-10]에서 교사는 학습 활동과 관련 있는 동기유발을 하고 있다. 이 수업은 체육 수업으로 학습 목표는 '자기 마음을 조절하면서 표적 올림픽 활동을 할 수 있다.'이다. 교사는 본시 학습에서 다룰 주요 활동과 관련 있는 사진 자료를 준비하고 각 운동의 특성과 제시된 운동의 공통점을 살펴보면서 동기를 유발하고 있다. 이 수업은 체육 수업이기 때문에 이론적인 내용보다는 활동 중심으로 수업이 구성되었다. 교사는 동기유발하기에서 학습 활동에 대한 메타적인 접근을 통해 본시 학습 활동과의 관련성을 언급하면서 동기유발을 하고 있다.

[자료 1-11]

(1) 교사: ((화면에 미리 준비한 시를 보여주며)) 들려주는 시를 잘 듣고 비유적 표현을 찾아보세요.

(2) 학생들: 네.

(3) 교사: ((40초의 시간이 흐른 뒤)) 선생님이 여러분을 위해 준비한 시였어요. 어떤 비유적 표현이 있었나요? 지후.

(4) 지후: 저희를 소나기, 비타민이라고 표현했어요.

(5) 교사: 또 어떤 비유적 표현이 있었나요? 유진이.

(6) 유진: 선생님을 천하장사, 고래라고 했어요.

(7) 교사: 선생님이 지은 시가 마음에 들어요?

(8) 학생들: 네, 재미있어요.

(9) 교사: 시에 대해 어떤 느낌이나 생각이 들었어요?

(10) 학생들: 선생님이 우리를 어떻게 생각하는지 알 수 있었어요.

(11) 교사: 생각이나 느낌을 말하기 어려우면 소감을 말해도 돼요.

(12) 은호: 발표하는 것을 좋아하시니까 발표를 잘 해야겠다고 생각했어요.

(13) 주찬: 친구와 사이좋게 지내야 한다고 생각했어요.

(14) 문수: 선생님이 우리를 위해 많은 생각을 하시는 것 같아요.

[자료 1-11]에서 교사는 학습 내용 및 방법과 관련 있는 동기유발을 하고 있다. 이 수업의 학습 목표는 '시에 대한 생각이나 느낌을 이야기할 수 있다.'이다. 주요 학습 활동은 교과서의 시를 살펴보고, 친구에 대한 경험을 나누고 친구를 시로 표현하는 것이다. 좋은 동기유발은 학습 목표와 관련되어야 한다. 동기유발이 학습 목표와 관련된다는 것은 구체적으로 살펴보면 본시 학습에서 다룰 학습 내용이나 제재 또는 학습 방법이나 활동과 직접적인 관련성이 높아야 한다는 것을 의미한다. 교사의 동기유발은 본시 학습의 제재인 시를 다루고 있으며, 본시 학습의 주요한 방법인 비유적 표현을 다루고 있다. 교사는 의도적으로 본시 학습에서 다룰 주요 내용과 방법을 학생들이 친근하게 생각하는 교사와 학생을 대상으로 선정하여 동기유발에 사용하였다. 동기유발하기에서 사용되는 제재는 학생 입장에서 보면 자신과 가까운 것일수록 흥미도가 높아진다. 예를 들어 학생 자신, 친구, 선생님, 자신의 집, 우리 동네 등은 동기유발 자료로써 학생의 흥미를 끌기에 충분하다. 이 자료에서 동기유발하기는 학습 목표와 높은 관련성이 있으며 학생의 호응을 이끌기에 충분하다.

5) 학습 목표 확인하기

'학습 목표 확인하기'의 주요 방법으로는 교사가 학습 목표 제시하기, 빈칸 채우기로 학습 목표 확인하기, 교사의 질문으로 학습 목표 탐색하기 등이 있다.

> **[자료 1-12]**
> (1) 교사: ((칠판의 학습 목표를 가리키며)) 오늘은 우리가 낱말에 대해 배울 거예요. 우리가 지난 시간까지는 7단원에 대해 배웠는데, 오늘부터 새로운 단원을 배울 거예요. 자, 단원명을 같이 읽어볼까요?

[자료 1-12]는 교사가 학습 목표를 직접 제시하는 사례이다. 교사가 학습 목표를 직접 제시할 경우에는 학습 목표가 무엇이라는 것을 학생에게 직접적이고 명시적으로 나타내준다. 따라서 교수·학습 전개에 필요한 시간을 어느 정도 절약할 수 있

다. 그러나 이러한 방법은 학생이 학습 목표를 수동적으로 인식할 수 있다. 학습의 주체는 학생이기 때문에 학습 목표의 인지부터 학생이 주도적으로 참여하게 하는 방법을 고려해 볼 필요가 있다.

[자료 1-13]

(1) 교사: 오늘 우리가 함께 공부할 학습 목표에 대해 살펴볼게요. 바로 지금 한 활동과 관련이 있습니다. 괄호 안에 들어갈 낱말을 맞춰볼까요?

(2) 경라: 경험입니다.

(3) 민서: 느낌입니다.

(4) 지윤: 경험과 느낌입니다.

(5) 교사: ((학습 목표의 빈칸을 채우며)) 잘 말했어요. 오늘의 학습 목표는 '시에 대한 생각이나 느낌을 이야기할 수 있다.'입니다. 다 같이 읽어볼까요?

(6) 학생들: ((칠판의 학습 목표를 읽는다.))

[자료 1-13]에서 교사는 동기유발 활동과 관련지어 학습 목표를 확인하고 있다. 앞서 살핀 바와 같이 동기유발하기는 어떤 방식으로든 학습 목표와 밀접한 관련을 가져야 의미가 있다. 교사는 본시 학습의 내용 및 방법과 관련성이 많은 동기유발 후에 학습 목표를 확인하고 있다. 학습 목표를 확인하는 방식은 빈칸 채우기로, 교사는 수업 전에 미리 칠판에 학습 목표를 긴습해 놓고 그중 중요인 학습 내용인 '경험과 느낌'을 빈칸으로 비워두고 제시하였다. 빈칸 채우기는 학습 목표를 확인할 때 많이 사용하는 방법이다. 이는 교사가 학습 목표를 일방적으로 제시하는 것이 아니라 학생이 어느 정도의 능동적인 태도로 학습 목표를 찾아가게 하는 방법으로 학생의 인지적인 부담을 적게 하는 효율적인 방법이다.

교사화법

[자료 1-14]는 교사가 질문으로 학습 목표를 탐색하는 장면이다. 이 수업에서도 동기유발하기는 학습 목표 확인하기와 밀접한 관련을 맺고 있다. 많은 수업에서 학습 목표 확인하기는 교사 주도의 학습 목표 제시나 확인하기로 이루지는 경향이 있다. 하지만 수업 도입단계의 의미를 생각할 때, 학습 목표의 확인은 교사의 제시나 확인보다는 학생이 스스로 학습 목표를 탐색하는 방식으로 이루어지는 것이 의미가 있다. 이 교사는 동기유발 활동이 끝난 후 질문과 대답을 통해 학습 목표를 탐색하고 있다. 이때 동기유발하기 이후에 곧바로 "오늘 학습 목표는 무엇일까요?"와 같이 묻기 보다는 학생이 학습 목표를 자신의 입으로 말할 수 있도록 질문을 세분화하여 단계적으로 물을 필요가 있다. 이 자료에서 교사는 "병이 왜 깨졌을까요?", "물이 얼 때 어떤 일이 일어났나요?"와 같이 질문을 단계적으로 제시하면서 학습 목표를 탐색하는 과정을 통해 학습 목표를 확인하고 있다.

6) 학습활동 안내하기

'학습활동 안내하기'의 주요 방법으로는 명시적으로 학습활동 안내하기, 함께 읽으며 학습활동 안내하기, 빈칸 채우며 학습활동 안내하기 등이 있다.

[자료 1-15]

(1) 교사: 첫 번째 활동은 수준별 승부차기에요. ((체육관의 뒤쪽을 가리키며)) 그리고 두 번째 활동은 표적 올림픽 대회로 여러 가지 활동이 준비되어 있습니다. 다 같이 일어나 보세요.

[자료 1-16]

(1) 교사: ((빈칸을 쓰면서)) 자, 칠판에 있는 학습 활동 세 가지를 함께 읽어 보겠어요. 첫째!

(2) 학생들: 낱말의 종류는?

(3) 교사: 둘째.

(4) 학생들: 낱말 텔레파시.

(5) 교사: 셋째.

(6) 학생들: 낱말 분류하기

[자료 1-15]는 명시적인 방식으로 학습 활동을 안내하고 있으며, [자료 1-16]는 학생들이 학습 활동을 함께 읽으며 안내하는 방법을 사용하고 있다. 학습 활동을 안내하는 것은 학생으로 하여금 본시 학습의 전개가 어떻게 이루어지는지 안내하는 것에 의미가 있다. 학습활동 안내하기의 방식은 교사에 의해 제시되거나 빈칸을 채우면서 함께 읽어보는 활동 등으로 비교적 단순한 형태로 많이 이루어진다.

나. 도입화법의 유의점

1) 학습 의욕을 고취하도록 학습의 장을 만들어라.

학교교육은 학생에게 필요한 내용을 미리 정하고 이를 학생에게 교육시키는 연역적인 방식으로 이루어진다. 따라서 학생은 수업에 대한 흥미나 욕구가 부족하다. 수업의 도입단계는 이렇게 연역적인 방식으로 구성된 학습 내용에 대해 학생으로 하여금 흥미를 느끼게 함으로써 학습에 자발적으로 참여하도록 하는 동기유발이 필요하다.

2) 전시학습을 본시학습과 관련시켜라.

도입단계에서 전시학습을 떠올리는 것은 이전 수업과의 연결을 통해 학습의 필요성을 강조함은 물론 학생의 선수학습 정도를 파악한다는 측면에서 의미가 있다. 전시학습 상기하기는 이전 시간의 학습 내용을 확인하는 것뿐만 아니라 이전 단원이나 이전 학년에서 학습한 내용을 떠올리게 함으로써 본시 학습에 대한 큰 그림을 학생에게 제시할 수 있다.

3) 학습의 중요성, 목표, 계획을 명확하게 인식하게 하라.

도입단계에서 동기유발하기, 학습 목표 확인하기, 학습활동 안내하기는 독립적이고 분리된 기능단계가 아니라 계열성을 띤 유기적인 기능단계이다. 따라서 동기유발은 단순한 흥미나 호기심을 불러일으키기 보다는 본시 학습에서 다룰 학습 내용이나 방법과 밀접한 관련을 맺음으로써 학생들이 학습 목표를 명확히 인지하고 학습 활동에 대한 안내가 충분히 이루어져야 한다.

4) 성공을 예감하고 실패에 대한 불안감을 줄여라.

수업의 성공이란 학생이 학습 목표를 성취하는 것뿐만 아니라 학습을 통해 긍정적인 자아 개념이나 자아 효능감을 형성하는 데에 있다. 따라서 수업의 도입단계에서는 수업에 대한 인지적인 부담을 적게 하고 학생 모두가 성취할 수 있다는 긍정적인 인식을 심어주면서 혹시 있을 수 있는 실패에 대해서도 허용적인 분위기를 형성해야 한다.

3. 도입화법의 적용

가. 도입화법 분석하기

※ 다음 수업대화는 도입단계의 대화 자료 중 일부입니다. '동기유발하기'와 '학습 목표 확인하기'를 찾아보고, 두 기능단계의 관련성을 생각하며 교사의 도입화법에 대해 비판적으로 분석해 봅시다.

(1) 교사: ((벚꽃엔딩 뮤직비디오를 틀어주며)) 먼저, 우리 반 친구들이 좋아하는 노래 하나를 듣고 수업을 시작하겠습니다.

(2) 학생들: ((뮤직비디오를 감상한다.))

(3) 교사: 잘 봤나요? 이 뮤직비디오는 어떻게 제작하였나요?

(4) 학생: 친구들이 각자 그린 그림을 합쳐서 제작했어요.

(5) 교사: 이렇게 만든 뮤직비디오는 현대 미술의 어떤 특징과 관련이 있을까요? 누가 말해볼까? 태연이가 크게 말해볼래요?

(6) 태연: 관객이 참여를 해요.

(7) 교사: 관객이 참여해서 작품을 하나 만들 수 있다는 거지요. 여러 사람들이 무엇을 해서?

(8) 학생들: 협동!

(9) 교사: 협동해서 만들 수 있다는 것을 기억하세요. ((칠판의 학습 목표를 가리키며)) 오늘은 어떤 것에 대해서 배울까요?

(10) 학생들: 현대 미술의 다양한 표현 방법을 이용하여 표현할 수 있다.

나. 도입화법 토의하기

※ 도입화법의 이해와 방법에서 배운 내용을 생각하며, 효과적인 도입화법의 방법에 대해 토의하여 봅시다.

1) 도입화법에서 반드시 포함하거나 강조할 기능단계는 무엇이고, 그렇게 생각한 까닭을 이야기해 봅시다.

2) 도입단계의 '전시학습 상기하기'에서 시간적인 부담을 줄이면서 전시학습을 떠올릴 수 있는 효과적인 방법은 무엇이 있는지 이야기해 봅시다.

3) 학습 목표를 확인하는 방법은 학습 목표를 확인하는 학생의 참여 정도에 따라 '학습 목표 제시하기', '학습 목표 확인하기', '학습 목표 탐색하기'로 나눌 수 있습니다. 세 가지 학습 목표 확인하기 방법의 의미와 효과적인 방법에 대해 이야기해 봅시다.

다. 도입화법 연습하기

※ 수업의 도입단계 중에서 '동기유발하기'를 하려고 합니다. 다음에 제시된 〈학습 목표〉를 참고하거나 또는 다른 학습 목표를 상정하여 학습 내용이나 방법과 관련이 있는 동기유발을 어떻게 할지 동기유발 자료나 교사의 대화 내용을 만들어 봅시다.

〈학습 목표〉
- (국어) 낱말의 종류를 알고 분류할 수 있다.
- (사회) 우리 고장에 필요한 공약을 정하고 선거 연설문을 작성할 수 있다.
- (미술) 현대 미술의 다양한 표현 방법을 알고 표현할 수 있다.

■ 교사: _____
_____
_____

수업의 첫 목소리 진단하기

수업의 시작을 잘 하려면 어떻게 해야 할까? 현직 교사의 수업 과정안을 살펴보면 전시학습 상기하기나 동기유발하기는 수업에 앞서 계획하고 준비하지만, 수업의 시작을 어떻게 할지는 수업 과정안에 반영되지 않은 경우가 많다. 교사의 수업 시작을 알리는 첫 목소리는 교실의 상황에 의존하여 즉흥적으로 수행되거나 자신의 수업 스타일에 따라 무의식적이고 관례적으로 이루어지는 경향이 있다. 수업의 시작은 수업의 흐름이나 방향성을 결정한다. 여러분의 수업 시작은 어떠한가?

1. "다 들어왔니?"형

"다 들어왔니?", "책 펴세요.", "어디 할 차례지?"는 수업 준비 확인형의 첫 목소리이다. 수업 준비 확인형 교사는 수업에 본격적으로 들어가기에 앞서 학생이 물리적, 심리적으로 수업을 준비하기 바라며 이러한 말로 수업을 시작한다. 교사는 학생의 수업 준비 상태를 점검함으로써 수업이 효과적으로 이루어지길 기대한다.

2. "인사합시다."형

"반장, 인사합시다.", "안녕하세요."는 인사하기형의 첫 목소리이다. 인사형 교사는 인사하기를 통해 수업의 시작을 알린다. 인사하기를 통한 수업의 시작은 서로를 배려함과 동시에 수업의 공식적인 시작을 알리는 효과가 있다.

3. "누가 떠드니?"형

"누가 떠드니?", "민서가 바르게 잘 앉아 있네."는 주의 환기형의 첫 목소리이다. 주의 환기형 교사는 교실의 분위기를 환기함으로써 학생을 집중시키고 그 분위기를 통해 수업을 시작한다.

4. "수업 시작합시다."형

"이제 수업 시작합니다.", "수업 시작 합니다"는 시작 선언형의 첫 목소리이다. 시작 선언형 교사는 명시적으로 수업의 시작을 선언함으로써 수업을 시작한다. 교사의 시작 선언에 학생들은 자신을 스스로 점검하고 수업에 임할 준비를 한다.

5. "왜?~"형

"왜? 그럴까?", "~어떻게 생각하니?"는 동기 유발형의 첫 목소리이다. 동기 유발형 교사는 어수선한 교실의 분위기 속에서 학생들이 흥미 있어 할 또는 오늘의 학습 내용과 관련된 질문을 통해 주의를 집중시킨다. 질문은 가장 강력한 수업 도구로 구체적인 학습 과제에 집중하게 하는 효과가 있다.

6. "전 시간에는~"형

"전 시간에는~", "이번 시간에는 지난 시간에 배운~"은 전시학습 상기형의 첫 목소리이다. 전시학습 상기형의 교사는 수업과 수업 간의 연결을 통해 학생에게 오늘 배울 내용에 대한 의미를 부여하며 수업을 시작한다.

동기유발화법

— 동기유발로 학습의 엔진에 시동을 걸자

감염병을 예방할 수 있는 가장 경제적이고 효과적인 방법은 손 씻기이다. 특히 WHO(세계보건기구)의 통계를 보면 매일 세계적으로 2,000명 이상의 어린이들이 설사와 같은 감염 질환으로 인해 목숨을 잃고 있지만 손만 제대로 씻어도 이 비극적인 결과를 막을 수 있다. 어떻게 하면 아이들이 스스로 손을 씻게 할 수 있을까?

"제발 손을 씻고 오너라."

부탁하고 강조해도 효과가 별로 없었다. 어떻게 아이들의 동기를 유발할 수 있을까? 이런 고민 끝에 '세균 도장'을 만들었다. 눈에 보이지 않는 세균을 캐릭터로 그려 '나를 씻어주세요'라는 문구와 함께 도장으로 만들어 아이들 손에 찍어주었다. 그러면 아이들은 집에 돌아가서 손을 씻으면서 동시에 세균 도장이 사라지는 것을 본다. 아이들은 이 과정을 통해 손 씻기의 중요성을 스스로 깨우치게 되고 이 방법을 사용하기 전보다 훨씬 더 많은 아이들이 즐겁게 손 씻기에 동참하게 되었다.

1. 동기유발화법의 이해

가. 동기유발화법의 개념

공룡을 좋아하는 아이가 있다고 하자. 그 아이는 다른 사람에게 부탁하거나 스스로 찾아서 공룡에 대한 책이나 영화를 보거나 박물관에 가서 공룡의 화석을 만져보고 싶어 할 것이다. 또한 여러 공룡 중에 자신이 특별히 좋아하거나 아끼는 공룡이 생길 것이고, 공룡과 관련이 있는 물건을 사고 싶어 하고 공룡에 대해 끊임없이 이야기하고 물어볼 것이다. 그러다가 어느 순간 공룡에 대한 관심이 로봇으로 옮겨 가면 언제 그랬냐는 듯이 공룡에 대해서는 시큰둥하게 될 지도 모른다.

모든 사람들은 살면서 한번쯤은 특별히 무엇인가에 마음을 빼앗기고 남이 시키지 않아도 스스로 자신의 마음을 다해 열심히 무엇인가를 추구하는 경험을 하게 된다. 동기는 바로 무엇인가를 스스로 하려는 마음을 말한다. 동기는 우연한 계기로 생기기도 하고 금방 생겼다 사그라들기도 한다. 또한 반복되고 계획된 환경적인 자극에 의해 점차 개발되기도 하고 한번 생긴 동기가 평생 유지되기도 한다.

동기와 관련해서 교사들이 겪는 어려움 중의 하나는 학습에 관심이 없거나 어려움을 느껴서 하려고 시도조차 않는 학생들의 학습 동기를 어떻게 유발할 수 있느냐는 것이다. 교사들이 사람의 마음을 여는 방법을 알게 된다면 아마도 수업 시간에 학생들의 마음을 열어 학습에 지속적으로 집중하고 열정적으로 탐구하도록 만들고 싶을 것이다. 이처럼 동기유발화법은 학생들이 스스로 학습에 관심을 갖고 지속하게 하도록 설계된 각자의 마음 엔진에 시동을 걸어주는 역할을 한다.

'동기動機'는 행동의 방향을 제시하고 목표를 향해 나아가게 한다. 중요한 점은 동

교사화법

기는 자신의 욕구나 요구에 기인한다는 점이다. 즉, 누가 시켜서가 아니라 자신이 스스로 기쁨과 즐거움을 느껴 어떤 행동을 지속하려 한다. 하지만 학습이나 과제가 대상이 되면 모든 학생들이 동일한 강도로 학습동기를 느끼기는 어렵다. 개별 학생마다 흥미, 관심, 태도나 배경 요인이 다르기 때문에 교사는 학습동기를 인식하지 못하거나 부정적인 인식을 지닌 학생들이 학습동기를 활성화하도록 도와주어야 한다. 교사는 학생들이 스스로 동기를 느낄 수 있도록 최대한의 환경을 조성해 주고 언어적, 비언어적 지원을 하게 되는데 이를 '동기유발' 이라고 한다.

동기의 범주는 크게 내재적 동기와 외재적 동기로 구분할 수 있다. '내재적 동기 intrinsic motivation'는 자신의 내부에 스스로 지니고 있는 욕구에서 유래하는 것으로 흥미나 호기심과 같은 요인으로 활성화 된다. 내재적 학습 동기는 특별한 외적 보상이 없더라도 학습하려는 내용에 관심이나 흥미가 있어서 학습하는 것을 말한다. '외재적 동기 extrinsic motivation'는 외부의 조건이나 자극으로 강화되는 동기를 말한다. 즉, 외부에서 주어지는 승인, 상벌, 점수와 같은 보상에 관심이 있다. 외재적 학습 동기는 학습 자체의 재미나 즐거움보다는 선생님의 칭찬을 받기 위해, 부모님이 약속하신 선물을 받기 위해, 친구들보다 더 잘한다는 것을 보여주기 위한 목적으로 학습하는 것을 말한다.

Harter(1992)는 내재적 동기를 외재적 동기와 비교하면서 내재적 동기가 높은 학습자가 학습에 더 큰 즐거움을 느끼고 더 적극적으로 참여한다고 하였다. 외재적 동기를 지닌 학습자가 외적 강화가 중단되거나 이를 얻지 못하면 학습을 지속하기 어려운데 반해 내재적 동기가 높은 학습자는 실패를 경험하여도 지속적으로 학습을 지속할 수 있기 때문이다.

하지만 인간의 마음은 복잡하기 때문에 학습자의 경우에도 내재적 동기 또는 외재적 동기 어느 하나만의 영향을 받지는 않는다. 자율적인 내재적 동기와 타율적인 외재적 동기가 양 끝에 위치한다면 개인은 이 연속체의 어느 지점에 위치하면서 좀 더 강한 성향이나 태세를 보인다고 이해할 수 있다.

동기유발화법의 개념은 앞서 살펴본 동기 및 동기유발의 개념을 바탕으로 다음과 같이 정의될 수 있다. 동기유발화법은 학생이 스스로 학습의 목표와 방향을 설정하고 이를 성취하기 위해 지속적으로 노력해 나갈 수 있도록 도와주는 화법이다.

동기유발화법이 중요한 이유는 학습에 어려움을 겪는 학생들이 많기 때문이다. 학교 수업을 통해 학생들이 배우는 즐거움을 느끼기 보다는 학업 스트레스를 받는 경향이 있고 학업에서 반복적으로 실패나 좌절감을 겪으면서 학습된 무기력감을 느끼는 학생들이 늘어나고 있다. 이 학생들은 이른바 학습에 있어서 '무동기amotivation' 상태에 있다고 볼 수 있다. 이들은 자신이 아무 것도 할 수 없고 아무 것도 바뀌는 것이 없다고 생각하면서 어떠한 시도도 하지 않는다. 외부에서 상을 주거나 벌을 가하는 등의 외적 자극을 가해도 무동기 상태로 학습에 대한 의욕을 보이지 않는다.

이와 같은 무동기 상태는 학습 수행의 문제뿐 아니라 학생들의 정신적, 육체적인 삶에도 영향을 미친다. 또한 학년이 올라가면서 학습 활동이 어려워지거나 보다 많은 노력을 요구하게 되는 과제를 만나는 경우를 가정해 보면, 평균적으로 무동기 상태에 놓이는 학생들은 늘어날 가능성이 있다. 이때 어떤 행동을 시작하게 하는 힘을 지닌 동기부여는 학생들의 삶에 결정적인 영향을 미칠 수 있다. 학생들이 학습에서 무엇을 두려워 하고, 무엇을 하기 원하는지를 파악하여 이에 적절한 이해의 반응과 격려의 행동을 보임으로써 무기력을 벗어나 심리적인 안정감을 느낄 수 있게 한다.

동기는 학습효과를 극대화시키는 가장 영향력 있는 요인이다. Pintrich & Schunk(2002)는 학습 동기는 학습자의 학습 의도, 기대, 흥미 등의 방식으로 나타나며 과제 선택, 과제 해결을 위한 노력, 학습을 지속하게 하는 인내심 등에 영향을 미쳐서 학습을 촉진한다고 하였다. 동기는 자체로서 학습이 추구하는 정의적인 목표가 되기도 하지만 학습 목표에 도달하기 위해 필요한 에너지원의 역할을 하기도 한다.

나. 동기유발화법의 특징

교사의 동기유발화법은 학생들이 학습에 흥미와 관심을 가지고 능동적으로 참여할 수 있도록 돕는다. 기본적으로 학생들은 다양한 현상과 사물에 호기심을 느끼고 있으며 이를 자신과 연관시켜 이해의 폭을 넓히고 싶어 한다. 이와 같은 학생의 요구와 관심을 세심하게 관찰함으로써 교사는 학습 목표에 대한 적절하고 유용한 동기유발을 할 수 있다.

　개인적인 성향과 경험의 차이 때문에 교사가 이끌어낼 수 있는 동기유발의 정도는 학생들마다 다르게 나타날 수 있지만 학습자의 동기를 유발하기 위해서는 학습자의 자기결정성self determination을 키워줄 수 있어야 한다. Deci & Ryan(1985)은 상이나 벌과 같은 외부적인 보상만으로는 행동의 변화를 이끌어낼 수 없다고 보고 내재적 동기와 외재적 동기로 이분법적으로 구분하는 방식을 넘어 '자기결정성'을 강조했다. '자기 결정성'은 자율성Autonomy, 역량Competence, 관계성Relatedness으로 구성된다.

　실제 수업에서 개별 학생들의 자율성을 모두 보장하기는 어렵다. 하지만 교사가 알려 주고 싶은 것, 교사가 알아야만 하는 것이라고 정해놓고 출발하기보다는 학생들로부터 이끌어내기 위해 노력해야 한다. 자신이 스스로 선택한 것에 대해서는 더욱 책임감을 느끼고 깊이 관여하게 된다. 따라서 학생들의 학습동기를 이끌어내기 위해서는 학습의 출발점이 학생에게 있다는 것을 강조하고 학습 과제를 선택하거나 문제를 해결하는 방식에 있어서 학생의 선택을 존중할 필요가 있다.

　또한, 학생이 흥미를 잃거나 몰입하기 어려워할 때 이것만 극복하면 성취할 수 있다는 자신감을 심어주어야 한다. 학생들은 자기 스스로의 능력이나 역량을 정확히 파악하기 어렵기 때문에 교사는 학생들이 잘 하고 있는 것, 잘 할 수 있는 것을 파악하여 학생이 스스로의 역량을 인식하고 이를 계발해 나갈 수 있도록 도와줄 수 있어야 한다.

　동기는 결정적인 사건이나 자극에 의해 촉발되기도 하지만 한 방향으로 지속적으로 유지되기 위해서는 많은 노력과 인내가 필요하다. 아무리 동기가 충만하고 뛰어난 학생이라 하더라도 관계를 통한 인정과 칭찬 없이는 그 동기를 유지하고 발전해 나가기 힘들다. 교사는 학습 목표와 관련하여 학생이 보이는 발언과 행동에 대하여 관계적 발화를 지속해 나가면서 함께 성장하고 있다는 인식을 심어주어야 한다.

2. 동기유발화법의 방법

가. ARCS 이론을 활용한 동기유발화법의 방법

Keller(1987)는 학습동기에 관한 다양한 이론적 견해들을 체계적으로 통합하여 ARCS 모형으로 제시하였다. ARCS모형은 주의집중Attention, 관련성Relevance, 자신감 Confidence, 만족감Satisfaction을 동기의 요인으로 설정하고, 이를 활성화하기 위한 세부적이고 다양한 전략을 제시하고 있다.

1) 주의집중하기

학생들의 동기를 부여하기 위해서는 우선 '주의집중'을 하도록 해야 한다. 주의집중은 호기심을 느끼도록 해주고 학습 목표에 대해 관심과 흥미를 갖도록 만들어 준다. 주의집중은 "여기를 보세요."라고 말하거나 책상을 두드리거나 칠판을 가리키는 등의 행동으로 학생들을 지각적으로 각성하도록 만드는 것을 말한다. 또한 한번 유발된 각성이 탐구적인 관심으로 유지되고 발전될 수 있도록 돕는 것까지를 포함한다. 지각적인 각성보다 학습자가 스스로 알고자하는 욕구를 일깨우는 탐구적 각성은 시간이 많이 소요되기도 하고 탐구적 각성으로 자연스럽게 발전되도록 하기 위해서 노력도 많이 요구된다. 교사가 가르쳐야 할 내용을 먼저 제시하기보다 학습자가 문제를 제안하도록 기회를 주고, 학습 문제에 대한 정보를 수집할 수 있도록 도와주어야 한다. 또한 교사의 질문에 대답하고 의견을 만들도록 하는 전반적인 과정에 참여할 수 있도록 지원함으로써 탐구적 각성이 유지될 수 있도록 노력해야 한다.

[자료 2-1]

(1) 교사: ((상자를 꺼내 보이며)) 선생님이 상자를 하나 준비해 왔어요. 이 속에는 뭔가가 들어 있는데 이 물건이 우리가 오늘 공부할 주인공이예요.

(2) 재영: 와, 신기하다. 뭐예요?

(3) 교사: 다들 상자에 뭐가 들었는지 궁금하지요? 선생님이 흔들어 보니 ((상자를 좌
우로 흔든다.)) 상자 안에서 뭔가가 떼구르르 구르는 소리가 들리네요.

(4) 명서: 아, 알았다. 구슬 아니예요?

(5) 교사: 구슬도 구르는 소리가 들리죠? 그런데 이건 좀 다른 것 같아요. 그럼 지애
가 나와서 위쪽 구멍에 손을 넣어 만져 볼래?

(6) 지애: ((앞에 나와 상자 구멍에 손을 넣고)) 음, 딱딱하고 차가운 느낌이 나요.

교사들은 다양한 방법을 활용해 학생들의 관심을 끌 수 있다. [자료 2-1]과 같이 시각뿐 아니라 청각, 촉각 등의 여러 감각을 활용하여 학생들이 학습 활동에 관심을 갖도록 만들 수도 있다. 또한 학생들이 스스로 생각해 볼 수 있는 시간을 주기 위해 퀴즈를 만들어내거나 구체적인 사례를 제시하여 흥미와 관심을 갖도록 할 수도 있다.

변화를 주는 것도 주의집중의 또 다른 전략이 된다. 학생들은 기대하지 않거나 일상적이지 않은 것에 관심을 보이는 경향이 있기 때문에 너무 익숙해서 따분해하는 반응이 관찰된다면 특정한 자극이나 변화를 주어 주의집중을 유지할 수 있도록 도와줄 수 있다. 수업에서의 변화는 다양한 방식으로 일어난다. [자료 2-2]와 같이 교사는 수업 중 말하기 또는 읽기 방식에 변화를 준다거나 다양한 글씨체를 활용하거나 수업의 순서를 바꾸는 등 수업의 소통 방식에 다양한 변화를 줌으로써 학생들이 수업에 집중할 수 있도록 분위기를 만들어 갈 수 있다.

[자료 2-2]

(1) 교사: 돌아가면서 책을 읽어볼 텐데요. 이번에는 조금 색다른 방식으로 읽어보
죠. 우선, 선생님이 먼저 아주 천천히 ((평소 말하기 속도보다 2배 정도 느리
게)) 읽을 거예요. 그런 다음에는 예준이가 선생님이 읽은 속도보다 조금
빠르게, 그 다음에 소희가 예준이가 읽은 속도보다 조금 더 빠르게 읽어보
는 거예요. 어때? 준비 되었나요?

읽기 활동을 지루하게 생각할 수 있는 분위기에서 학생들이 읽기에 집중할 수 있도록 속도에 변화를 주면 학생들은 텍스트에 보다 더 집중하여 읽으려는 태도를 취할 수 있다.

[자료 2-3]

(1) 교사: 선생님이 가만히 생각해 보니까 책을 왜 읽어야 되는지 의문이 생겼어요. 책을 읽었더니 시력이 안 좋아진 것 같거든요. 그럴 바에는 아예 책을 읽지 않는 게 어떨까요?

(2) 동민: ((당황한 표정으로)) 어, 그래도 책은 읽어야 할 것 같은데요. 책을 통해서 지식도 얻을 수 있고 재미있는 이야기를 듣고 행복해질 수도 있는데요.

당연하게 생각하는 것에 대해 도전적인 질문을 던짐으로써 학생들에게 신선한 자극을 줄 수 있다. [자료 2-3]에서 교사는 "아예 책을 읽지 않는 게 어떨까요?"라는 패러독스형 질문을 던지고 있다. 학생들은 교사가 당연히 "책 읽는 것이 왜 좋을까요?" 라는 질문을 던질 줄 알고 있었는데 정반대의 질문을 하자 당황하고 있다. 하지만 이와 같은 질문에 자신의 반박 이유와 근거를 제시함으로써 '책 읽기의 목적과 이유'를 스스로 떠올리게 되었다. 물론 이와 같은 질문이 항상 학생들의 동기를 유발하는 것은 아니다. 이와 같은 질문이 어울리는 상황과 조건을 파악해서 변화를 주는 방식으로 적극적인 학생의 반응을 유도할 수 있다.

이외에도 모둠별 수업에서 강의식 수업으로 책상 배열을 바꾸어 본다든지 교사 대신 학생이 나와서 짧은 강의를 하도록 하는 등의 수업 운영 방식에 변화를 줌으로써 학생의 참여 방식에 변화를 주는 것도 주의를 집중할 수 있도록 만든다.

2) 관련짓기

'관련짓기'는 '내가 왜 하필 이걸 배우는가?'라는 질문에 대한 답을 말한다. 자신의 관심사나 경험과 관련된 것일 때 학생들은 학습동기를 지니게 된다. 교사는 학생이 무엇을 배우기를 원하는가와 같은 본질적인 요구를 파악할 수 있어야 하고 개인적인 학생의 요구들을 반영하여 학습을 목적지향적인 것으로 바꾸기 위한 노력을 기울여야 한다. 목적 지향성은 학습한 내용의 유용성을 언급하는 것과 관련이 있다. 지금 배우는 내용이 당장, 혹은 10년 후, 평생 동안 나에게 가져올 유익함이 무엇인지를 인식하고 이를 목표를 성취하는 활동과 연결 지을 수 있어야 한다.

[자료 2-4]

(1) 교사: 지금까지 부탁하는 글쓰기와 관련된 활동을 해 보았는데요. 부탁하는 글을 잘 쓸 수 있게 되면 어떨 때 유용할까요?

(2) 진형: 부모님께 내가 꼭 필요한 거 사달라고 할 때요.

(3) 교사: 네, 정말 필요한 기술이네요. 떼를 쓰는 것보다 훨씬 좋은 방법이고요.

(4) 선지: 학교 친구들이나 교장 선생님께 부탁할 일이 있을 때도 도움이 될 것 같아요.

(5) 교사: 네, 우리 주변의 문제를 해결하는 데도 큰 도움이 되겠네요.

[자료 2-4]에서 교사는 '부탁하는 글쓰기 능력의 유용성'에 대해 학생들이 어떻게 생각하는지를 묻고 있다. 부모님, 학교 친구, 교장 선생님 등으로 내 주변의 범위가 넓어지면서 부탁의 대상이 확대될 수 있다는 설명을 통해 '부탁하는 글쓰기'라는 활동을 잘 하게되면 앞으로 배운 것을 활용해 할 수 있는 일들이 많아진다는 것을 인식할 수 있도록 발화하고 있다.

특히, 학생들은 학습을 통해 당장 눈앞에 닥친 시험을 잘 치러야 한다는 효용보다 미래적인 관점에서 자신에게 필요한 지식과 기능이 무엇인지 깨달을 수 있는 기회를 제공받아야 한다. 교사는 학생들이 지금 배우고 익힌 내용들이 잠재적으로 유용하게 쓰일 수 있는 구체적인 사례를 발견할 수 있도록 도와줌으로써 학생들이 스스로 배움의 목적을 자각하도록 도울 수 있다.

학습자의 필요나 욕구를 파악했다면 학습 목표나 성취가 이에 부합하도록 해야 한다. 즉, 교사는 학습자가 요구에 부합하는 교수화법 전략을 개발해야 한다. 학습자가 스스로 존중받고 있다고 느낄 수 있도록 언어적으로 반응하고 이에 준하는 태도를 유지해야 한다. 성취의 수준이나 과제의 수준 그리고 경쟁의 정도에 있어서 학습자에게 최적인 조건을 찾아주어야 학습자는 관련되어있다는 심리적 안정감과 소속감을 느낄 수 있다.

또한 학습 활동이 학습자의 과거 지식이나 경험에 비추어 볼 때 낯설고 생소하지 않은지에 대해 점검할 필요가 있다. 학습자가 자신의 경험과 동떨어진 것이라고 인식하게 되면 흥미와 관심이 떨어지기 때문에 교사는 학습의 과정이 학생들에게 친밀하고 자신의 경험과 밀접하게 연결되어 이해될 수 있는가에 대해 생각해 보아야 한다.

3) 자신감 갖기

'자신감 갖기'는 학습자가 학습을 지속할 수 있도록 만드는 동기가 될 뿐 아니라 학습에 대한 긍정적인 태도를 형성하게 만든다. 학습 목표를 성공적으로 성취할 수 있다는 학습자의 긍정적인 기대감이 자신감이라고 할 수 있으며, 자신감이 클수록 실패에 대한 불안이나 두려움이 줄어든다.

교사는 우선 학습 목표를 학생들이 모두 성공적으로 성취할 수 있다고 자신감을 갖을 수 있도록 동기를 부여해야 하다. 또 교사가 학습 목표와 수업 과정의 전반적인 구조를 구체적으로 제시할수록 학습자는 자신에게 요구되는 것이 무엇인지를 분명하게 파악할 수 있다. 자신이 무엇을 해야 하는지를 정확하게 알아야 기대되는 행동을 위해 노력할 수 있으며 목표를 성취할 확률이 높아진다.

성공 기회는 학습자 개개인에게 적절한 수준에서 해볼 만한 도전의식을 제공하는 것이다. 여러 번 연습해 본 것이나 자신에게 너무 쉬운 활동은 성공을 보장할 수는 있지만 권태에 빠지도록 만들 수도 있다. 불안감을 최소화하되 혹시 실패하더라도 다시 도전하면 얼마든지 성공할 수 있다고 생각하도록 격려해 줄 필요가 있다. 이를 위해서는 지나치게 어려운 문제를 배제하고 학습 활동을 단순한 것에서 어려운 것으로 계열화하거나, 학습자가 스스로 자신의 수준에 맞는 학습 활동을 선택하게 하거나 학습 목표를 적거나 말하게 하는 것이 도움이 된다.

[자료 2-5]

(1) 교사: 이제 배운 내용을 바탕으로 두 자리수 곱하기 두 자리수 문제를 풀어보려고 해요. 우리 반 친구들이 모두 열심히 공부했기 때문에 잘 할 수 있을 거예요. 선생님이 준비한 문제는 모두 20문제예요.

(2) 학생들: 에이, 너무 많아요.

(3) 교사: 그렇죠. 그런데 20문제를 모두 풀 필요는 없어요. 자신이 가장 잘 풀 수 있는 문제 10개를 각자 골라서 풀어 봅시다. 물론 시간이 남는 학생들은 10개 이상의 문제를 풀어도 좋아요.

(4) 서영: 아, 그럼 쉬운 문제만 골라서 풀어야겠네요.

(5) 교사: 쉬운 문제인지 어려운 문제인지 아는 것도 대단한 능력이에요. 하지만 일부러 쉬운 문제만 골라서 풀지는 말고 자신감을 갖고 해볼 만한 문제를 풀어보는 건 어떨까요?

[자료 2-5]에서 교사는 20문제 중에서 "자신이 가장 잘 풀 수 있는 문제 10개를 골라서 풀어 보자."라고 학생이 스스로 선택할 수 있는 기회를 주고 있다. 학생들은 자신의 수준에 맞게 스스로 문제를 고를 수 있기 때문에 보다 높은 성취동기를 지닐 수 있다. 또한 더 잘 할 수 있는 사람들은 10개 이상의 문제를 풀 수 있는 기회 역시 제공하고 있기 때문에 학생 개별의 특성을 고려할 수 있도록 발화하였다.

학습된 무기력에 빠진 학생들은 학습 과정에서 자신이 할 수 있는 것이 아무것도 없다고 생각한다. 또한 해봤자 실패할 것이라는 부정적 생각에 가득 차 있다. 따라서 교사는 자신감이 떨어진 학생들을 위해 열심히 노력하면 충분히 성공할 수 있다는 것을 말해주고 이를 실천해 나갈 수 있도록 격려해야 한다. 예를 들어 "이번에도 숙제를 안 해오면, 점수를 깎을 거야."라고 불성실한 행동에 대한 불이익을 강조하기 보다는 "이번에 숙제를 해온다면 다음 수업이 훨씬 수월해 질거야."라고 격려할 수 있다. 이를 통해 학생은 부족할 수는 있어도 학습에 있어서 자신이 기여할 수 있는 부분이 있고 나아지거나 개선될 수 있는 부분이 있다는 사실을 인식할 수 있다.

4) 만족감 느끼기

'만족감 느끼기'는 학습자가 자신의 노력에 대한 결과가 기대와 일치하거나 기대 이상일 때 느끼는 감정이다. 학습자가 학습 과정과 결과에 만족감을 느끼면 지속적인 학습 동기가 유지된다. 만족감은 학습 과제가 너무 쉬워 별다른 어려움 없이 목표에 도달했을 경우보다는 힘들었지만 자신에게 정신적, 육체적, 물질적으로 도움이 되었다고 판단될 때 더 높아진다. 이와 같은 만족감은 더 나은 단계나 더 어려운 단계에 도전할 수 있는 새로운 동기를 불어넣어 준다.

만족감을 높일 수 있는 내적 강화의 방법은 학습자가 자발적인 흥미를 유지하고 관련된 활동에서 지속적으로 기쁨과 성취감을 느낄 수 있도록 학습 내용을 활용할 기회를 제공하는 것이다. 이는 학습 내용과 관련한 본격적인 탐구로 이어질 수 있도록 지원해 줄 수 있고 학생들이 자신의 소질과 적성을 발견할 수 있는 기회로 활용될 수도 있다. 교사는 이를 위해 추가적인 학습 정보를 제공하거나 관련 있는 흥미로운 영역이나 활동에 대한 정보를 제공할 수 있다.

[지료 2-6]

(1) 교사: 지금까지 우리나라 민주주의와 국회의 역할에 대해서 알아봤는데요. 배운 내용에 대한 생각과 느낌을 말해 볼까요?

(2) 상원: 국회의원들이 국회에서 어떤 일을 하는 지 알 수 있었어요. 그런데 회의 절차는 복잡했어요.

(3) 교사: 맞아요. 회의 절차뿐 아니라 위원회 종류도 많이 있었죠. 어렵고 복잡한 문제를 해결하기 위한 과정이라서 그럴 거예요.

(4) 서은: 저는 TV에서 망치인가? 아, 의사봉 두드리는 것만 봤는데 국회의 역할에 대해 잘 알게 되어 좋았어요. 그리고 실제로 어떻게 회의를 진행하는지 궁금하고 꼭 알고 싶어요.

교사화법

(5) 교사: 좋은 생각이구나. 선생님이 우리 시에서 '어린이 모의 국회'에 참여할 어린이를 모집한다는 광고를 봤는데 서은이를 추천하고 싶구나. 모의 국회에 참여하면 국회의원들이 어떠한 과정과 절차를 거쳐 의사결정을 하는지 더욱 구체적으로 알게 될 것 같아요.

[자료 2-6]에서 교사는 '배운 내용에 대한 생각과 느낌'을 이야기해보도록 함으로써 학생들이 느낀 성취감을 공유하도록 유도하고 있다. 이와 같은 과정은 학생들이 느끼는 학습의 어려움이나 성취감을 교사가 직접 인식하는 데 도움을 줄 뿐 아니라 학급 학생들이 같은 경험을 공유할 수 있도록 도와준다. 또한 '서은'이가 관련된 추가 활동의 의지를 표현하자 적극적으로 기회를 주고 정보를 제공함으로써 학생들이 자발적인 성취감과 동기를 느낄 수 있도록 지원하고 있다.

외적 강화를 활용하여 만족감을 높이는 방법은 학습자가 기울인 노력에 대하여 교사가 긍정적인 피드백을 제공하는 것이다. 열심히 노력한 결과로 좋은 성적을 받는 것이나 자격증이나 상장을 받는 것이 사례가 될 수 있다. 하지만 실패했을 경우 위협적인 느낌을 주거나 감시의 대상이 되는 것으로 학생들이 인식하지 않도록 주의를 기울일 필요가 있다. 또한 외적인 강화 수단으로 칭찬을 하는 경우에는 학습 과제와 학생의 특성을 고려하여 칭찬의 강도와 횟수를 적절히 조절해야 한다.

또한 만족감을 높이기 위한 강화는 공정성에 바탕을 두어야 한다. 학습자의 학업 성취에 대한 기준과 결과가 일관성 있게 유지되어야 하며 학습자의 수행에 대한 판단을 공정하게 유지하여 편파적이라는 인상을 주어서는 안 된다. 만약 학생들이 교사가 약속대로 보상을 해 주지 않거나 특정 학생에게만 유리하게 보상을 해준다고 생각하게 된다면 오히려 만족감을 느끼지 못하게 된다.

나. 동기유발화법의 유의점
학습자의 동기를 유발할 때 주의할 점에 대해 살펴보자.[5]

1) 동기유발의 내용을 교수-학습 목표와 관련지으라

교사는 학습자에게 큰 영향을 미치는 존재로 교사의 인성이나 생활모습 자체가 학생들에게 동기를 부여하기도 한다. 선생님이 좋아서 공부를 시작하게 되었다는 학생이 있는 반면 선생님이 싫어서 공부를 포기하게 되었다는 학생이 있다. 물론 교사와 학생의 관계가 동기유발에 미치는 영향이 크지만 교사가 유의해야 할 점이 있다. 학생들의 관심이나 주의를 끌기 위한 목적만으로 동기유발을 해서는 안 된다.

수업목표와 관련이 없거나 관련성이 적은 자극적인 동영상이나 자료를 보여주게 되면 순간적인 학생들의 흥미를 충족할 수는 있지만 학습 목표 달성에는 도움이 되지 않는다. 교사의 동기유발은 학습을 목적으로 한 것이며 최종적으로 이에 연결되도록 하기 위한 것임을 기억해야 한다.

2) 동기유발이 학습의 전 과정에서 일어나게 하라

동기유발화법은 수업의 도입 부분에 국한해서 사용된다고 오해하는 경우가 있다. 이런 인식 때문에 수업 지도안을 짜거나 수업 발화를 구성할 때 동기유발에 해당하는 전략을 도입 부분에만 반영하는 경우도 있다. 하지만 동기유발은 수업의 어느 단계에 국한되어 활용되는 것이 아니라 필요하다면 수업의 시작에서부터 끝까지 전략적으로 사용될 수 있다. 오히려 실제 수업의 장면을 떠올려보면 도입은 수업 시작을 알리기 때문에 주의를 집중하거나 관심을 보이는 학생들이 많은 반면 수업이 진행되고 본격적으로 문제를 해결해야 하는 부분에서 집중도가 떨어지거나 어려움을 느끼는 학생들이 늘어난다. 교사는 수업 시간 내내 학생에게 의미 있는 학습이 일어나고 있는가를 주의 깊게 관찰하고 동기가 떨어진 학생들을 격려하거나 지원하여 동기화 상태로 이끌 필요가 있다.

---

5 류성기(2006)에서 제안한 교사, 교재, 교수·학습 방법, 학습 환경 측면의 동기유발 전략을 토대로 작성하였다.

3) 동기유발 자료 제작에 너무 많은 품을 들이지 않도록 하라

교사들은 학습자의 동기유발을 위해 다양한 자료를 활용한다. 특히, 그림, 사진, 음향, 영상, 실물과 같은 다양한 매체는 감각적인 정보를 담고 있기 때문에 학생들에게 더욱 효과적일 수 있다. 또한 많은 교사들이 학습자의 동기유발을 위해 기존에 제작된 매체 자료를 활용하기도 하고 본인이 직접 제작하여 쓰기도 한다. 하지만 유의할 점은 동기유발을 위해 너무 많은 시간과 노력이 허비되지 않도록 해야 한다는 것이다. 수업의 전개에 있어서 학습 목표를 향해 나아가는 일련의 과정에 동기유발이 자연스럽게 녹아 들어갈 수 있도록 설계해야 한다. 특정 부분의 관심을 유도하기 위해 집중하다보면 막상 본 수업 내용을 진행하기 위한 시간이 모자라거나 수업 내용을 미처 정리하지 못하는 경우가 발생할 수 있다.

오히려 압도적인 매체를 활용하여 학생들의 관심을 최고조로 올려놓게 되면 이후에 진행하는 수업 내용이 이를 뒷받침하지 못해 학습동기가 저하될 우려도 있다. 이때 교사는 학생들의 동기유발을 위해 자신의 이야기를 적극 활용할 필요가 있다. 수업 내용과 관련한 자신의 직·간접적인 경험은 학생들도 겪었을 법한 경험에 토대하기 때문에 관련성의 측면에서도 의미가 있으며 교사와의 관계 형성 및 유지에도 도움이 된다.

4) 학생의 욕구와 흥미를 반영하라

교수·학습 방법 측면에서 학습동기를 유발하기 위해서는 기본적으로 학생 중심 교수·학습 모형이어야 한다. 다인수 학급 환경을 고려하여 여러 학생들이 적극적으로 참여할 수 있는 수업 방법을 도입하여 능동적으로 탐구할 수 있는 분위기를 마련해야 한다. 이때 교사가 유의할 점은 학생들에 대한 이해를 넓혀야 한다는 것이다. 교사가 흥미롭다고 생각하는 제재가 학생들에게는 상투적이거나 뻔한 제재라고 생각될 수 있다. 마찬가지로 학생에게 흥미 있는 주제에 대해 교사는 왜 그것이 재미있는지 이해하기 어려운 상황도 존재할 수 있다. 즉, 학생의 요구와 흥미에 대한 관심에 민감할 필요가 있다.

4) 동기유발의 화젯거리를 교실 학습 공간과 시간에서 찾으라

학습 환경은 교실 안에 존재하는 모든 것이라고 할 수 있다. 학생, 교사, 칠판의 위치, 책상 배열, 교육 매체와 기자재, 전시 공간과 휴게 공간 등 학생들이 하루 종일 마주하게 되는 환경을 말한다. 교사는 수업 내용과 관련된 동기유발의 화젯거리를 교실 학습 공간과 시간 안에서 찾을 수 있도록 창의적인 시각을 열어줄 필요가 있다. 특히 매일 똑같은 환경적인 조건에 익숙해져 있다면 조금씩 변화를 주어 익숙한 환경 속에서도 낯설게 사물을 관찰하고 인식할 수 있도록 도와줄 필요가 있다.

3. 동기유발화법의 적용

가. 동기유발화법 분석하기

※ 다음 수업대화를 통해 교사의 의도와 학생의 반응에 어떤 오해가 있을 수 있는지 생각하며 비판적으로 분석해 봅시다.

[사례 1]

(1) 교사: 오늘은 고려 시대의 문화에 대해서 배울 거예요. 새로 나오는 것도 많고 어려운 용어도 있어서 아주 어려울 거야. 집중 안하면 이해 못하니까 선생님 설명 잘 듣고 똑바로 집중합시다.

(2) 학생들: 아~((안 좋은 표정을 짓고 소리를 지르거나 한숨을 쉰다.))

(3) 교사: 귀담아서 잘 듣고 필기 안 해두면 못 따라가요. 작년에도 학생들이 이 부분을 많이 어려워했거든. 자, 집중!

[사례 2]

(1) 교사: 오늘 배울 내용은 정말 쉬워요. 아마 이거 이해 못하는 사람은 1학년으로 내려가야 할지도 몰라요. 그냥 선생님이 말하는 대로 따라하기만 하면 되니까 걱정말고……

---

(2) 윤아: ((옆 친구에게)) 정말 그렇게 쉬워?

(3) 은서: 나도 모르지, 그나저나 저거 모르면 바보 되는 거 아니야?

1) 교사의 의도와 학생의 실제 반응의 차이에 주목해서 〈사례 1〉, 〈사례 2〉에 나타난 교사의 발화의 문제점을 분석해 봅시다.

2) 동기유발화법의 방법을 적용해서 교사의 발화를 바꾸어 봅시다.

(전략의 방향: 학생들이 실패에 대한 두려움을 느끼지 않고 성공할 수 있다는 예감을 지닐 수 있도록 한다. 노력과 결과 사이의 연관성을 강조하면서 적절한 도전 의식을 심어 줄 수 있도록 한다.)

나. 동기유발화법 토의하기

※ 다음과 같은 상황이 일어나지 않도록 하려면 교사가 어떻게 동기유발 화법을 활용해야 하는지 토의해 봅시다.

학생들의 동기유발을 위해 교사는 수업에 열심히 참여한 학생들에게 보상을 약속하기도 한다. 하지만 이와 같은 보상이 학생들에게 만족감을 주기보다는 부정적인 경험으로 남아 오히려 동기를 저하시키는 경우가 있다.

(1) 서연: 선생님, 게임에서 이긴 사람에게 칭찬스티커 주신다고 하셨잖아요? 그런데 은수가 장난치는 바람에 저는 시간이 모자라서 게임을 마무리 못했어요.

(2) 찬현: 선생님, 그런데 열심히 하고도 진 사람은 왜 칭찬스티커를 못 받나요? 얘는 막 찍어서 게임에서 이긴 거예요.

(3) 교사: _____

_____

다. 동기유발화법 연습하기

※ 다음은 초등학교 국어과 교육과정의 일부입니다. 이를 바탕으로 수업을 계획할 때 어떤 동기유발 자료를 활용할지 생각해 보고, 구체적으로 어떻게 동기유발할 것인지 교사와 학생의 대화로 만들어 봅시다.

> **성취기준** 〔4국 04-02〕 낱말과 낱말의 의미 관계를 파악한다.
> 〈성취기준 해설〉 낱말들이 의미 관계를 가지고 있음을 알고 어휘에 대한 관심과 호기심을 갖기 위해 설정하였다. 비슷한 말, 반대말, 상하위어에 중점을 두어 낱말 간의 의미 관계를 지도하고 연상 활동이나 말놀이를 통해 다양한 어휘를 익힐 수 있게 한다.

외적 보상의 효과

　내재적 동기에 대한 외부 보상을 실험하기 위해 에드워드 데시와 리처드 라이언은 다음과 같은 실험을 실시했다. 실험은 각 12명의 통제 집단과 실험 집단으로 나누어 3일 동안 실시되었다. 피험자들에게는 소마큐브(수백만 가지의 형태로 조립할 수 있는 3차원 플라스틱 조각 퍼즐)를 제공했다. 그리고 한 시간 동안에 각자 제시된 그림을 토대로 4개의 다른 형태를 만들라고 지시했다. 이런 방식으로 3일간 연속하여 실험을 실시했다. 그런데 실험을 진행하는 연구원은 실험 도중 8분 동안 자리를 비우면서 이렇게 말했다. "제가 잠시 자리를 비우는 자유 시간에는 만들고 싶은 아무 형태나 만들어도 됩니다." 물론 피험자들은 혼자 남겨졌기 때문에 8분 동안 휴식을 취하면서 아무 것도 하지 않아도 되었다. 실험 집단은 두 번째 실험에서 금전적인 보상을 지급했다. 하지만 세 번째 실험에서는 돈이 떨어졌다며 보상을 하지 않았다.

	1일	2일	3일
실험집단	외적 보상 없음	소마큐브를 하나 완성할 때마다 1달러씩 지급	외적 보상 없음
통계집단	외적 보상 없음	지급 보상 없음	외적 보상 없음

　실험 결과는 어떠했을까? 실험 집단이 자유 시간(8분)동안 퍼즐 맞추기에 집중한 시간은 1일(248초), 2일(313초), 3일(198초)로 나타났다. 즉, 금전적인 보상을 받은 학생들은 보상을 받지 못한 학생들에 비해 이후 과제에 집중하지 못한 결과를 보였다. 더 나아가 아무런 외적 보상이 없던 1일차에 비해서도 돈을 받았다가 받지 못한 3일차에는 더 집중하지 못하는 경향을 보인 것이다. 이 실험 결과는 금전과 같은 외재적인 보상이 오히려 내재적인 동기를 감소시킬 수도 있음을 보여준 사례이다.

질문화법

― 잘 물어야 수업이 산다

늘 좋은 질문이란 존재하지 않는다.

중요한 것은 질문을 학습 목표와 관련지어 체계적으로 구성하고

학생들이 지속적으로 탐구할 수 있도록 안내하는 것이다.

1. 질문화법의 이해

가. 질문화법의 개념

질문質問의 사전적 정의는 '모르거나 의심나는 점을 물어 대답을 구하는 것'이다. 즉, 질문은 화자가 모르거나 의심나는 것을 알기 위해 청자에게 대답을 요구하는 언어적 행위이다. 그런데 화자의 질문이 상대방에게 대답을 요구하는 것으로 받아들여지려면 몇 가지 조건이 충족되어야 한다. 이를 질문의 적정 조건이라고 하는데 구체적인 내용은 다음과 같다.

첫째, 화자가 '질문의 핵심 내용에 대해서 모른다.'는 것이 진실이어야 한다. [자료 3-1]에서 아버지의 발화가 지금 몇 시인지를 알려달라는 순수한 대답 요구의 기능을 가지려면, 화자와 청자 모두 '화자가 지금 몇 시인지 모른다.'는 것이 진실이라는 믿음이 있어야 한다. 따라서 [자료 3-1]에서 아버지의 발화는 시간을 몰라서 묻는 것이 아니라 질문 형식을 빌어서 딸의 늦은 귀가를 걱정하면서 주의를 주거나 나무라는 말이기 때문에 질문이라 할 수 없다.

> **[자료 3-1]**
> ((아버지는 딸이 자정이 지나도록 집에 들어오지 않자, 집 앞에서 걱정하면서 기다린다. 두 시간 이상 기다린 아버지 앞에 택시에서 내린 딸이 다가온다.))
> (1) 아버지: 지금이 몇 시냐?
> (2) 딸: 2시 5분이요.

둘째, 화자가 모르는 것에 대해서 '알고 싶다'는 욕구가 있어야 한다. 화자는 모른다는 것을 인지하고 있더라도 모르는 것에 대해 알고 싶거나 해결하고 싶다는 욕구가 없다면 질문의 전제 조건인 '모른다'는 것이 참이더라도 인식차원의 '의문疑問'은 생기지 않게 된다. 우리는 살아가면서 모르는 것이 많지만 그것을 인식하지 못하거나 인식하더라도 알고 싶은 욕구가 없으면 의문이 생기지 않고 의문이 없으면 발화 상황에서 질문을 하지 않는다. 따라서 [자료 3-1]과 같은 상황에서 아버지는 '몇 시인지 모르고' 또한 '몇 시인지 알고 싶다.'는 욕구가 있어야 질문의 적정 조건이 충족된다.

셋째, 화자가 모르는 것을 상대방을 통해서 해결하려는 의지가 있어야 한다. 자신이 모르는 것을 상대방이 알고 있거나 알고 있을 수 있다고 믿어야 상대방을 향하여 그 모름에 대한 해결 정보를 요구하는 질문을 하게 된다. 이는 상대방이 자신의 의문에 대한 해결 정보를 가지고 있다는 것을 믿거나 적어도 그 정보를 가지고 있을 가능성이 있다는 것을 전제로 한다. 그래서 상대방이 '나의 모름, 나의 모름에 대한 해결 욕구' 문제를 해소해 줄 능력이 없거나 정보를 가지고 있지 않다고 확신할 경우에는 질문을 하지 않는다.

넷째, 화자가 정보를 요구했을 때 청자는 대답할 위치나 상황에 있다는 것을 믿어야 한다. 즉, 화자는 청자가 자신의 질문에 대답해 줄 수 있다거나 대답해 줄 것이라는 기대가 있을 때 질문을 하게 된다. 상대방이 아무리 자신의 의문을 해결할 정보를 가지고 있더라도 청자가 자신의 질문을 무시하거나 거절할 것이라고 확신하는 경우에도 질문은 일어나지 않는다.

다섯째, 화자가 요구한 정보를 청자로부터 언어적인 방식으로 대답을 들을 수 있어야 한다. 화자가 질문을 했을 때 청자가 그 질문에 대한 대답을 알고 있고, 대답할 수 있다고 하여도 구체적인 언어 행위로 대답하지 않으면 질문은 '불발misfire'로 끝나고 만다.

이러한 질문의 적정 조건들이 모두 참일 때 질문의 기능을 수행한다. 예를 들어 [자료 3-1]에서 아버지의 "지금이 몇 시냐?"라는 질문은 '나는 지금 몇 시인지 모르고, 내가 몇 시인지 알고 싶고, 나는 네가 몇 시인지 알고 있다고 생각하고, 내가 몇 시인지 정보를 요구하면 네가 대답할 것이라는 것을 믿고, 내가 지금 너에게 몇 시인지 정보를 언어적으로 알려줄 것을 요구'할 때 비로소 질문이라 할 수 있다. 그러나 이러한 적정 조건 중 하나라도 참이 되지 않으면, 엄밀히 말하면 화자와 청자가 참이 아니라고 확정할 경우 그 질문은 대답을 요구하는 기능을 잃어버리고 다른 의미로 해석된다.

질문의 적정 조건과 관련하여 질문을 순수 질문과 수사적 질문으로 구분할 수 있다. 순수 질문은 질문의 적정 조건이 모두 참일 때 이루어지는 질문을 말한다. 화자가 청자의 언어적 정보를 통해서 모름을 해결하려는 것이 그대로 받아들여졌을 때, 화자의 질문은 청자의 질문 정보 제공으로 이어지게 된다.

그러나 이런 질문의 전제 조건들 가운데 적어도 하나 이상이 참이 아니라고 화자와 청자가 믿을 때 그 질문은 대답 요구의 기능이 없어지거나 아주 약화되어 다른 의미로 해석하게 되는데 이를 수사적 질문이라고 한다. 수사적 질문은 화자가 질문의 기본 기능을 이용하여 다른 목적을 달성하기 위해 사용된다. 화자가 자신의 질문을 통해 대답의 요구가 아닌 다른 목적을 위한 수사적 효과를 노린다면, 대화 상황에서 화자와 청자 모두 그것이 화자의 의문 해결 욕구가 참이 아니라는 확신이 필요하다. [자료 3–1]에서 "지금이 몇 시냐?"고 질문하는 아버지도 청자인 딸도 아버지가 지금 몇 시이지 몰라서 묻는 것이 아니라는 것을 확신해야 한다. 이렇게 수사적 질문을 할 때 화자는 이미 그 질문이 화자 자신의 의문 해결 정보 요구가 아니라는 것을 청자가 알 것이라는 것을 알고 질문을 한다. 이 확신이 어긋나면 대화는 동문서답이 되거나 문제를 발생시키게 된다. 수업 시간에 교사의 질문은 학생의 생각이나 의견이 궁금해서 물어보는 순수 질문도 있지만, 질문을 통하여 학생이 사고하게 하고 학습 목표에 도달하게 하려는 의도를 갖는 수사적 질문도 상당히 많이 있다.

따라서 교사 질문화법은 앞서 논의한 질문의 적정 조건에 비추어 볼 때 다음과 같이 정리할 수 있다. (1)교사 자신이 알지 못하는 정보뿐만 아니라 학생들이 모르는 정보나 알고 싶어 하는 정보에 대해, (2)교사가 알고 싶거나 알려 주고 싶은 욕구가 있어서, (3)학생들을 통해서 교사의 궁금한 점이나 학생들의 모름을 해결하기 위해서, (4)교사가 정보를 요구할 때 학생들이 기꺼이 대답해 줄 것이라고 믿는 상태에서, (5)교사가 요구한 정보를 학생들로부터 언어적인 방식으로 대답을 들을 수 있는 것이다. 즉, 교사 질문화법은 '교사가 수업목적 달성을 위해 학생들로 하여금 기대하는 언어적 반응(대답)을 하도록 요구하는 언어적 행위'라고 정의할 수 있다.

수업에서 교사의 질문은 학생의 대답을 이끌어내기 위한 것으로 교사와 학생의 상호작용으로 이어진다. 이러한 질문과 대답은 교수와 학습의 핵심이기 때문에 교육의 장에서 질문의 가치와 중요성은 끊임없이 이야기되어 오고 있다. 고대 소크라테스의 산파술에서부터 최근 학교 현장에서 관심을 끌고 있는 이스라엘식 학습법 하브루타에 이르기까지 질문은 대표적인 교수법이자 학습법으로 자리매김하고 있다. 교사가 수업 과정안을 작성할 때나 수업 실행 단계에서 교사 발화 중 가장 주의를 기울이는 것이 바로 '질문questioning'이다. 어떤 질문을 어떻게 하느냐에 따라 수업의 성패가 좌우되기 때문이다. 즉, 교사가 질문을 잘해야 성공적인 수업이 가능하다.

나. 질문화법의 유형

질문의 유형은 일반적으로 질문의 기능에 따라 순수 질문과 수사적 질문으로 구분한 것처럼 질문 형식, 대답 내용, 사고 수준 등에 따라 다양하게 구분할 수 있다.

1) 질문 형식에 따른 유형

질문은 질문의 형식에 따라 직접 질문과 간접 질문으로 구분할 수 있다. 직접 질문은 화자가 상대방을 통해서 자신의 의문을 해결하려고 할 때 의문문이나 의문 억양을 사용하여 질문하는 것이다. 반면에 서술문이나 명령문의 형식을 사용해서 질문의 효과를 노리는 것을 간접 질문이라고 한다. 간접 질문은 직접 질문보다 대화 상황에서 더 효과적인 대답 요구의 기능이 있거나 화자와 청자의 관계가 직접 질문하기에 적절하지 않다고 판단하는 경우에 사용한다.

[자료 3-2]

(가) 이 쪽으로 올 수 있니?

(나) 지금?↗

[자료 3-3]

(가) 지금 몇 시인지 모르겠다.

(나) 지금 몇 시인지 좀 알려 줘.

[자료 3-2]는 의문형 종결어미를 사용하거나 발화 끝의 억양을 강하고 빠르게 끌어올림으로써 직접 질문을 하는 경우이다. 그리고 [자료 3-3]은 의문문과 억양 이외에 상대방으로 하여금 대답을 하도록 요구하기 위해 '나는 모르겠다'는 자기 모름의 진술 표현이나 '너는 대답해라'와 같은 명령 형식을 사용해서 상대방의 대답을 유도하는 경우이다. 이와 같이 사람들이 대화 과정에서 자신의 모름을 해결하기 위해서 사용하는 질문의 형식은 의문문, 의문 억양, 모름의 진술과 직접 대답 부탁이나 명령 등으로 나누어진다. 이때 어떤 형식을 사용하는가는 대화 상황에서 화자의 판단과 언어 사용 태도와 습관에 달려 있다.

2) 대답 내용에 따른 유형

질문은 대답 내용에 따라 문제 중심적 질문과 관계 중심적 질문으로 구분할 수 있다(Hindelang, 1981). 문제 중심적 질문은 대부분의 질문에 해당하는 것으로 문제의 해결을 위해서 지식과 정보를 얻으려고 하는 것이 목적이다. 그러나 관계 중심적 질문은 대화 상대자에 대한 관심이나 상대자와 의사소통적 관계를 창출하거나 회복하려는 소망 또는 상대방을 시험하고 조정하기 위한 의도로 사용된다(박용익, 2003: 312).

> **[자료 3-4]**
>
> (가) 겨울에 해가 여름보다 빨리 지는 까닭은 무엇일까요?
>
> (나) 우체국은 어디에 있지요?

> **[자료 3-5]**
>
> (가) 그 동안 잘 지냈니?
>
> (나) 아직도 많이 아프니?

[자료 3-4]는 질문하는 사람이 사건의 인과적 관계에 대한 설명을 요구하는 질문과 길을 묻는 질문으로 문제 해결을 위해 정보를 요구하는 문제 중심적 질문이다. 그리고 [자료 3-5]는 질문자가 상대방에 대한 관심 또는 연대감의 표현으로 감정이나 느낌 또는 기분 등을 알기 위한 관계 중심적 질문에 해당한다. 이처럼 대답 내용에 따른 질문 유형은 결국 질문하는 사람의 의사소통 목적이 문제 해결이냐 또는 관계 형성이냐에 따라 구분한 것이다.

3) 사고 수준에 따른 유형

교육학 분야에서는 교사의 질문 유형을 학생들의 사고 수준에 따라 흔히 수렴적convergent 질문과 확산적divergent 질문으로 구분한다. 수렴적 질문은 한 가지 정답을 요구하는 질문으로 닫힌 질문, 폐쇄적 질문, 저차원적 질문이라도 하며, 확산적 질문은 다양한 대안적 대답이 가능하기 때문에 열린 질문, 발산적 질문, 고차원적 질문이라고도 한다. 그리고 Bloom(1956)의 교육 목표 분류 체계에 근간을 두어 사고의 수준을 보다 세분화하여 질문의 유형을 구분하기도 한다. 질문을 통해 요구하는 사고 수준을 기억 단계 질문, 이해 단계 질문, 적용 단계 질문, 분석 단계 질문, 종합 단계 질문, 평가 단계 질문으로 구분한 것이 그것이다. 이때 기억 단계 질문과 이해 단계 질문은 수렴적 질문이며, 적용 단계, 분석 단계, 종합 단계, 평가 단계의 질문은 확산적 질문에 해당한다.

[자료 3-6]

(가) 교사: 진주의 유등축제는 어디서 하는가?

(나) 교사: 진주의 유등축제는 어떻게 생겨났는가?

[자료 3-7]

(가) 교사: 이 꽃의 이름은 무엇인가요?

(나) 교사: 기사에서 알 수 있는 세계의 인구 분포의 특징은 무엇인가요?

(다) 교사: 제비가 2시간에 220Km를 날아가면 시속 얼마인가요?

(라) 교사: 철수의 말에서 사실과 의견을 구분해 볼까요?

(마) 교사: 자를 사용하지 않고 직선을 그리려면 어떻게 해야 할까요?

(바) 교사: 자기가 좋아하는 악기를 하나 고르고, 왜 그런지 그 이유를 말해 볼까요?

[자료 3-6]에서 (가)는 유등축제를 하는 장소를 묻는 수렴적 질문이고, (나)는 유등축제의 유래에 대해 생각해 보게 하는 확산적 질문이다. 그리고 [자료 3-7]에서 (가)는 지식이나 정보를 기억하고 재인하는 기능을 요구하는 기억 단계 질문, (나)는 정보의 형태를 변경하거나 다른 정보와 비교하는 이해 단계 질문, (다)는 학습한 지식이나 정보를 새롭고 구체적인 상황에 적용하는 적용 단계 질문, (라)는 자료나 사건을 요소나 부분으로 나누어 조직구조를 규명하는 분석 단계 질문, (마)는 요소나 부분들을 모아 새로운 체계를 형성하고 창조하는 종합 단계 질문, (바)는 기준이나 목표에 따라 자료의 가치를 판단하는 평가 단계 질문이다.

2. 질문화법의 방법

교사는 학생의 사고와 학습을 향상시키기 위해 질문화법을 사용한다. 교사는 시작 발화를 질문으로 하는 경우도 있지만, 학생의 반응에 대해 피드백을 제공하는 자리에서 후속 질문을 이어가기도 한다. 따라서 여기에서는 '시작 발화(교사 시작 질문)–반응 발화(학생 대답)–피드백 발화(교사 후속 질문)'의 구조에서 사고의 수준에 초점을 둔 교사의 시작 질문 방법과 학습자의 반응에 따른 교사의 후속 질문 방법에 대해 살펴보도록 한다.

가. 사고 수준에 초점을 둔 질문하기

1) 사실적 수준의 질문하기

사실적 수준의 질문은 학생의 기억을 시험하는 질문으로, 재인과 회상이라는 정신적 과정을 통해 기억으로부터 관련된 지식의 인출을 요구하는 것이다. 교사는 수업에서 주로 텍스트(교재)에 내재되어 있는 정보(지식)의 기억을 요구하고, 학생은 교재에 명시적으로 위치해 있는 정보를 표상하게 된다representing the lines. 이 수준의 질문은 높은 수준의 지적 과정을 요구하지 않고 세부 내용을 파악하는 질문으로 후속 학습을 위한 기초를 다지는 기능이 있다.

[자료 3–8]
(1) 교사: 민지의 마음에 빛이 있다면 어떻다고 했지?
(2) 학생: 부끄러워요.
(3) 교사: 부끄러울 때는 어떤 색깔이 나타난다고 했지?
(4) 학생: 빨간색이요.

[자료 3–8]은 교과서에 제시된 예시 자료(민지의 시)를 읽고, 시에 나타난 내용을 확인하는 질문이다. (1)의 교사 질문에 (2)의 학생 대답, (3)의 교사 질문에 따른 (4)의 학생 대답을 보면, 교사가 사실적 수준의 질문을 던지고 학생은 시에 나타나 있는 정보를 확인하는 대답을 통해 시의 내용을 이해하고 있음을 알 수 있다. 이와 같은 사실적 수준의 질문은 학생에게 고등 수준의 사고 과정을 요구하지 않기 때문에 많은 학생들이 쉽게 참여하여 대답할 수 있다. 그리고 교사는 특정 학생을 지명해서 대답을 유도하기도 하며, 자유로운 참여구조 속에서 학생들이 다같이 대답함으로써

텍스트의 내용을 확인하기도 한다.

2) 해석적 수준의 질문하기

해석적 수준의 질문은 학생에게 텍스트에 암시적으로 제시되어 있는 정보를 추론하거나 재조직하여 내용을 파악하도록 요구하는 것이다. 교사는 수업에서 텍스트 전체 맥락에서 의미를 지니고 있는 정보를 파악하도록 하고, 학생은 교재의 내용과 내용 사이(행과 행, 문단과 문단)의 관계를 표상하게 된다representing between the lines. 이 수준의 질문은 텍스트에 대한 이해와 분석 기능이 요구되므로, 사실적 수준의 질문에 비해 보다 높은 수준의 인지적 과정이 필요하다.

[자료 3-9]

(1) 교사: 자, 그럼 지금 우리가 시의 내용에 대해서 알아보고 있는데, 이번에는 조금 더 깊이 이해해 볼까? 이번에는 우리가 한 번 이 시인의 마음을 이해해 볼까? 왜 시인은 우리 마음에 빛이 있다면 여름에 파랗다고 했을까? 그래, 성현이?

(2) 성현: 네, 선생님. 산도 들도 나무도 파란 하늘보고 자라니까요.

[자료 3-9]에서 (1) 교사는 시에 드러난 표현의 의미를 묻고 (2)에서 학생은 시의 다른 행을 참고하여 대답을 한다. 이때 교사 질문은 시의 표면에 나타난 문면적文面的인 정보를 확인하는 단계에서 나아가 직접 드러나지 않았지만 이면에 숨겨진 의미를 행과 행 사이의 관계 짓기와 추론을 통한 정보를 요구하는 것이다. 대체적으로 해석적 질문은 사실적 질문을 통해 세부적인 텍스트의 정보를 확인한 이후에, 텍스트의 전체적인 의미를 이해하는 단계에서 이루어지는 질문이라 할 수 있다. 사실적인 질문에 비해 학생에게 높은 수준의 지적 과정을 요구하지만 대체적으로 정답이나 용인되는 대답의 범위가 정해져 있다. 왜냐하면 해석적 질문에서 학생은 텍스트의 내용을 바탕으로 정보를 추론하거나 재조직하도록 기대되기 때문이다.

3) 적용적 수준의 질문하기

적용적 수준의 질문은 학생이 자신의 배경지식schema과 텍스트에 제시되어 있는 부분적 정보를 바탕으로 하여 교사의 질문에 대답하도록 요구한다. 교사는 수업에서 텍스트의 정보와 학생의 개인적인 배경지식을 통합하도록 요구하고, 학생은 텍스트를 벗어나서 개별화된 의미를 형성하게 된다representing beyond the lines. 이 수준의 질문은 텍스트의 정보와 학생의 지식을 종합하고 통합하는 사고 기능을 요구하기 때문에 다른 문제 상황이나 맥락을 제공하여 학생에게 복잡한 인지적 과정을 요구한다.

[자료 3-10]

(1) 교사: 얘들아, 작가는 산과 들이 파랗기 때문에 여름을 파란색으로 표현했어요. 그런데 여러분이 작가라면 무엇을 보고 여름을 파란색이라 표현할 수 있을까요? 여름에 볼 수 있는 파란 건 어떤 것이 있을까요?

(2) 준모: 네. 선생님. 여름철에 사람들이 많이 가는 시원한 바다 색깔이 파란색입니다.

[자료 3-10]에서 (1)은 교사가 시에서 작가가 표현한 의미를 학생이 기존에 가지고 있는 배경지식을 통합해서 이해할 것을 요구하고, (2)에서 준모는 자신이 여름에 경험했던 내용을 토대로 대답을 한다. 교사는 텍스트에 제시되어 있는 내용을 벗어나서 '여름'과 '파란색'에 대한 배경지식이나 경험을 동원하여 작가처럼 둘을 관계 지어 보도록 한다. 해석적 수준의 질문은 텍스트에 기반을 두고 답을 하기 때문에 예측할 수 있다면 적용적 수준의 질문은 텍스트를 벗어나서 답을 하기 때문에 예측하기 어렵다는 점에 차이가 있다. 따라서 적용적 수준의 질문을 했을 때는 학생들의 다양한 반응을 수용하되 텍스트 내용이나 학습 내용과 관련하여 적절성을 판단해야 한다.

4) 평가적 수준의 질문하기

평가적 수준의 질문은 텍스트의 정보와 학생의 배경지식 외에도 개인의 가치 판단을 결합시켜서 대답을 하도록 요구한다. 교사는 수업에서 텍스트의 정보와 개인적인 배경지식을 활용하여 텍스트나 학습과정에 대한 가치 판단을 요구하고, 학생은 텍스트의 정보나 자신에 대한 가치 판단의 결과를 표상하게 된다representing about the lines/the self. 이 수준의 질문은 텍스트에 대한 강한 내적인 반응을 요구하기 때문에 학생은 정해진 기준에 의해 판단하고 의사결정을 내리게 된다.

[자료 3-11]
(1) 교사: 여러분은 이 시를 읽고 어떤 생각이나 느낌이 들었나요? 시를 읽고 느낀 점은 아마 서로 다를 것 같은데 여러분은 이 시에서 어떤 점이 재미있었나요?
(2) 유리: 시인은 여름을 파란색이라고 했잖아요. 이렇게 계절을 색깔에 비유한 것이 재미있었어요.
(3) 교사: 그래. 유리는 계절을 색깔에 비유한 것이 재미있다고 했는데, 또 다른 사람? '나는 이런 점이 재미있었어요.'하고 자신의 생각이나 느낌을 한 번 말해 보자.

[자료 3-11]에서 (1)은 교사가 시를 읽고 난 후 어떤 점이 재미있었는지를 학생에게 물어보고, (2)에서 학생은 계절을 색깔에 비유한 것을 재미있었다고 이야기한다. 이때 교사가 학생에게 기대하는 반응은 시에 대한 정서적인 것으로 개별 학생마다 다를 수 있다는 것을 전제하고 있다. 즉, (2)에서 학생의 반응은 시에 대한 하나의 반응에 불과하므로, (3)에서 또 다른 반응을 다른 학생에게 요구한다. 이처럼 평가적 질문에서는 판단의 준거(예:재미)를 제시하지만 다양한 학생의 정서적인 반응을 수용할 필요가 있다. 따라서 평가적 질문은 적용적 질문처럼 한 가지 정답이 존재하는 것이 아니며, 때로는 내적, 외적 준거를 활용한 가치 판단이 요구되기도 하기 때문에 적용적 수준의 질문보다 답하기 어려운 경우도 있다.

5) 창의적 수준의 질문하기

창의적 수준의 질문은 학생들에게 새로운 인지적, 정의적 반응을 요구하거나 새로운 텍스트를 생산하도록 요구한다. 교사는 수업에서 학생에게 텍스트의 정보와 개인적 배경지식을 활용하여 인지적, 정서적 반응을 만들어내도록 요구하고, 학생은 창의적인 사고 과정을 거쳐 텍스트의 정보를 새롭게 변형하거나 자신의 생각이나 느낌을 표상한다representing the self/the character.

[자료 3-12]

(1) 교사: 이 시에서는 겨울을 하얀색에 표현했는데, 만약 다른 색깔로 표현한다면 어떤 색깔이 좋을까요? 또 그렇게 생각하는 까닭은 무엇인지 함께 얘기해 볼까요?

(2) 지수: 저는 빨간색으로 표현하고 싶어요. 왜냐하면 크리스마스 때 빨간 색을 많이 볼 수 있으니까요.

(3) 교사: 그래. 그렇게도 생각할 수가 있겠구나! 지수는 크리스마스 때 빨간 색을 많이 볼 수 있어서 빨간 색으로 겨울을 표현했어요. 또 누가 발표해 볼까요?

[자료 3-12]에서 (1)은 교사가 시의 내용을 활용하여 겨울을 다른 색깔로 표현하고 그 까닭을 함께 말하도록 요구하고, (2)에서 학생이 빨간색이라고 대답하며 그 까닭도 함께 이야기를 하자, (3)에서 교사는 지수의 반응을 수용해 주고 다시 다른 학생에게 기회를 제공한다. 이와 같은 창의적 질문은 평가적 질문과 유사하지만 준거나 기준에 따른 가치 판단이 평가적 질문이라면, 학생들의 생각이나 느낌 자체에 보다 초점을 두고 구체적인 산출물을 요구한다는 점에서 차이를 보인다. 그리고 창의적 질문에 따른 동료 학생들이나 교사의 감탄을 자아내는 학생들의 기발하고 참신한 반응은 높은 수준의 창의적 사고가 발현된 결과라 할 수 있다.

나. 학습자의 반응에 따른 후속 질문하기

후속 질문은 '교사 질문(I)-학생 반응(R)-교사 피드백(F)'로 이어지는 발화 연속체에서 처음에 발화한 교사 시작 질문에 대한 학생의 반응을 보완하고 개선하는 과정 처리 질문이다. 이러한 교사의 후속 질문은 시작 질문을 반복하는 재질문이나 새로운 내용의 추가질문을 하기도 한다.[6]

1) 평가하기

시작 질문에 따른 학생 대답에 대해 동의를 구하거나 평가하는 질문이다. 학습의 주요 내용이나 개념에 대해 학생 대답을 평가하여 전체 학생이 공유하도록 함으로써 학습의 방향을 안내하는 역할을 하거나 다른 화제의 질문 연속체의 처음과 마지막 부분에서 도입부와 정리부의 역할을 하기도 한다.

> [자료 3-13]
> (1) 교사: 우리 지역에 필요한 올바른 공약을 세우려고 합니다. 어떤 점들을 생각해야
> 지 공약을 잘 세울 수 있을까요? 지난 시간에 배웠는데. 준서는 어떤 점을
> 생각해야 한다고 생각하니?
> (2) 준서: 문제점을 잘 생각해서 필요한 공약을 세웁니다.
> (3) 교사: 잘 했어요. 이렇게 같은 생각인 사람?
> (4) 학생들: ((학생 모두가 약속된 신체 표현으로 동의함을 뜻한나.))
> (5) 교사: 맞아요, 우선 문제점을 파악해야 해요. 문제점 말고 무엇을 또 생각하면 도
> 움이 될까요? 은수는 무엇을 생각하면 도움이 많이 될까요?

교사는 (3)에서 학생 전체를 대상으로 (2)의 대답이 적절한지에 대해 동의를 요구하고 있다. 이 화제의 주요 질문은 '연설문 작성에 앞서 공약을 준비할 때 고려해야 할 것은 무엇인가?'이다. 대화 자료는 수업 도입단계에서 이전 차시의 학습 내용을

---

6 이하 내용은 김주영 · 박창균(2017: 9-20)을 참고하여 재구성한 것이다.

상기하는 과정에서 나타나는 질문 연속체로 이 질문에는 하나의 답만 있는 것이 아니라 여러 개의 답이 있다. 교사는 본격적인 수업에 앞서 학생들이 반드시 알아야할 학습 내용을 질문–대답을 통해 확인하면서 학습 방향을 학생들과 공유하고 있다. (4)의 학생 대답을 보면 비언어적 행동으로 학생들이 답을 하고 있다.

2) 반복하기

같은 화제의 질문이 되풀이 되는 경우다. 이 유형은 시작 질문과 동일한 의도를 가진 질문이 반복되는데, 이는 학생들의 수업 참여를 유도하거나 수업을 효율적으로 운영하는 역할을 한다.

[자료 3-14]
(1) 교사: 선생님이 한 사람 당 카드를 세 장 나눠 주었는데, 지금은 두 개만 적으라고 했어요. 다시 몇 개?
(2) 학생들: 두 개.
(3) 교사: 다시 몇 개?
(4) 학생들: 두 개.
(5) 교사: 하나에 하나씩 두 개를 적습니다. 내가 적고 싶은 낱말을 적으세요. 어떤 낱말이라도 좋아요.

(3)에서 교사가 재질문을 통해 원래의 질문을 반복하면서 강조하고 있다. 이 화제의 주요 질문은 '카드에 낱말을 몇 개 작성해야 하는가?'이다. 이 대화 자료는 수업의 전개단계에서 활동에 앞서 학생의 활동에 필요한 준비물을 나눠주고 활동을 안내하는 장면이다. 교사는 카드를 세 장 나눠주고 우선 두 장의 카드에 낱말을 적도록 활동을 안내하고 있다.

3) 나열하기

한 화제에 대한 세부적인 하위 질문이 나열되는 경우다. 비교적 단순한 질문이 나열되며 학생들에게 학습의 내용과 방향을 안내하는 역할을 한다. 이때 나열되는 교사의 질문은 학습 내용과 밀접한 관련이 있는데, 대개 교사에 의해 사전에 계획되고 준비된 질문이다.

[자료 3-15]

(1) 교사: ((화면을 보며)) 친구의 얼굴에서 연상되는 기분을 생각해 보세요. 어떤 기분이 떠오르나요? 손들고 이야기해 봅시다. 태일이?

(2) 태일: 슬펐을 것 같아요.

(3) 교사: 슬펐을 것 같아요. ((화면을 조작하며)) 다음 그림 보겠습니다. 성환이?

(4) 성환: 짜증난 것 같아요.

(5) 교사: 짜증났을 것 같다. ((화면을 조작하며)) 다음. 어떤 기분이 들었을까요? 영만이?

(6) 영만: 절망했을 것 같아요.

(7) 교사: 절망했을 것 같아요.

교사가 학생에게 TV 화면을 통해 제시하는 다양한 표정이 어떤 감정인지를 묻는 질문이 나열되고 있다. 교사 발화 (3)과 (5)에서 주요 화제의 하위 질문들이 나열되고 있다.

4) 구체화하기

하나의 질문에서 학생의 대답에 따라 질문이 구체화되는 경우다. 이러한 유형은 시작 질문에 대한 학생의 대답에 따라 교사의 추가질문이 구체화되며, 이때 추가질문은 학생이 사고를 구체화하거나 정교화하도록 돕는다.

(1) 교사: 오늘 어떤 내용을 배웠는지 생각해 보겠습니다. 오늘 어떤 내용을 배웠습니까? 네, 남수, 일어서서.

(2) 남수: 감정에 대해 배웠습니다.

(3) 교사: 네, 감정에 대해서 배웠어요. 조금 보충 설명해 주겠다는 친구? 보충 설명. 선균이가 해 볼까?

(4) 선균: 감정을 이해받는 거에 대해 배웠어요.

(5) 교사: 감정을 이해받는 것이 중요하다. 맞아요.

수업의 정리단계에서 학습 내용을 정리하고 있는 장면이다. (2)에서 학생이 대답을 하였으나 교사는 (3)에서 질문을 구체화하면서 학생에게 추가적인 설명을 요구하고 있다. 후속 질문에서 구체화하기는 한 학생의 대답을 해당 학생에게 구체화 요구를 하는 경우도 있고, 위의 예처럼 한 학생의 대답을 기반으로 다른 학생에게 구체적인 대답을 요구하기도 한다.

5) 명료화하기

한 화제에서 교사 질문이 반복되며 구체화되는 경우다. 학생들이 교사의 질문을 정확하게 이해하지 못하여 반응을 제대로 하지 못할 경우에 교사는 추가질문을 통해 교사 질문의 의도와 의미를 명료하게 드러내며 질문을 수정하여 학생들의 반응을 유도한다.

[자료 3-17]

(1) 교사: 아이디어가 생명이라는 것은 어떤 의미가 있을까요? 이야기해 볼 친구?

(2) 이현: 감정이요.

(3) 교사: 감정이요. 이미 어떤 것에 무엇을 더해서 작품이 된 거에요? 현민이가 이야기해 볼래요?

> (4) 현민: 뜻.
>
> (5) 교사: 뭐에?
>
> (6) 현민: 제목에.
>
> (7) 교사: 제목에? 규민이가 보태 볼래요?
>
> (8) 규민: 사물에.
>
> (9) 교사: 사물에. 그걸 작가 자신이 만든 거예요? 작가가 만들지 않은 사물에 무엇을 더한 거예요?
>
> (10) 규민: 이름.

　　교사는 (3), (5), (7), (9)에서 질문을 구체화하거나 구체화 요구를 하면서 학생에게 구체적인 대답을 이끌고 있다. 구체화하기에서 교사 질문은 '학생 대답'을 구체화하기 위해 사용되지만, 명료화하기는 '교사 질문'을 구체화하기 위해 사용한다는 점에 차이가 있다. [자료 3-17]에서 화제의 주요 질문은 '아이디어가 생명이라는 말은 어떤 의미가 있을까?'로 다소 추상적인 수준의 평가적 질문이다. 교사가 기대하는 학생 대답은 '작품에 의미를 부여하면 새로운 작품이 된다.'이다. 하지만 교사의 시작 질문이 다소 모호하기 때문에 이후의 교사 질문과 학생 대답이 원활하게 진행되지 않는다. 교사는 질문과 대답을 주고받는 과정에서 학생의 대답을 통해 자신의 질문이 적절하지 않음을 알고 질문을 반복하면서 명료화하고 있다. 비록 시작 질문이 모호하였지만 질문 구체화하기를 통해 교사가 원하는 대답으로 유도하고자 노력하고 있다.

6) 확장하기

　　한 화제의 질문에서 질문이 확장되는 경우다. 교사의 시작 질문에 대한 학생 대답 이후에 교사의 추가질문은 학생의 사고를 확장시키거나 수업의 방향을 안내하고 유도하는 역할을 한다.

[자료 3-18]

(1) 교사: ((동영상 시청을 마치고)) 자, 지금 친구들이 어른이 되고 싶다고 하니까 진짜로 타임머신을 타고 어른이 되었어요. 그런데 갑자기 도착한 곳이 어디였을까요? 어디였을까?

(2) 문수: 시장 선거를 하는 곳입니다.

(3) 교사: 시장 선거를 하는 곳이었지요. 거기에서 연설문을 낭독하게 되었어요. 그런데 거기 주인공인 스파이더맨씨가 20년 전에 배운 무언가가 기억이 나지 않았어요. 무엇을 기억해야 할까? ((칠판의 학습 목표를 가리키며)) 연설문을 작성할 때 무엇을 기억해야 할지 여기에 들어갈 말을 한 번 생각해 보세요. 스파이더맨씨가 공, 공이라고 하였어요. 자, 이구동성을 해 볼게요. 빈 칸에 들어가야 할 선거 연설문에 꼭 들어가야 할 것은 무엇일까요? 하나, 둘, 셋.

(4) 학생들: ((모두 일어서서)) 공약

교사는 (3)에서 질문을 확장하여 의도한 대답을 요구하면서 수업의 방향을 유도하고 있다. 이 장면은 학습의 목표를 탐색하는 단계로 동영상 자료를 통해 동기를 유발하고 교사와 학생의 질문–대답 활동을 통해서 학습 목표를 탐색하고 있다. 교사는 성공적인 학습 목표 탐색을 위해서 사전에 의도적이고 계획된 질문을 준비한 것이다. 이처럼 후속 질문에서 확장하기는 학습 내용뿐만 아니라 학생의 대답을 기반으로 하며 교사의 준비된 질문을 통해 단계적으로 교사가 의도하는 대답을 유도함으로써 수업의 방향을 이끄는 역할을 한다.

다. 질문화법의 유의점

교사의 질문 방법은 수업 상황과 학생들의 발달 단계에 따라 달라지겠지만 일반적으로 주의해야 할 사항들은 다음과 같다.

1) 초점을 분명하여 구체적으로 질문하라

질문은 묻고자 하는 초점이 분명해야 한다. 학생들이 대답하지 못하는 것이 학생들의 능력 탓이 아니라 교사의 질문이 모호해서 적절한 대답을 하지 못하는 경우가 있다. 예를 들어 "이 이야기에서 주인공에 대해 어떻게 생각하니?"라는 질문은 포괄적이어서 대답을 효과적으로 하기 쉽지 않다. 따라서 질문의 초점을 분명히 하여 "주인공이 자전거를 돌려준 것에 대해 어떻게 생각하니?"와 같이 보다 범위를 좁혀서 구체적으로 질문하는 것이 바람직하다.

2) 학생 수준을 고려하여 질문의 언어를 사용하라

교사는 자신의 질문이 학생 수준에서는 어려울 수도 있다는 점을 항상 감안하고 질문을 해야 한다. 질문에 사용하는 어휘나 문장의 구조 등이 학생 수준에서 명확하고 쉽게 이해할 수 있어야 한다. 질문의 내용보다 질문에 사용된 언어 자체의 어려움 때문에 학생이 대답을 못하는 경우가 없도록 교사는 질문을 쉽고 명확하게 던져야 한다.

3) 질문 절차에 유의하며 이어지는 질문을 하라

질문은 단발성으로 끝나는 것이 아니라 핵심 질문에 몇 개의 보조 질문, 선행질문에 몇 개의 후속 질문으로 구성하는 것이 바람직하다. 이렇게 교사가 질문을 이어갈 때 질문의 절차가 중요하다. 창의적인 사고를 요구하는 질문을 하기 위해서는 바로 '왜 그렇게 생각하니?'라고 물어보는 것이 아니라 먼저 지식 중심적이고, 수렴적인 질문을 한 후에 확산적이고 창의적인 질문으로 옮겨가야 한다. 대체적으로 수준이 낮은 것이나 대답하기 쉬운 것부터 점차 수준을 올려 질문하고, 간단한 것부터 복잡한 것으로, 구체적인 것부터 추상적인 내용으로 질문의 절차를 밟아가는 것이 바람직하다.

4) 질문을 하고나서 충분한 시간적 여유를 두고 기다려라

일반적으로 질문을 하고 3초를 기다리라고 한다. 하지만 질문을 하고 1초도 기다리지 않고 질문을 바꾸거나 교사 자신이 대답해 버리는 경우가 있는데, 이는 학생들

교사화법

이 대답할 의욕을 꺾어 버리는 것이다. 교사가 질문을 하고 기다리지 못하는 가장 큰 이유는 침묵에 대한 두려움 때문에 교사 자신이 심리적으로 초조해지는 것이 문제다. 질문 후에 시간이 흐를수록 더 초조한 것은 대답할 의무가 있는 학생들이다. 교사가 질문을 하고 충분히 시간을 주고 기다리면 학생들은 대답하지 않을 수 없다. 적어도 대답하려고 노력을 하게 된다. 대답을 기다리는 침묵의 시간이 무가치한 시간 소비가 아니라 학생들이 다양한 대답의 가능성을 모색하고 정리하는 시간임을 잊어서는 안 된다.

5) 교사 스스로 정답을 제시하지 말라

교사가 일방적으로 수업을 진행하거나 교사 설명만으로 수업이 이루어지는 것은 바람직하지 않다. 질문은 교사와 학생이 상호작용을 하면서 수업을 진행할 수 있는 좋은 방법이다. 따라서 교사의 자문자답自問自答은 피해야 한다. 질문을 하고 교사가 바로 정답을 제시하지 말고, 가능하면 학생들 스스로에게 자신의 지식과 사고를 되돌아보고 답을 찾아 보게 하는 질문을 해야 한다.

6) 학생의 반응을 존중하고 수용하겠다는 태도를 유지하라

교사가 질문을 하면서 학생들의 반응을 주의 깊게 듣고 수용하겠다는 태도를 유지하는 것도 중요하다. 교사가 질문을 하면서 이미 학생들이 오답을 말하거나 대답을 하지 못할 것이라고 예단하지 말아야 한다. 그리고 교사가 질문하는 동안 학생들이 자신들의 생각이나 말이 존중받고 있다고 느낄 수 있도록 표정이나 자세, 어조 등에 유의할 필요가 있다.

7) 학생들이 질문과 대답 과정에 소외되지 않도록 하라

학생이 대답하는 동안 다른 학생들도 대답 과정에 직, 간접적으로 참여할 수 있도록 질문을 해야 한다. 개별 학생과 질문과 대답을 주고받는 과정에서 다른 학생들이 소외되거나 배제되어서는 안 된다. 이를 위해서 "지은이가 대답한 내용을 누가 보충해 볼까?", "민지야, 지은이가 대답한 내용을 간단하게 요약하면 어떻게 될까?"와 같은 방식으로 질문을 던진다. 이 같은 질문은 친구가 대답할 때 주의를 기울여 들어야 대답할 수 있기 때문에 질문과 대답이 이어지는 동안 다른 학생들이 소외되지 않고 함께 참여하게 만든다.

8) 학생 질문을 적극적으로 유도하라

교사 질문은 학생들의 동기를 유발하고 학습을 촉진하기 위한 것이지만 교사 질문에만 의존하지 말고 학생들 스스로 질문을 생성하고 답을 찾아가도록 유도하고 격려할 필요가 있다. 교사가 질문을 하기 전에 학생들이 스스로 학습 내용에 대한 질문을 한다면 이보다 더 바람직한 것은 없다. 학생 질문은 교사가 학생 질문에 대답하는 위치에 놓이게 됨으로써 자연스럽게 학생중심의 수업대화 구조를 만들 수 있다는 점에서 보다 적극적으로 권장할 필요가 있다. 이를 위해서는 교사 질문에 적극적으로 참여하여 발표(대답)하는 것에 그치지 말고 교사나 동료들에게 질문을 많이 할 수 있도록 유도하고 독려할 필요가 있다.

3. 질문화법의 적용

가. 질문화법 분석하기

※ 다음 대화 자료는 '위대한 사람의 특징'을 주제로 교사와 학생들이 토의한 내용입니다. 교사의 발화 중 후속 질문의 기능을 중심으로 교사의 시작 질문과 후속 질문의 관계를 분석하여 봅시다.

(1) 교사: 지금까지 우리는 참으로 위대한 사람이 지니는 특징들이 무엇인가에 관해 토의해 왔습니다. 그러나 무엇이 위대한 사람이 갖추어야 하는 참으로 중요한 특징들인지를 한 마디로 말하기는 어려운 것 같습니다. 은정이는 위대한 사람의 특징이 무엇이라고 생각하나요?

(2) 은정: 참으로 위대한 사람이라면 많은 사람을 위해 좋은 일을 해야 한다고 생각합니다.

(3) 교사: 그 생각을 좀 더 자세히 설명해 보겠니?

(4) 은정: 사람은 그가 어떤 사람이며 무엇을 했느냐에 따라 유명해 질 수 있습니다. 그러나 이것만으로는 부족하고, 반드시 다른 사람에게 봉사하고 좋은 일을 하는 삶을 살아야 위대합니다.

(5) 교사: 동한이는 은정이의 설명에 동의하니?

(6) 동한: 저는 위대해진다는 것은 유명해 진다는 것을 뜻한다고 생각합니다. 누구든지 사람들의 기억에 남을 일을 하면 그 사람은 유명해 지고, 그렇게 되면 그는 틀림없이 위대해 진다는 점에 동의합니다.

(7) 교사: 소윤아, 동한이는 누구든지 유명해 지면 바로 위대해진다고 말하는 것이지?

(8) 주홍: 잘 모르겠습니다.

(9) 교사: 주홍이는 히틀러가 위대한 사람이라고 생각하니?

(10) 주홍: 아니오, 그렇게 생각하지 않습니다.

(11) 교사: 그럼 히틀러가 유명한 사람이라고 생각하니?

(12) 주홍: 네, 누구나 그를 기억하니까요. 그러나 좋은 사람은 아닙니다.

(13) 교사: 유명한 사람이라는 뜻과 좋은 사람이라는 뜻은 다른가?

(…)

(24) 현서: 저는 반드시 그렇다고 생각하지 않습니다.

(25) 교사: 현서의 말은 무슨 뜻이지?

(26) 현서: 위대해진다는 것은 남에게 기억되거나 유명해지는 것과 상관이 없다고 생각합니다. 우리가 알지 못하는 사람 중에는 그들이 어떻게 살아왔느냐에 따라 위대한 사람이 많습니다. 고통 속에서 불평하지 않고, 힘은 들지만 옳다고 믿는 바대로 행동하는 사람들이 위대한 사람입니다.

(27) 교사: 현서는 그 생각을 우리 모두가 아는 어떤 것과 연결시킬 수 있겠니?

— 〈변홍규(1994:170~172)의 자료를 재구성함〉

나. 질문화법 토의하기

※ 다음 일화를 읽고 수업 시간에 학생들이 질문하지 않는 이유와 학생들의 질문을 장려할 수 있는 방법에 대해 토의해 봅시다.

> 2010년 G20 폐막식 연설에서 오바마는 개최국의 역할을 훌륭하게 해 준 한국 기자들에게 질문을 하라고 했다. 그런데 한국 기자들은 아무도 질문을 하지 않아서 오바마는 몇 번이고 질문할 사람이 없는지를 물었다. 오바마는 영어를 잘 못해서 그렇다고 생각한 건지 통역을 써서라도 질문을 하라고 하자, 좌중들은 웃었고, 중국 기자가 손을 들었다.
>
> 중국 기자: 실망시켜 드려 죄송하지만 저는 중국 기자입니다. 제가 아시아를 대표해서 질문해도 될까요?
> 오바마: 저는 한국 기자에게 질문을 요청했어요.
> 중국 기자: 한국 기자들에게 제가 대신 질문해도 되는지 물어보면 어떨까요?
> 오바마: 그것은 한국 기자가 질문하고 싶은지에 따라서 결정되겠네요. 없나요? 아무도 없나요?

1) 질문하지 않는 이유

2) 질문 장려 방법

다. 질문화법 연습하기

※ 다음은 '파란마음 하얀마음'이라는 시입니다. 국어 시간에 이 시를 감상하기 위한 수업에서 가능한 교사의 질문과 이에 따른 학생의 대답을 만들어 봅시다. 그리고 학생의 대답 이후에 이어지는 교사의 후속 질문도 만들어 봅시다.

> **파란마음 하얀마음**
>
> 우리들 마음에 빛이 있다면   우리들 마음에 빛이 있다면
> 여름엔 여름엔 파랄거에요   겨울엔 겨울엔 하얄거에요
> 산도 들도 나무도 파란 잎으로   산도 들도 나무도 하얀 잎으로
> 파랗게 파랗게 덮인 속에서   하얗게 하얗게 덮인 속에서
> 파아란 하늘 보고 자라니까요.   하아얀 하늘 보고 자라니까요.

1) 사실적 수준의 질문과 대답

- 교사 질문(시작):

- 학생 대답:

- 교사 질문(후속):

2) 해석적 수준의 질문과 대답

- 교사 질문(시작):

- 학생 대답:

- 교사 질문(후속):

3) 적용적 수준의 질문과 대답

- 교사 질문(시작):

- 학생 대답:

- 교사 질문(후속):

4) 평가적 수준의 질문과 대답

- 교사 질문(시작):

- 학생 대답:

- 교사 질문(후속):

5) 창의적 수준의 질문과 대답

- 교사 질문(시작):

- 학생 대답:

- 교사 질문(후속):

설명화법

— 횡설수설하지 말고…

설명을 하다보면 흔히 일방적이기 쉽다.

설명하는 내용에 신경을 곤두 세우다보면 정작 설명을 듣는 사람을 고려하지 못하는 경우가 있다. 청자에게 필요한 것이 무엇인지를 정확하게 아는 화자가 설명을 잘하는 사람이다.

1. 설명화법의 이해

가. 설명화법의 개념

설명은 모든 언어적 의사소통의 기본이다. 어떠한 의사소통 과정에서도 설명은 핵심 기능을 갖는다. 설명을 근간으로 주장, 설득, 논쟁, 묘사, 보고, 증언 등이 이루어진다. 일상 언어생활에서도 설명은 광범위하게 사용된다. 즉, 주요 과업을 지시하거나 명령하는 상황, 어떤 문제를 해결하기 위해 논의하는 상황, 업무를 보고하거나 현황을 브리핑하는 상황, 누군가를 가르치는 상황에서 설명 능력은 일의 성패를 좌우하는 결정적 능력이 된다. 이때 자신이 가지고 있는 개념, 지식, 경험, 구체적 조작 등을 알기 쉽게 풀어서 상대방이 이해할 수 있도록 전달하는 설명 능력이 있으면 효과적인 의사소통이 이루어질 수 있다.

이처럼 설명을 넓은 의미로 보면 '화자가 전달하고자 하는 정보를 청자가 잘 이해할 수 있도록 하기 위한 화자의 언어적·비언어적 행위 또는 간혹 그 행위를 통해 산출된 담화'를 뜻한다. 청자의 이해에 대한 고려 없이 무성의하게 단순히 통보하는 경우를 상정할 수 있기 때문에 모든 정보 전달 행위가 반드시 설명 행위라고 할 수는 없지만, 일반적인 의사소통 상황에서 화자는 전달하고자 하는 정보가 청자에게 이해되기를 희망하기 때문에 대부분의 정보 전달 행위는 넓은 의미의 설명 행위라고 할 수 있다. 반면에 좁은 의미의 설명은 '개념이나 원리 등과 같이 청자가 이해하기 어려운 정보를 쉽게 풀어서 전달하는 행위나 그 행위를 통해 산출된 담화'를 뜻한다. 이처럼 협의의 개념으로 설명을 정의하면 '청자가 이해하기 어려운 것'을 대상으로 한다는 내용 조건과 '알기 쉽게 풀어서' 전달한다는 방법 조건을 동시에 충족해야

교사화법

한다(한국화법학회 화법용어해설위원회, 2014: 294).

　이러한 설명을 잘 하려면 풍부하고도 정확한 정보의 확보, 감정적 요소의 배제, 다양한 설명 전략의 준비가 필요하다. 또 일방적 설명보다는 설명 전이나 중간에 청자의 요구 사항을 확인하면서 설명하는 것이 중요하다. 청자가 어떤 정보를 원하는지, 사전 지식은 얼마나 갖고 있는지, 청자가 나의 설명 정보를 어디에 이용할 것인지, 청자는 화자인 나를 신뢰하는지 등에 대해서 점검하면서 설명하는 것이 중요하다. 설명하는 과정에는 태도의 일관성과 설명 주제의 일관성과 응집성을 유지하는 것이 중요하다. 또한 횡설수설하거나 진지하게 나아가다가 농담조로 바꾸는 것도 조심해야 한다.

　설명說明이란 '말로써 분명하게 한다, 알아듣기 쉽게 밝혀 말하다.' 라는 의미로 예나 지금이나 교육과 설명은 불가분의 관계가 있다. 수업대화의 내용 전달 발화 가운데 가장 중요하고도 빈번하게 사용되는 것이 바로 설명이다. 따라서 교실에서 교사의 설명 능력은 교수·학습의 질을 좌우한다. 한편 표준국어대사전에서 설명은 "어떤 일이나 대상의 내용을 상대편이 잘 알 수 있도록 밝혀 말함. 또는 그런 말."로 정의한다. 이와 같은 설명에 대한 개념 정의를 통해 교사 설명화법의 구성에 관여하는 요소를 살펴볼 수 있다.

　첫째, 설명하는 주체인 교사이다. 교사는 설명의 대상에 대한 지식을 가지고 있어야 하며 설명을 듣는 학생의 상황을 수시로 점검해야 한다. 따라서 교사가 설명을 잘하기 위해서는 수업에 앞서 교재 연구를 한다거나 설명을 잘 하기 위해 풍부하고 정확한 정보를 확보하고, 다양한 설명 전략을 준비하는 것은 반드시 필요하다.

　둘째, 설명의 대상이다. 설명은 지식을 전달한다는 데에 초점이 있다. 따라서 설명의 대상은 사실, 개념, 원리, 방법 등이 될 수 있다. 이러한 지식은 사실과 개념과 같은 명제적 지식과 원리나 방법과 같은 절차적 지식 등으로 구분이 된다. 이러한 지식의 성격은 설명을 할 때 어떤 방법을 사용해야 하는가와 깊은 관련을 맺고 있다. 즉, 설명하는 대상의 성격에 따라 그것을 적절하게 설명할 수 있는 방법을 고려해야 한다.

셋째, 설명을 듣는 학생이다. 설명은 기본적으로 상대가 모르는 내용을 알려준다는 의미가 내포되어있다. 학생이 아는 내용이나 불필요한 내용은 전달할 필요가 없다. 따라서 교사는 학생이 어떤 정보를 원하는지, 배경지식은 얼마나 갖고 있는지, 내가 설명하는 정보를 어디에 이용할 것인지, 학생이 화자인 나를 신뢰하는지 등에 대해서 점검하면서 설명하는 것이 중요하다.

이상의 요소를 중심으로 교사 설명화법의 개념을 정리하면 '교사가 어떤 사실, 개념, 원리, 방법 등을 학생들이 잘 알 수 있도록 밝혀 말하는 것'이라 할 수 있다. 이러한 설명은 질문과 달리 일상생활에서나 교실 수업 상황에서 동일한 기능으로 사용된다. 즉, 일상생활이나 수업 상황에서나 설명은 주로 '있는 것'을 있는 그대로 알려주기 위해, 내가 아는 것을 남에게 전달하기 위해, '이것은 무엇인가?'라는 물음에 대해 대답하기 위해, 상대가 모르는 사실, 현상, 개념 등을 가르쳐 주기 위해 설명을 한다.

나. 설명화법의 대상

설명화법은 정보를 전달하는 것이다. 이때 전달하는 정보의 내용에 따라 그에 알맞은 전달 방식을 취해야 한다. 학교교육 상황에서 교사가 학생들에게 전달하는 정보는 곧 '지식'이라 할 수 있다. 이러한 지식의 형태는 다양하고 심지어 지식을 표현하는 용어도 다양하다. 여기에서는 교사의 설명화법에서 설명 대상인 지식을 몇 가지로 구분하여 살펴보도록 한다.[7]

1) 사실적 지식

사실적 지식은 교과의 문제를 해결하기 위해 숙지해야 할 기본적 요소를 뜻한다. 학생은 문제를 풀거나 교과를 공부할 때 사실적 지식을 반드시 알아야 한다. 사실적

---

7 Anderson et al. (2001)을 참고하여 지식의 유형을 '사실적 지식, 개념적 지식, 절차적 지식, 메타인지적 지식'으로 구분하였다. 한편, 임영환(1996)에서는 '사실에 대한 설명, 과정과 방법에 대한 설명, 사건에 대한 설명, 개념에 대한 설명으로 설명 대상에 따라 설명화법의 종류를 구분하기도 하였다.

지식의 기본 요소는 흔히 구체적인 지시 대상물과 관련된 상징으로서 중요한 정보를 전달한다. 이러한 사실적 지식은 비교적 아주 낮은 추상성을 지닌다. 사실적 지식에는 전문용어에 대한 지식, 구체적 사실과 요소에 대한 지식 등이 포함된다.

[자료 4–1]

(1) 교사: 천지가 뭘까요? 여러분 모두 백두산 알죠. 백두산 꼭대기가 어떻게 생겼어요?

(2) 학생: 움푹 파였어요.

(3) 교사: 그렇지. 자, 이렇게 ((그림으로 천지의 모습을 그리면서)) 이게 백두산이라면 꼭대기가 이렇게 움푹 파였고 여기에 호수처럼 물이 고여 있는데 이걸 천지라고 해요.

[자료 4–1]에서 교사는 백두산의 천지 모양을 설명하고 있다. 교사는 (3)과 같이 백두산 천지의 구체적인 모습을 칠판에 그림으로 그리면서 설명하고 있다.

2) 개념적 지식

개념적 지식은 요소들이 통합적으로 기능하도록 하는 상위구조 내에서 기본 요소들 사이의 상호관계를 나타내는 지식이다. 지식의 유목과 분류, 그리고 그들 사이의 관계에 대한 지식(보다 복잡하고 조직화된 지식 형태)을 포함한다. 개념적 지식은 스키마, 모형, 이론 등과 같이 특정 교과 내용이 어떻게 조직되고 구성되었는지, 어떻게 정보의 조각들이 연결되고 더욱 더 체계적인 방법으로 관련을 맺으며, 어떻게 함께 기능하는가에 대한 지식을 나타낸다.

[자료 4–2]

(1) 교사: 사람들이 즐기는 취미는 바둑, 등산, 여행, 독서 등 다양한데 이것을 나눈다면 어떻게 나눌 수 있을까요?

(2) 학생: 혼자 할 수 있는 취미와 함께 해야 하는 취미로 나눌 수 있어요.

(3) 교사: 맞아요. 그렇게 나눌 수도 있고, 실내에서 한 자리에 앉아서 할 수 있는 취미와 실외에서 몸을 많이 움직이면서 할 수 있는 취미로 나눌 수도 있어요. 바둑, 독서, 카드놀이 등은 정적인 취미이고, 테니스, 등산, 식물 채집 등은 동적인 취미라고 할 수 있어요. 다른 관점에서 보면 바둑, 테니스, 골프 등은 승부를 가리는 취미 활동이고, 수영, 달리기, 낚시, 등산, 여행 등은 승부와 관련이 적은 취미 활동으로 분류할 수 있어요.

[자료 4-2]는 사람들이 즐기는 취미 생활의 종류를 다양한 기준으로 구분하여 개념적 지식을 설명하고 있다. (3)에서 교사는 다양한 대상을 같은 속성이나 특성에 따라 범주별로 묶어 분류의 방법을 사용하여 설명하고 있다.

3) 절차적 지식

절차적 지식은 어떤 것을 수행하는 방법, 탐구 방법, 기능을 활용하기 위한 준거, 알고리즘, 기법, 방법에 관한 지식을 뜻한다. 어떤 것을 할 수 있는 방법적 지식으로 종종 따라야 할 일련의 단계나 계열로 이루어져 있다. 절차적 지식에서는 기술, 알고리즘, 기법, 그리고 방법 등과 같이 한 마디로 절차라고 알려진 지식이 포함된다. 사실적 지식과 개념적 지식은 지식의 '내용'을 나타내는 반면에, 절차적 지식은 '방법'에 관한 것이다. 다시 말하면, 절차적 지식은 '과정'에 관한 지식을 반영하는 반면, 사실적 지식과 개념적 지식은 '결과'에 관한 것을 다룬다.

[자료 4-3]
(1) 교사: 자, 철봉 거꾸로 오르기를 할 건데 선생님이 하는 것 잘 봐요.
(2) 학생: 너무 어려워요.
(3) 교사: 그러니까 선생님이 하는 거 잘 보라고. ((직접 시범을 보이며)) 먼저 팔은 어깨 넓이로 벌린 후에 손으로 철봉을 잡는다. 그리고 발은 하늘로 향해 차야 돼. 이때 중요한 것은 발을 차면서 팔을 끌어 당겨야 하는 거야.

[자료 4-3]은 철봉 거꾸로 오르기에 대한 방법을 학생에게 설명하는 장면이다. (3)에서 교사는 철봉을 거꾸로 오르는 방법을 직접 시범을 통해 보여주며 그 절차를 설명하고 있다.

4) 메타인지적 지식

메타인지적 지식은 지식의 인지에 대한 인식 및 지식과 인지 전반에 대한 지식을 일컫는다. 절차적 지식은 구체적 교과나 학문에 해당하는 것이라면, 메타인지적 지식은 교과나 학문 영역을 가로 질러 활용되는 일반적 전략을 포함한다. 학습, 사고, 문제해결을 위한 일반적인 전략적 지식이나 맥락적 지식과 조건적 지식을 포함한 인지 과제에 대한 지식 등이 이에 해당한다.

[자료 4-4]
(1) 교사: 글을 읽을 때는 바로 글을 읽지 말고 글을 읽기 전에 이 글이 어떤 내용일까 미리 생각해 보고 읽어야 해요. 그래서 이 글에서 설명하고 있는 것이 무엇인지, 중요한 내용은 무엇인지를 생각해 보는 거예요. 그러면 글을 읽기 전에 글의 내용을 미리 생각해 볼 수 있는 방법은 무엇일까요?
(2) 학생: 그림을 보고 어떤 내용인지를 알아보아요.
(3) 교사: 네. 그렇죠. 글의 내용을 미리 예측하기 위해서는 글을 읽기 전에 그림을 보고 내용을 미리 생각해 보거나 제목을 보고 내용을 미리 짐작해 볼 수도 있어요.

[자료 4-4]는 글의 내용을 예측하며 읽기 위한 독서 과정의 인지 전략을 설명하는 장면이다. 교사는 (1)에서 글의 내용을 미리 생각해 볼 수 있는 방법을 물어보고 있는데 이는 학생들의 읽기 과정에서 예측하기라는 메타인지적 지식 사용을 요구하기 위한 것이며, (3)에서 이에 대해 설명을 하고 있다.

2. 설명화법의 방법

가. 설명화법의 일반적인 방법

1) 정의하기

정의하기는 어려운 내용을 설명하기 위해서 핵심 개념을 정확하게 규정함으로써 그 내용을 쉽게 풀어가는 방법이다. 정의하여 설명할 때는 개념을 명확하게 드러낼 수 있어야 하며, 정의하고자 하는 대상이나 개념이 정의항에서 되풀이 되어서는 안 된다. 정의하기는 사실적 지식이나 개념적 지식을 다룰 때 어휘나 용어의 뜻을 풀어가는 방식을 예로 들 수 있다.

> **[자료 4-5]**
> (1) 교사: 오늘은 아리랑의 어원에 대해서 공부해 볼 거예요. '아리랑'의 뜻이 무엇인 지 아는 사람?
> (2) 학생: ……
> (3) 교사: 틀려도 괜찮아. '아리랑'이 무슨 뜻인지 들어본 사람? 어, 무슨 뜻인 거 같다고 자기 생각을 말해도 좋아.
> (4) 학생: '알하고 같이'라는 뜻인가?
> (5) 교사: '아리랑'은 우리 민족 고유의 전통 노래 '아리랑' 가사의 핵심 어휘예요. '아리랑'이 어원을 연구하는 사람들은 우리 역사에 등장하는 사람들의 이름과 연관지어, 아랑, 낙랑에서 유래했다고도 하고, '아리고 쓰리다'의 '아리'와 연관 짓기도 하지만 민요의 후렴구라는 점을 고려하면, '아리랑'은 특별한 의미가 없이 흥을 돋우기 위해 사용한 어휘라는 것이 정설이에요.

[자료 4-5]는 교사가 학생들에게 '아리랑'이라는 낱말의 뜻을 설명하고 있는 장면이다. 교사는 (5)와 같이 '아리랑'의 다양한 어원을 함께 제시하며, 특별한 의미가 없이 흥을 돋우기 위해 사용하는 어휘라고 설명하고 있다.

2) 도식화하기

도식화하기는 어떤 모형이나 형체에 대해 설명할 때 그림을 그려가며 설명하는 방법이다. 도식화하기는 주로 구조나 체계를 설명할 때 유용한데 사실적, 개념적 지식뿐만 아니라 절차적, 메타인지적 지식을 설명할 때에도 유용하게 쓰인다.

[자료 4-6]

(1) 교사: 자, 먹이사슬, 먹이 피라미드 맨 밑에는 뭐가 있어요?

(2) 학생: 풀이요.

(3) 학생: 식물이요.

(4) 교사: 맞아요. 예, 그렇죠. 식물이 먹이 피라미드 맨 아래에 오겠죠. 그러면 이 중에서 식물이 뭐예요?

(5) 학생: 우산이끼.

(6) 학생들: 강아지풀.

(7) 교사: 그래요. ((강아지풀 그림을 피라미드 맨 아래에 붙이며)) 여기 강아지풀이랑 ((우산이끼 그림을 고사리 옆에 붙이며)) 우산이끼가 먹이 피라미드 맨 밑에 오겠죠?

[자료 4-6]에서 교사는 준비한 그림 자료를 이용해서 먹이 피라미드라는 개념적 지식을 학생들에게 설명하고 있다. 이때 교사는 먹이 피라미드의 구조를 도식화하여 학생의 이해를 돕고 있다.

3) 분류하기와 분석하기

분류란 다양한 대상이나 복잡한 사례 등을 같은 속성이나 특성에 따라 범주별로 묶어서 설명하는 방법을 말한다. 교사는 다양한 사례나 속성을 범주에 따라 묶거나 어려운 원리를 단계로 나누어 개념적 지식을 설명하기도 한다. 분석이란 여러 요소가 뒤섞여 있는 것을 요소나 성질에 따라 나누는 것이다. 분석의 방법으로 설명하는 것을 분명하게 알기 위해서는 대상을 통째로 볼 때와 쪼개어서 볼 때의 차이를 잘 알아 두는 것이 중요하다. 통째로 보는 것은 생긴 모습 전체를 그대로 보는 것이고, 쪼개어서 보는 것은 그 사물을 분석해서 보는 것과 같다.

[자료 4-7]
교사: 학용품은 한 가지 물질로 이루어진 물체와 두 가지 이상의 물질로 이루어진 물체로 나눌 수 있습니다. 색종이, 지우개, 자는 한 가지 물질로 이루어진 학용품이며, 가위와 연필 등은 두 가지 이상의 물질로 이루어진 학용품입니다.

[자료 4-7]에서 교사는 학용품의 종류를 분류하기 방법으로 설명하고 있다. 교사는 '학용품'을 구성하는 물질의 특성에 따라 그 종류를 구분하여 설명하고 있다.

[자료 4-8]
교사: 자전거는 여러 부품으로 되어 있습니다. 크게는 세 부분으로 나누어 볼 수 있습니다. 먼저, 사람의 다리 힘을 처음 바퀴로 전하는 페달과 체인 부분이 있습니다. 그리고 전해 받은 힘으로 굴러가는 바퀴 부분이 있습니다. 마지막으로 나아가는 방향을 조절하는 핸들 부분이 있습니다.

[자료 4-8]에서 교사는 자전거의 구성에 대해 분석하기 방법으로 설명하고 있다. 교사는 '자전거'라는 대상을 일정한 요소로 쪼개어 보면서 자전거의 구조를 설명하고 있다.

4) 비교하기와 대조하기

비교와 대조는 설명을 하는 데 자주 이용하는 방법이다. 두 사물, 두 인물과 같이 서로 다른 대상의 공통점을 바탕으로 하여 서로 다른 점을 설명하는 것이 비교이다. 반면에 대조는 두 대상의 서로 다른 점을 강조하여 그 차이점을 두드러지게 하는 설명 방법이다. 혼동하기 쉬운데 정도의 유사점이나 차이를 견주는 것이 비교이고, 속성의 차이와 대립 상태를 드러내는 것이 대조이다. 비교하기와 대조하기의 절차는 먼저 기준을 세우고, 설정된 기준에 따라 대상의 특징에서 공통점과 차이점을 확인하며 이를 중심으로 설명을 한다.

[자료 4-9]

(1) 학생: 나비와 나방은 어떻게 다른가요?

(2) 교사: 나비와 나방은 비슷한 것 같지만 서로 다른 곤충이에요. 나비와 나방은 어떻게 다른지 알려줄게요. 나비는 배가 홀쭉하지만 나방은 몸통이 크고 뚱뚱해요. 나비의 날개 색은 곱고 화려한 편이고, 나방의 날개 색은 단조롭고 어두운 편이에요. 나비의 더듬이는 곤봉 모양이고 나방은 두꺼운 빗살모양이나 톱니 모양 등 다양한 편이에요. 나비는 날개를 접고 앉는 반면에 나방은 날개를 펴고 앉아요. 그리고 나비는 주로 낮에 활동하고 나방은 주로 밤에 활동을 합니다.

[자료 4-9]에서 교사는 나비와 나방이 서로 어떻게 다른지를 대조하기 방법으로 설명하고 있다. 나비와 나방을 생김새, 날개 색, 더듬이 모양, 앉는 자세, 활동 시간 등을 기준으로 하여 차이점에 주목하여 대조하기를 통해 설명하고 있다.

5) 시범 보이기

시범 보이기는 교사가 학생들에게 지식을 다루는 과정이나 기능을 직접 시연하는 것이다. 교사는 교과의 특수한 기능을 설명하기 위해 시범을 보이기도 한다. 예를 들어 체육 시간에 줄넘기 두 번 돌리기처럼 신체적 행동이나 국어 시간의 중심 내용을 찾아 제목 붙이기와 같이 인지 과정을 설명할 경우에 교사가 직접 시범을 보여가면서 절차와 과정, 연습 시 유의사항 등을 설명한다. 또한 교과관련 특수 지식을 설명할 때도 핵심 절차를 상세히 안내하거나 시범을 보이며 설명하기도 한다.

[자료 4-10]

(1) 교사: 줄넘기를 한 번 뛸 때 한 번 넘기는 것은 쉽죠. 그런데 같은 원리로 한 번 뛰고
나서 줄을 두 번 돌리기는 다소 어렵지만 같은 원리에요. 조금 높이 뛰고 줄
을 좀 더 빨리 돌리면 가능해요. 처음에는 한 번만 하고, 그 다음에는 연속해
서 두 번 돌리기를 할 수 있는 연습을 하도록 하겠어요. 자, 여기를 보세요.

(2) 학생: ((선생님의 시범을 모두 쳐다본다.))

(3) 교사: ((줄넘기를 시작하면서)) 자, 지금 이렇게 천천히 한번 돌리기를 하다가 높
이 뛰면서 두 번 돌리는 거예요. 이때 좀 더 높이 뛰면서 줄을 빨리 돌리는
것이 중요해요. 한 번 돌리기 하는 동안에 몇 번째 뛸 때부터는 두 번 돌리
기를 하겠다는 생각을 미리 해 두는 것이 도움이 되겠지요?

[자료 4-10]은 줄넘기에서 두 번 뛰기를 하는 데 필요한 절차적 지식을 단계로 나
누어 교사가 직접 시범을 보이면서 설명하고 있다. 이처럼 시범 보이기는 절차적 지
식을 설명하는 데 효과적인 방법이다.

6) 예시 들기

예시 들기는 자신의 경험, 역사적 사실, 다른 사람한테서 들은 이야기 등을 가지
고 주제를 실증적으로 보여주며 설명하는 방식이다. 학습 상황에서 길고 추상적인
설명보다는 구체적 사례 한두 가지가 훨씬 효과적일 때가 많다.

[자료 4-11]

(1) 교사: 다른 사람을 도와주면 결국은 자신도 복을 받고 행복하게 된다고 말할 수
있어요. 어떤 경우가 있을까?

(2) 학생: 흥부전의 흥부요.

(3) 교사: 맞았어요. 흥부는 마음씨 착하고, 자기가 형편이 어렵지만 남을 원망하지
않고, 사람뿐만 아니라 제비 같은 동물까지도 사랑하는 마음을 실천해서
복을 받았어요.

[자료 4-11]은 권선징악이라는 개념을 설명하기 위해 흥부전을 예로 들어 설명하고 있다. 교사는 권선징악이라는 추상적인 개념을 설명하기 위해 학생들이 잘 알고 있는 이야기를 예로 들고 있다.

7) 비유하기

비유metaphor는 주로 문학적 수사법의 하나로 설명되지만, 사실 인간의 원초적인 사유 방식의 하나로 의사소통의 과정에서 필수적인 수단이 된다. 비유는 어렵고 낯선 개념을 쉽고 친근한 것으로 대체해서 인식하는 수단으로, 언어 현상 자체가 근본적으로 비유의 원리에 의해 발생하기 때문에 문학 작품뿐만 아니라 언어 현상을 설명하는 데에도 유용하게 사용된다. 비유를 통한 설명은 이해와 경험을 넓혀줄 뿐 아니라 새로운 의미를 창조하는 역할도 한다.

[자료 4-12]

(1) 교사: 컴퓨터의 성능을 나타내는 말 중에 RAM에 대해 살펴보겠습니다. RAM은 책상이라고 보면 돼요. 여러분이 지금 쓰고 있는 교실 책상에는 많은 책을 펼쳐 놓을 수가 없지요? 교과서와 연습장 하나 정도 올려놓으면 남는 자리가 없지요? 그런데 여러분 방에 있는 책상을 봅시다. 학교 책상보다 훨씬 넓지요? 교과서, 공책, 연습장, 전자사전, 필통, 휴대전화… 훨씬 많이 올려놓을 수 있지요? 그래서 RAM 용량이 크다는 것은 책상의 면적이 넓다는 것과 같아요. 그래서 컴퓨터 작업을 할 때 여러 개의 창을 동시에 띄워 놓고 작업을 하는데도 문제가 없지요.

(2) 학생: 선생님, 요리할 때 도마의 크기와도 비슷한 것 같아요. 어제 집에서 미니 도마에 올려놓고 파를 써는데 불편해서 죽는 줄 알았어요. 엄마가 큰 도마를 쓰고 계셨거든요.

(3) 교사: 그래. 지현이가 좋은 경험을 말해 주었구나. 어머니께서는 RAM 용량이 큰 도마를 사용하셨고 지현이는 RAM 용량이 작은 도마를 사용했다고 볼 수 있구나.

[자료 4-12]에서 교사는 컴퓨터의 성능을 설명할 때 RAM의 용량을 책상의 면적에 비유하여 설명하고 있다. 좋은 비유 하나는 어려운 개념을 쉽게 이해할 수 있게 할 뿐만 아니라 학습의 동기까지 높일 수 있다.

8) 인용하기

인용하기는 다른 사람의 말이나 글, 명언, 일화, 이야기 등을 끌어와서 설명하는 방식이다. 적절한 인용은 때로 긴 설명보다 훨씬 효과적일 때가 있다.

> **[자료 4-13]**
> (1) 교사: 여러분은 왜 거짓말을 하면 안 된다고 생각하세요?
> (2) 학생: ······.
> (3) 교사: 정직하기로 유명한 미국 대통령 아브라함 링컨은 왜 거짓말을 하면 안 되는
> 가에 대해서 질문을 받자 다음과 같이 말했어요. 링컨은 "거짓말은 당장은
> 위기를 면하거나 이익을 줄 것처럼 보여도 그것이 탄로 났을 때 더 위험하
> 고 더 큰 손해를 보게 된다. 한 사람을 영원히 속일 수 있고, 여러 사람을 잠
> 깐 속일 수 있지만 많은 사람을 영원히 속이는 것은 절대 불가능하다."라고
> 말했어요. 거짓말은 언젠가 탄로 나게 되어있다는 뜻이지요.

[자료 4-13]에서 교사는 거짓말을 하면 안 되는 이유를 링컨의 말을 인용하여 설명하고 있다. 사례와 같이 추상적이고 윤리적인 개념을 설명할 때 자칫 장황해지면서 설명의 내용이 모호해 질 수 있는데 인용하기는 그러한 문제를 극복할 수 있는 효과적인 설명의 방법이다.

나. 설명화법의 유의점[8]

1) 학생의 지식수준을 과대평가하지 말라

교사는 자신의 지식수준에서 학습 내용이 쉽다고 판단하고 '학생들이 이 정도는 충분히 알고 있겠지.' 또는 '너무 쉬운 내용이면 흥미 유발이 안 될지 몰라.'라고 생각

하며 설명을 시작하는 경우가 종종 있으나 이는 잘못된 생각이다. 학생들은 자신이 아는 것으로부터 출발해야 다음 설명을 이해할 수 있다. 비록 아는 것이라도 그것을 바탕으로 모르는 것으로 옮아가기 때문에 학생들이 충분히 아는 것부터 출발하는 것이 대단히 중요하다.

2) 학생의 흥미와 관심을 주제와 연결시켜라

사람은 누구나 자기가 관심이 있는 것에 주의를 기울이게 마련이다. 아무리 좋은 내용이라도 자신의 관심 밖의 것이면 관심을 기울이지 않는다. 관심이 없는 것은 아무리 좋은 방법으로 설명해도 교육 효과가 낮아지는 것은 당연하다. 따라서 학생들의 흥미와 관심이 무엇인지 파악하는 것이 중요하고, 학생들이 흥미와 관심이 없으면 그 내용이 학생들에게 왜 중요하고 관심을 두어야 하는지를 먼저 설명해야 한다.

3) 설명 내용과 대상을 제대로 파악하라

설명하는 사람은 설명을 듣는 사람보다 설명 내용에 대해서 전문가이거나 적어도 그 부분에서는 많이 알고 정확하게 알고 있어야 한다. 교사가 설명을 잘하려면 무엇보다도 교과 내용에 대해서 충분히 숙지하고 내용의 중요도와 설명의 절차 등에 대해서 완전히 익히고 있어야 한다. 또 설명의 대상이 되는 청중, 즉 학생들에 대해 정확하게 파악하고 있어야 한다. 학생들의 흥미와 관심뿐만 아니라 과거 학습 경험, 지식 수준, 학습 태도 등에 대해서 많이 알수록 교사의 설명력이 좋아지는 것은 당연하다.

4) 지나치게 전문적인 내용을 피하라

내용이 지나치게 전문적이거나 어려우면 학급의 학생 모두에게 성공적으로 설명하는 것은 참으로 어렵다. 가급적 쉬운 내용을 선정해서 설명해야 하고 어쩔 수 없

---

8 이하 1)~5)는 임영환 외(1996)의 일반적인 설명화법의 유의 사항을 참고하여 교사 설명화법에 적용하여 재구성한 것이다.

이 전문적인 내용을 설명해야 하는 경우는 쉽고, 평범한 표현으로 풀어서 설명하는 것이 중요하다. 아주 전문적인 내용은 그 수준의 높음을 설명한 후에 그 가운데 꼭 알아두어야 할 내용만 쉽게 설명하는 것이 필요하다.

5) 설명하는 내용을 상황에 적용하여 구체화하라

설명은 일반적이고 추상적이지만 교사가 설명한 내용을 학생들이 다른 경우에 적용하고 실제 생활에서 활용하기 위해서는 학생들의 삶에 어떻게 적용되는지 구체적으로 예를 들어 설명해 주어야 한다. 자신과 직접 관련이 있고, 활용 가치가 높다고 판단하는 설명 내용은 그렇지 않은 내용보다 훨씬 더 주의를 기울이게 된다.

6) 추상적이고 모호한 언어적 표현을 삼가라

설명은 알아듣기 쉽고 분명해야 하는 것은 기본 조건인데 설명이 추상적이거나 모호해서는 성공적인 설명이라고 할 수 없다. 따라서 추상적인 것은 구체적인 사례로 바꾸어 설명하고, 모호한 것은 경계와 층위를 구분해 가면서 분명하고 간결하게 설명하는 것이 중요하다.

7) 과도한 음성 전달 기교와 몸짓을 자제하라

설명을 할 때 목소리의 크기나 억양, 몸짓이나 손짓 등을 과하게 사용하는 것은 내용을 제대로 전달하는 데 장애가 된다. 교사의 과도한 준언어적, 비언어적 표현은 학생들이 경청하는 데 방해 요소가 될 수 있다. 따라서 설명을 할 때 가능하면 학생들이 듣기 쉽고 깨끗한 목소리를 내도록 노력하며 음성이나 몸짓이 언어적인 설명을 보완해 줄 수 있는지에 주의를 기울여야 한다.

3. 설명화법의 적용

가. 설명화법 분석하기

※ 다음은 5학년 국어 시간에 토론의 개념과 규칙에 대해 알아보는 수업의 일부입니다. 교사는 토론을 하기 전에 토론의 개념에 대해 설명하고 있습니다. 이 수업대화 자료에서 드러나는 설명화법의 특징과 문제점을 분석해 봅시다.

(1) 교사: 책에 있는 토론에 대한 설명을 다 읽어봤지?

(2) 학생들: 예.

(3) 교사: 그런데 읽어봐도 무슨 말인지 잘 모르겠지?

(4) 학생들: 예.

(5) 교사: 지금부터 토론에 대해 설명해 줄 테니 잘 들어. 토론은 어떤 문제에 대하여 상대방을 설득하기 위해 자신의 의견을 말하는 거야. 그런데 상대방을 설득시키려면 어떻게 해야 할까? 생각나는 대로 말하면 될까? 안 되겠지? 상대방을 설득하려면 논리적으로 말해야 돼. 그런데 토론은 토의와 달라. 우리가 토의는 많이 해 봤잖아. 토의는 여러 사람이 함께 문제를 해결하기 위해 의견을 말하는 것이지만 토론은 그런 게 아니야. 토론은 문제에 대해 생각이 다른 사람들이 의견을 말하는 거야. 서로 생각이 다른 사람들이 자신의 의견을 주장하는 거야. 의견이 다른 사람들이 자기 옳다고 말하기 때문에 토론하는 것을 보면 싸운 것처럼 보이기도 해. 그런데 토의는 서로 협동하는 거야. 이렇게 토론과 토의는 다르다는 것을 꼭 기억해야 해. 애들아, 모두 다 알았지?

(6) 학생들: ((큰소리로 다같이)) 예.

— 〈최현섭 외(2010), 『선생님 말에 상처 받았니?』 169~170〉

나. 설명화법 토의하기

※ 다음과 같은 방법으로 짝과 함께 종이접기를 해 봅시다. 그리고 이 과정에 드

러난 설명의 문제점과 효과적인 설명 방법에 대해 토의해 봅시다. (준비물: A4
용지 각 1매)

종이접기 방법	토의 내용
1. 두 사람이 서로 등지고 앉는다. 2. 왼쪽에 앉은 사람이 종이를 접거나 자르거나 오리면서 설명한다. 3. 오른쪽에 앉은 사람은 설명을 듣고 그대로 따라 한다. 4. 서로가 접은 종이 모양을 비교해 본다. 5. 서로의 모양이 다른 까닭에 대해 이야기해 봅시다.	− 설명하는 사람의 문제와 효과적인 방법 − 설명하는 언어의 문제와 효과적인 방법 − 설명 듣는 사람의 문제와 효과적인 방법

다. 설명화법 연습하기

※ 조별로 다음 중 하나를 골라 그것에 대해 각자 설명해 봅시다. 그리고 누구의
설명이 가장 이해하기 쉬운지 정하고, 그 까닭도 말해 봅시다. 이때 설명하는
사람은 교사, 설명을 듣는 사람은 학생으로 가정합니다.

토의, 한국인의 정情, 개미의 생김새, 먹이 피라미드, 동물의 종류, 자동차의 구조, 줄
넘기 2단 뛰기, 컴퍼스를 사용하여 지름이 10cm인 원 그리기, 상대성 원리, 협력, 행
복, 어머니, 시간, 침묵 등

지시화법

— 말 하지 않고 지시하기

학생에게 무언가를 지시할 때 한 번에 한 가지 행위만 수행할 수 있게 해야 한다. 한꺼번에 여러 가지 지시를 하게 되면 학생은 어떤 행위를 수행해야 하는지 파악하는 데 혼란스러워 할 수 있다. 하나의 지시에 하나의 행위를 수행하게 해야 한다.

1. 지시화법의 이해

가. 지시화법의 개념

교사가 교실에서 주로 사용하는 말은 설명, 질문, 지시 등이 있다. 교사의 설명은 학생에게 행위를 요구하지 않지만, 질문과 지시는 어떤 행위를 요구한다는 측면에서 차이가 있다. 질문과 지시는 학생에게 요구하는 행위의 속성에 따라 다시 나눌 수 있다. 질문은 학생에게 언어적인 행위를 요구하지만 지시는 신체적 행위를 요구한다. 누군가에게 지시를 한다는 것은 화자가 원하는 바를 다른 사람이 인식하여 어떤 행동을 하도록 또는 하지 않도록 하기 위한 시도이다. 지시하는 사람은 듣는 사람이 미래에 어떤 행동을 하도록 요구하는 말을 사용하여 말하는 사람의 바람을 드러낸다. Searle(1976)은 지시가 말하는 사람이 듣는 사람에게 어떤 행위를 하도록 시도하는 의사소통 목적을 갖고 있다고 하였다. 또한 지시로 인해 수행될 행위는 말한 이후에 나타나는 특징을 갖고 있다. 예를 들어, 학생이 '한 줄로 선다.'는 행위는 교사가 "한 줄로 서요."라고 지시한 이후에 비로소 실현되는 것이다.

지시화법은 대개 신체적 행위 수행과 관련된다. 반면에 질문이나 설명은 주로 인지적인 행위 수행과 관련된다. 따라서 수업 장면에서 교사의 지시화법은 수업대화 중에서 교사가 학습 활동이나 수업 운영을 목적으로 학생에게 어떤 행동을 요구하거나, 명령하거나, 통제하는 말하기를 뜻한다고 볼 수 있다. 이때 지시화법은 교사가 학생에게 전달하는 말에만 한정되는 것이 아니라 교사의 말에 따라 이루어지는 학생들이 언어적, 비언어적 행동을 취하는 일련의 반응(이행)까지를 포함하여 지시 발화의 연속체로 살펴보아야 한다. 지시 발화의 연속체로 살펴보아야 교사의 지시가 학생에게 어떻게 실현되고, 후속 발화를 수행하는 양상을 확인할 수 있기 때문이다. 예를 들어, 교사가 학생에게 지시를 하면 학생은 그 지시를 이행하거나 이행을 거부할 수 있다. 학생이 교사의 지시를 이행할 경우에 교사는 학생의 이행 여부를 확인하며, 이행을 거부할 경우에는 재지시를 하거나 제재를 가하거나 단념하게 된다. 또한 교사의 지시에 대해 학생은 이의를 제기하거나 되묻기를 할 수 있다. 이렇게 학생이 이의제기나 되묻기를 할 경우에는 교사는 설명이나 질문의 방식을 취하거나 재지시를 할 수도 있다.

나. 지시화법의 유형

수업 시간에 교사가 하는 지시화법은 먼저, 지시하는 방식에 따라 언어적인 방식과 비언어적인 방식으로 나눌 수 있다. 교사는 언어적인 요소를 사용하여 지시를 하지만 표정, 손짓 등과 같은 비언어적인 요소를 사용하여 지시를 하기도 한다. 다음으로, 교사의 지시화법을 지시하는 대상에 따라 수업 내용과 관련이 있는 지시와 수업 분위기 조성과 같은 수업 운영과 관련된 지시로 구분할 수 있다.

1) 언어적 지시와 비언어적 지시

언어적 지시는 언어적인 요소를 사용하여 지시하는 발화를 말한다. 교사가 지시할 때 "왼손에 들고 있는 채만 움직여서 장구를 쳐 봅시다.", "진수가 한 번 앞으로 나와서 친구들에게 공 던지기 자세를 보여주세요."와 같이 언어적으로 지시를 하는 경우이다. 일반적으로 언어적 요소를 사용하면 분명하고 명확하게 지시할 수 있다. 교사 한 명과 여러 명의 학생이 의사소통하는 교실에서는 언어적 방식으로 분명하고 명확하게 지시를 해 주어야 한다. 그래야 학생들이 행동하는 데 혼란을 겪지 않기 때문이다. 예를 들어 교사가 과학 실험 시간에 준비물을 나눠주면서 "모둠별로 과학 준비물 가져가세요."라고 말하는 상황을 떠올려 보자. 이 때 여러 명의 학생이 우르르 나와 서로 부딪치며 교실이 어수선해진다. 학생들은 모둠에서 '누가' 나가서 '무엇을' 받아야 하며 '어떤(어떻게)' 차례로 준비물을 받고 자리로 돌아와야 하는지 혼란스러워한다. 학생들은 자기가 생각하는 방식대로 교사의 지시를 이행하기 때문이다. 또한 교사가 학생들에게 동시에 어떤 자료를 읽게 하려고 "자, 다 같이 여기를 한 번 읽어 봅시다."와 같이 지시하는 장면을 떠올려 보자. 이 때 학생들이 잠시 주춤하며 교실에 순간적으로 정적이 흐른다. 학생들은 동시에 행동을 시작해야 하는 적절한 시점을 찾지 못하고 있기 때문이다. 이런 문제가 일어나지 않도록 하기 위해 교사는 "시작"과 같은 읽는 행위의 시작 시점을 지시해 줄 수 있다.

교사가 언어적인 방식으로 지시하는 이유는 교사와 학생 사이에 사용하는 언어의 특성 때문이기도 하다. 일상 대화에서는 면대면 대화를 하기 때문에 말할이의 메시지를 파악하기 위한 말투, 표정, 몸짓과 같은 비언어적 단서가 풍부하다. 그러나 수업 시간은 이러한 면대면 대화를 하기 보다는 공간적으로 좀 더 떨어진 상황에서 대화하기 때문에 상대방의 비언어적 요소를 쉽게 파악하기가 어렵다. 또한 대화에서 다루는 내용 역시 추상적인 성격이 많다. 따라서 교사는 언어적인 요소를 사용하여 학생이 이행해야 할 내용을 분명하게 표현하고 추상적인 내용도 구체화해주어야 한다.

비언어적 지시는 비언어적 요소를 사용하여 지시를 하는 것을 뜻한다. 학생들이 수업에 집중하지 않고 떠들고 있을 때 교사는 그 학생을 한 동안 응시한다. 그러면 학생들은 떠드는 것을 멈추고 교사를 주목한다. 교사가 "수업에 집중해.", "여기를 봐요."와 언어적인 방식으로 지시를 하지 않았지만 학생들을 쳐다보는 것과 같은 비언어적 요소를 사용하는 것만으로도 학생들에게 지시의 메시지를 충분히 전달한다. 비언어적인 요소는 언어적 요소에 비해 지시하는 내용을 상세하고 명시적으로 나타내는 데 한계가 있지만 학생을 통제하는 데는 더 효과적일 때가 있다. 그리고 비언어적 지시는 언어적으로 지시를 할 경우 생길 수 있는 반발심을 줄여 줄 수 있다.

교사는 비언어적 지시를 사용하여 학생의 바람직하지 않은 행위를 통제할 뿐만 아니라 바람직한 행위를 촉진하기도 한다. 교사가 학생들에게 "그래, 지금 잘 하고 있으니 계속해서 해봐.", "더 많은 학생이 참여해 봐."와 같이 언어적인 방식으로 표현한다면 학생들은 교사의 지시 내용에 부담을 갖게 될 것이다. 또한 학생이 말이나 행동을 이어가는 상황을 단절시킬 수도 있다. 학생이 교사의 말을 듣기 위해 순간적으로 자신의 말이나 행동을 멈출 것이기 때문이다. 그러나 교사가 허용이나 긍정의 표정을 짓거나 참여를 유도하는 손짓 등 비언어적인 방식으로 표현한다면 학생은 자신이 수행하고 있는 행동의 연속성을 유지할 수 있을 것이다.

2) 수업 내용 지시와 수업 운영 지시

수업 내용 지시는 학습 주제나 목표와 직접 관련이 있는 지시 발화를 말한다. 수업목표를 달성하기 위해 교사는 학생에게 언어적 행위나 신체적 행위를 하도록 지시한다. 이러한 언어적, 신체적 행위는 주로 지식의 구성이나 지식의 활용에 관한 것이다. 예를 들면, 교사가 학생과 상호작용을 통해 학생의 언어활동을 촉진시킴으로써 개념을 형성시켜주고자 할 때 교사는 대개 "말 해보세요.", "조사한 내용을 적어 보세요."와 같은 지시를 한다. 학생은 교사의 지시에 따라 수행함으로써 자신의 머릿속에 있는 추상적인 의미가 무엇인지를 스스로 파악할 수 있게 된다. 이렇게 파악된 의미는 다른 사람과 소통하면서 더욱 구체적이고 정교한 모습을 띠게 된다. 따라서 교사는 학생의 의미 구성 과정에 적절히 개입하여 학생이 주체적으로 의미를 구성하도록 지시한다.

수업 내용 지시는 학생이 갖고 있는 지식의 활용과도 관련이 있다. 학생이 구성한 지식을 내면화하거나 확장시키기 위해 교사는 학생에게 언어적, 신체적 행위를 하도록 지시한다. 예를 들면, 학생들이 알게 된 내용을 적용하거나 반복하여 연습시키려고 할 때 교사는 대개 "친구들과 찾는 방법을 떠올리며 읽어 보세요.", "모둠 별로 지금부터 연습해 보세요."같은 지시를 한다. 학생은 교사의 지시에 따라 언어적, 신체적 수행을 하면서 자신이 구성한 지식을 내면화하거나 확장해 나간다.

수업 운영 지시는 수업의 내용과 직접 관련된 내용을 지시하기 보다는 수업의 원활한 운영과 관련이 있는 지시 발화이다. 수업의 운영을 위해 교사가 학생들에게 주의를 집중시키려고 하거나 수업에 참여하도록 유도하는 경우에 지시 발화를 사용한다. 교사는 수업 운영과 관련된 지시를 수업 전반에 걸쳐 폭 넓게 사용한다. 수업을 시작하기 전에 교과서를 펴게 하거나 수업 진행 도중에 주의가 산만한 학생에게 경고를 하거나 수업에 집중하도록 지시한다. 특히 교사와 학생의 의사소통 구조가 복잡한 교실 대화 상황에서는 대화에 집중하도록 약정된 기호를 많이 사용한다. 예를 들면, 교사가 "3학년"이라고 선창하면 학생들이 "2반"하고 후창을 하며 손뼉을 치고 교사를 주목한다. 교사로부터 말차례를 얻어 발표를 하는 학생이 "○○○이 발표하겠습니다."라고 말하면 듣는 입장에 있는 나머지 학생들이 "잘 들어 봅시다."와 같이 동시에 말한 후 발표하는 학생을 주목한다.

수업 운영과 관련된 지시는 수업 내용을 다루기 위한 환경을 형성하는 데도 도움을 준다. 거시차원에서 한 차시 전체를 볼 때 교사는 이러한 지시를 주로 도입 부분에서 한다. 일반적으로 '수업 분위기 조성하기'라고 하는데, 준비물을 꺼내게 하거나 바른 자세를 취하도록 하거나 마음 상태를 조절하도록 하는 등의 지시를 말한다. 그러나 미시차원에서 교사와 학생의 상호작용이 이루어지는 개별 행위를 보면 교사는 수업목표와 관련된 목표 활동을 본격적으로 하기 전에 목표 활동을 위한 환경을 조성하기 위해 지시를 한다. 예를 들어 교사가 어떤 실험을 하기 전에 학생들에게 실험의 효과를 높이기 위해 또는 실험 과정 중에 일어날 수 있는 돌발 사태를 미연에 방지하기 위해 행동을 통제하는 지시를 하는 경우이다.

수업 운영 지시를 적절하게 사용하면 학생들의 행동을 통제할 수 있고 정해진 수업 시간을 효율적으로 사용할 수 있다. 그러나 수업 운영 지시가 너무 많으면 수업의 연속성이 끊기고 통제 일변도의 분위기로 흘러가기 쉽다. 초등학교 저학년의 수업을 보면 수업 내용 관련 발화 보다 수업 운영 발화가 더 많다. 이는 초등학교 저학년은 발달 특성상 주의집중 시간이 상당히 짧을 뿐 아니라 학교 수업이라는 새로운 대화 환경이나 수업 문화에 익숙하지 않기 때문에 교사가 수시로 수업 운영 관련 지시를 하기 때문이다.

교사화법

2. 지시화법의 방법

교사의 지시화법은 학습 활동이나 수업 운영을 원활히 하기 위해 학생에게 어떠한 행위를 요구하는 언어적, 비언어적 화법이다. 이러한 지시화법의 하위 범주로는 명령, 요청, 부탁, 충고 등이 있다. 여기에서는 교사의 지시를 언어적인 방식과 비언어적인 방식으로 나누고, 언어적인 지시에서 교사의 지시 의도가 학생에게 직접적으로 드러나는가, 간접적으로 드러나는가에 따라 구분하여 살펴본다.

가. 언어적인 표현을 사용한 지시

1) 직접적인 지시

직적접인 지시는 명령문 형식과 행위 동사를 서술어로 사용하여 교사가 원하는 행동을 학생에게 직접적으로 지시하는 경우이다. 이는 교실에서 흔히 관찰되는 지시의 방법으로 "책 읽어요.", "조용히 해요."와 같은 발화가 있다. 직접적인 지시 방법은 교사가 학생에게 전달하고자 하는 내용이 명료하게 드러난다. 하지만 행위의 구속력이나 강제성도 직접적으로 드러나기 때문에 학생이 갖는 부담은 클 수 있다.

> **[자료 5-1]**
> (가-1) 교사: 자기 주변을 깨끗하게 정리해라.
> (가-2) 교사: 자기 주변 정리.
> (나) 교사: 영수가 책을 읽어주어요.
> (다) 교사: 지금은 준비물을 만지지 말아요.

[자료 5-1]은 명령문 형식을 이용한 교사의 지시를 보여주는 예이다. 수업 상황에서 (가-1)과 (가-2)와 같이 학생의 신체적 행위나 (나)와 같은 학생의 언어적 행위와 관련된 지시를 하는데 많이 사용된다. 직접적인 지시는 명령의 의미를 나타내는 행위 동사를 서술어로 사용하는데, (가-1)과 같이 완전한 문장의 형태를 갖춘 경우도

있지만 (가-2)와 같이 완전한 문장의 형태가 아닌 단어나 구 형태로 실현되기도 한다. (다)의 경우는 금지 명령을 직접 지시한 경우이다.

2) 간접적인 지시

간접적인 지시는 명령문 이외의 형태로 지시하는 방식이다. 간접적인 지시는 교사가 지시하는 바가 명료하게 드러나지 않아 학생이 메시지를 파악하는 데 모호함을 느낄 수도 있다. 하지만 행위의 구속력이나 강제성이 직접적인 지시보다 약하여 학생이 느끼는 부담감이 직접적인 지시보다 적을 수 있다. 나아가 학생의 체면을 세워주거나 학생의 입장을 배려하는 지시 발화가 될 수도 있다.

간접적인 지시 방법으로는 평서문, 청유문, 의문문 등의 형태를 이용한 방식이 있다. 먼저, 교사가 학생에게 지시할 내용을 평서문 형태로 발화하는 방식이다. 교사는 평서문 형태로 상황을 진술하거나, 당위적 내용이나 금지의 내용을 진술하거나, 요청 동사 등을 사용하여 학생에게 지시의 효과를 나타낸다.

[자료 5-2]
(가) 교사: 하민아, 거기 뒷문이 열려 있다.
(나) 교사: 수업 중에는 바른 자세로 앉아야 합니다.
(다) 교사: 지금은 리코더를 만지면 안 됩니다.
(라) 교사: 저기, 민지가 떠들고 있는데, 조용히 하고 문제를 풀길 부탁합니다.
(마) 교사: 민철이는 앞구르기를 할 때 고개를 더 숙였으면 좋겠어요.

[자료 5-2]는 평서문 형태를 이용한 지시의 예이다. (가)는 교실 뒷문이 열려 있어서 교사가 하민이에게 문을 닫으라고 지시하는 상황이다. 교사는 하민이에게 '문을 닫으라.'는 지시를 직접 하지 않고 있지만, 뒷문이 열려 있다는 상황을 평서문 형태로 알려 주는 것만으로 하민이가 문을 닫는 행위를 수행하도록 지시한다. (나)는 수업 중에 학생들의 자세가 흐트러지자 교사가 이를 바로 잡기 위해 지시하는 상황이

다. 학생들이 마땅히 그렇게 행동해야 한다는 당위적인 행위를 '~해야 한다.'는 당위의 표현을 사용하고 있다. (다)는 음악 시간에 리코더 연주에 앞서 교사가 설명을 하면서 학생들이 악기를 만지지 말라고 지시하는 상황이다. 학생이 어떠한 행위를 하면 안 된다는 금지의 내용을 '~하면 안 된다.'와 같은 평서문의 형태로 말하고 있다. (라)는 수학시간에 민지가 다른 친구와 떠들고 있는 상황에서 교사는 민지의 잘못된 행동을 지적하면서 수학 문제를 풀도록 지시하는 상황이다. 민지에게 지시할 내용을 '부탁한다'라는 요청 동사를 명시적으로 사용하고 있다. (마)는 체육 시간에 매트에서 앞구르기를 할 때 교사가 민철이의 자세를 교정해주며 다음 번에 앞구르기를 할 때에는 고개를 더 숙이라고 지시하는 상황이다. '~하면 좋겠다.'와 같이 교사의 요청을 암시적으로 나타내는 서술어를 사용하고 있다. [자료 5-2]와 같은 방식은 명령문 형태를 사용한 직접 지시가 아님에도 학생에게 문을 닫게 하고, 자세를 바르게 하고, 악기를 만지지 않게 하고, 수학 문제를 풀게 하고, 고개를 숙이게 하는 지시의 효과를 나타낸다.

다음으로, 교사가 학생에게 지시할 내용을 청유문 형태로 발화하는 방식이 있다. 청유문 표현은 학생의 행동을 교사와 함께 하자는 의미가 내포되어 있어 완곡한 지시로 느껴지며 학생이 받는 부담이 적은 지시의 방법이라고 볼 수 있다.

> **[자료 5-3]**
>
> (가) 교사: 이제 화면을 보고 오늘의 과제를 해결해 보자.
>
> (나) 교사: 복도에서 뛰지 맙시다.

[자료 5-3]은 청유문 형태를 이용한 지시의 예이다. (가)는 컴퓨터 시간의 정리 단계에서 적용문제를 풀어보라고 지시하는 상황이다. (나)는 학생들이 뛰지 않고 차분하게 통행하자고 말하거나 글로 게시되어 있는 상황이다. (가)는 '-자'와 같은 전형적인 청유문 형태의 발화이고, (나)의 경우와 같이 주어를 불특정 다수를 지칭할 수도 있다. 청유문의 형태도 지시의 효과를 갖지만, '해결하라', '뛰지 마라'와 같은 직

접 명령 형태에 비해 강제력이 다소 약하고 학생의 참여를 유도하는 인상을 준다.

끝으로, 교사가 학생에게 지시할 내용을 의문문 형태로 발화하는 방식이 있다. 형태상으로는 의문이나 의미상으로 지시의 효과를 갖는 일종의 수사 의문문이라고 할 수 있다.

[자료 5-4]

(가) 교사: 43쪽을 펴 볼까요?

(나) 교사: 지금 누가 떠들고 있을까요?

[자료 5-4]는 의문문 형태를 이용한 지시의 예이다. (가)는 수업을 시작하기 전에 학생들이 교과서를 펴도록 지시하는 상황이다. (나)는 학생들이 교사에게 집중하지 않고 소란스러워지자 교사가 학생들에게 집중하라는 지시하는 상황이다. (가)와 (나)는 의문문의 형태를 띠고 있지만 학생들이 대화의 맥락을 파악한다면 교사가 지시하고 있다는 것을 쉽게 알아차릴 수 있다. 하지만 초등학교 저학년의 경우는 수사 의문문을 파악하지 못하고 (가)의 상황에서 "네"라고 대답만 하고 책을 펴지 않거나, (나)의 상황에서 "진영이가 떠들고 있어요."라고 엉뚱한 대답하기도 한다. 그러므로 수사 의문문을 포함한 간접 지시의 방법을 사용할 때에는 학생들이 대화의 맥락이나 교사 발화의 의도를 파악할 수 있는지를 고려해야 한다.

나. 비언어적인 표현을 사용한 지시

비언어적 표현을 사용하면 교사가 지시하고자 하는 메시지를 보완하거나 강조하며 효과적으로 표현할 수 있다. 체육 수업을 시작하려고 운동장에서 놀고 있는 학생들에게 줄을 서게 할 때 다음과 같은 비언어적 표현을 사용하여 지시할 수 있다.

[자료 5-5]

(1) 학생들: ((운동장에 삼삼오오 모여서 다양한 놀이를 하고 있다.))

(2) 교사: ((호루라기를 분다.)) 4반 모여요.

(3) 학생들: ((교사 앞으로 모인다.))

(4) 교사: ((양손의 검지를 각각 펴서 머리 위로 높이 든다.))

(5) 학생들: ((여학생 한 줄, 남학생 한 줄로 모인다.))

(6) 교사: ((호루라기를 한 번 불며 양 팔을 뻗어 90도 각도로 든다.))

(7) 학생들: ((교사를 따라 팔을 '앞으로 나란히' 자세를 취하며 앞 뒤 간격을 유지한다.))

[자료 5-5]는 교사가 비언어적 표현을 활용하여 지시를 하고 있는 예다. 교사는 운동장에서 놀이를 하고 있는 학생들이 교사 앞에 남학생 한 줄, 여학생 한 줄로 모이도록 지시한다. 이때 교사는 (4)와 같이 여학생 한 줄, 남학생 한 줄로 모이라고 말하지 않고 양손의 검지를 각각 펴서 머리 위로 높이 드는 비언어적인 행위만으로 남학생과 여학생이 한 줄로 모일 것을 지시한다. 그리고 남학생 한 줄, 여학생 한 줄로 대형을 갖출 때 까지 계속 팔을 들고 있다. "얼른 한 줄로 서요.", "한 줄씩 맞추어요."와 같이 소리치지도 않고, 양손의 검지 하나를 계속 들고 있음으로써 지시의 메시지를 전달한다. 앞 뒤 간격을 맞추어 줄을 서라는 지시 행위도 교사가 '앞으로 나란히' 자세를 취함으로써 계속 전달하고 있다. 이와 같이 비언어적 행위를 적절하게 사용하면 교사가 큰 소리로 말하거나 같은 지시를 반복하는 등의 불필요한 언어적인 지시 행위를 줄일 수 있다.

비언어적 행위를 사용할 때는 언어적 행위와 비언어적 행위를 같이 사용할 수도 있고, (4)와 같이 비언어적 행위만을 사용할 수도 있다. 비언어적 행위를 사용한 지시가 충분하지 못할 때 교사는 언어적인 방식으로 명료하게 표현해 주어야 한다. 비언어적 지시가 더 직관적이고 효율적이라고 판단할 때에는 비언어적인만 사용할 수도 있다. 예컨대, 학생에게 말차례를 지정할 때 "한번 말해 볼 사람 ((교사가 자신의 손을 든다.))"라고 말하면서 교사가 자신의 손을 든다면, '말차례를 얻고 싶은 학생은 손을 들라'라는 지시를 직관적이고 분명하게 표현할 수 있다.

다. 지시화법의 유의점

1) 내용을 명확하게 지시하라

교사가 학생에게 지시를 할 때는 학생이 지시의 내용을 명확하게 파악할 수 있도록 발화해야 한다. 학생이 지시를 이행할 주체, 대상, 내용 등이 무엇인지 구체적으로 파악할 수 있게 해야 한다.

[자료 5-6]

(가) 교사: 진수야 네 색종이 좀 가지고 와 볼래?

(나) 교사: 진수야, 오리고 남은 색종이 조각 있지? 보라색만 좀 가지고 와 볼래?

[자료 5-6]은 종이를 여러 번 접어서 오릴 때 다양한 모양을 만드는 수업의 장면이다. 교사는 어떤 학생이 오리고 남은 종이에서 새로운 형태를 발견하고 이를 학생들과 함께 공유하고자 한다. 그래서 그 학생에게 (가)와 같이 발화 했는데, 학생은 교사가 의도한 색종이가 아니라 지금 오리고 있는 종이를 가지고 온다. 교사는 학생이 가지고 온 종이가 무엇인지를 분명하게 가리키지 않았기 때문에 교사의 의도대로 학생이 지시 행위를 이행하지 않았다. 교사는 다시 말할 것이다. "아니, 그거 말고, 책상 위에 남은 색종이." 그리고 이어서 "보라색만 가지고 와 봐요."라고 말한다. 하지만 (나)와 같이 학생이 수행할 행위의 대상을 분명하게 알려준다면 교사가 의도한 발화가 제대로 작동했을 것이고, 추가 발화도 없었을 것이다. 학생의 입장에서 혼란이나 불편함도 없었을 것이다.

교사가 지시를 했는데 학생이 교사의 지시를 이행하지 않은 때가 종종 있다. 학생에게 그 이유를 물으면 지시를 이행할 주체가 누구인지, 이행 내용이 무엇인지 명확하게 파악하지 못했다고 대답하는 경우가 의외로 많다. 학생이 교사의 지시를 거부한 것이라고 자칫하면 오해할 수도 있는 부분이기도 한다. 하지만 교사가 학생에게 보다 명확하게 지시를 했다면 애초에 학생의 지시 미이행과 같은 상황이 일어나지 않았을 수도 있다.

따라서 교사가 학생에게 지시할 때 학생이 지시 이행에 필요한 정보를 좀 더 명확하게 파악할 수 있도록 발화할 필요가 있다. 또한 학생이 지시의 내용을 잘못 이해하거나 제대로 파악하지 못할 때에는 교사에게 지시의 내용을 되물을 수 있도록 교육할 필요도 있다.

2) 한 번에 하나씩 지시하라

학생들에게 지시를 할 때에는 한 번에 하나의 행위를 수행하도록 지시해야 한다. 교사가 지시를 할 때 학생이 한꺼번에 많은 행위를 수행하게 하면 지시의 초점이 흐려지기 때문이다. 학생들이 이행할 지시의 내용이 너무 많아지면 학생들이 지시의 내용을 정확하게 파악하기도 어려울 수 있다. 또한 학생들마다 이행하는 행위 내용이나 이행 순서가 달라 분위기가 혼란스러워질 수도 있다.

[자료 5-7]
(가) 교사: 책상 위 정리하고 화장실 갔다 와서 신발주머니 들고 복도에 줄 서요. 물 먹을 사람은 미리 물 먹고.
(나) (1) 교사: 책상 위 정리를 해요.
　　(2) 학생들: ((책상 정리를 완료한다.))
　　(3) 교사: 화장실 갔다 올 사람 갔다 오고, 물 먹고 올 사람은 물 먹고 와요.
　　(4) 학생들:((화장실을 갔다 오거나 물을 먹고 자리에 앉는다.))
　　(5) 교사: 신발주머니 들고 복도에 줄 서요.

[자료 5-7]은 학급 교실에서 다른 장소로 이동하기 위해 교사가 학생들에게 복도에 줄 서라고 지시하는 장면이다. (가)의 경우 교사는 하나의 발화에 '책상 위 정리',

'화장실 갔다 오기', '실발주머니 들기', '복도에 줄 서기', '물 먹기'의 5개 지시 행위를 표현하고 있다. 이럴 경우 학생들은 책상 위를 먼저 정리하지 않고 바로 복도에 줄 서는 학생이 있을 수 있고, 화장실만 갔다 복도에 줄을 서는 학생이 있거나 물만 먹고 복도에 줄을 서는 학생이 있을 수 있다. 그러나 (나)와 같이 학생이 수행할 행위를 적당한 단위로 나누어서 지시하게 되면 학생이 행위를 수행하는데 혼란을 겪지 않고, 혼란스러워지는 분위기를 막을 수 있다.

3) 행위 시작의 표지를 알려 주라

학생들이 단체로 어떤 행위를 수행하도록 할 때에 그 행위의 시작을 나타내는 표지를 분명하게 알려 주어야 한다. 그렇지 않을 경우 학생들이 행위를 시작하는 지점을 분명하게 파악하지 못해 동시에 지시 행위를 이행하지 못할 수가 있다.

[자료 5-8]

(가) 교사: 선생님이 방금 나누어 준 시를 다 같이 읽어 봅시다.

(나) 교사: 선생님이 방금 나누어 준 시를 다 같이 읽어 봅시다. 시작.

[자료 5-8]은 시를 다루는 국어 시간에 교사가 학생들에게 추가 자료를 제시하여 함께 읽는 장면이다. 교사는 "선생님이 방금 나누어 준 시를 다 같이 읽어 봅시다." 라고 지시한다. (가)의 경우 교실에는 잠깐 동안 정적이 흐른다. 그리고 몇몇 학생이 시를 읽기 시작한다. 또 몇몇 학생은 시차를 두고 시를 읽기 시작한다. 교사는 학생들이 한 목소리로 함께 시를 읽기를 기대했지만 돌림노래마냥 제각기 다르게 시를 읽음으로 교실은 웅성웅성거린다. 하지만 (나)와 같이 학생들이 시를 읽는 행위를 동시에 시작할 수 있도록 교사가 "시작"이라는 행위 시작의 표지를 명시적으로 발화했다면 이러한 혼란을 줄일 수 있었을 것이다. 이처럼 학생들에게 동시 행위를 요구할 경우 "시작"과 같은 시작의 표지를 분명하게 발화할 필요가 있다.

교사화법

4) 부정형보다는 긍정형으로 지시하라

교사가 학생에게 지시를 할 때 부정적이거나 금지하는 표현보다는 긍정적이고 권장하는 표현이 바람직하다. 부정적이거나 금지형 표현을 들은 학생은 행위 수행의 기준을 부정적인 측면에 초점을 맞추게 된다. 그래서 어떤 행동을 촉발하고자 하는 태도보다는 억제해야 한다는 소극적인 태도를 가질 수 있다.

[자료 5-9]
(가) 복도에서 뛰지 마라.
(나) 복도에서 사뿐사뿐 걸어라.

[자료 5-9]는 복도에서 뛰어다니는 학생에게 안전하게 통행하라는 주의를 주고 있는 장면이다. 학생들이 복도에서 뛰어 다니면 소란스러울 뿐 아니라 학생들끼리 충돌할 수도 있다. 그래서 대개 교사는 그러한 위험 요소에 초점을 두어 (가)와 같이 '~을 하지 마라.'고 말한다. 교사의 지시를 들은 학생은 뛰지 않고 조용히 걷는다. 하지만 조용히 걷는 행위를 금지 기준에 맞추게 되므로 학생들이 소극적이고 부정적인 가치관을 가질 수 있다. 그래서 교사가 볼 때에는 잘 지키지만, 그렇지 않을 때에는 어김없이 뛰어 다니기도 한다. (나)와 같이 표현하면 학생들에게 자신이 이행할 행위를 긍정적인 측면에서 살펴보게 하고, 긍정적인 가치관을 갖게 할 수 있다. "복도에서 사뿐사뿐 걸읍시다."라고 권장 형태로 한다면 지시로 인한 구속성도 덜 가지게 된다.

5) 부정적인 메시지가 전달되지 않도록 비언어적 표현에 주의하라

교사는 메시지를 분명히 하거나 효과적으로 사용하기 위해 비언어적 표현을 사용하기도 한다. 비언어적 표현은 메시지를 보충하거나 강조하는 효과가 있지만 비언어적 표현에 의도하지 않았던 메시지가 담길 수 있으므로 주의할 필요가 있다.

(1) 학생: 선생님 이 거 어디에나 두어요?

(2) 교사: ((컴퓨터 자판을 치며 턱을 들어 바구니를 지시한다.)) 저쪽에 놓으면 돼요.

[자료 5-10]는 수업 후 쉬는 시간에 교사가 컴퓨터 자판을 치며 업무를 보고 있는데, 학생이 다가오며 가정 통신문 회신문을 어디에 두는지 묻고 있는 장면이다. 교사는 컴퓨터 자판을 치고 있는 터라 턱으로 회신문을 놓는 바구니를 가리키며 "저쪽에 놓으면 돼요."라고 말한다. 교사의 이러한 비언어적 행위는 학생을 존중하고 교사로서 정성을 다하고 있지 않다는 불필요한 메시지를 전달할 수 있다.

이 외에도 학생을 향해 손가락으로 가리키는 행위 등은 비난을 뜻하는 메시지가 전달 될 수 있고, 교사가 팔짱을 끼거나 바지 주머니에 손을 넣고 학생을 내려다보며 말하는 경우에도 위압적인 메시지가 전달 될 수 있으므로 주의해야 한다.

6) 지시 이행의 주도권을 학생이 갖도록 하라

교사가 지시를 하면 지시 속성상 행위의 구속력과 강제성이 따르게 된다. 교사는 '시킨다'는 행위로 자신의 권위가 실현되기를 바라지만 학생은 강제성을 띤 상황에 대해 반발심을 가질 수도 있다. 학생의 반발심을 줄이기 위해 학생 스스로 행위를 선택하여 교사의 지시를 이행할 수 있게 해야 한다.

[자료 5-11]

(가-1) 책꽂이 정리해라.

(가-2) 책꽂이에 책 좀 정리할까?

(가-3) 책꽂이에 책 정리가 안 되어 있네.

(나) (1)영빈: ((교실 출입문을 닫지 않고 들어와 자리에 앉는다.))

(2)교사: 영빈아, 문 닫아라.

(3)영빈: ((출입문으로 걸어가서 문을 거칠게 닫는다.))

(4)교사: 영빈이 너, 지금 뭐하자는 거야?

(5)영빈: 문 닫고 왔는데요?

(6)교사: 뭐라고?

[자료 5-11]의 (가-1~3)은 학급 책꽂이가 정리되어 있지 않은 것을 보고 교사가 학생에게 정리하라는 지시를 하고 있는 장면이다. (가-1)은 명령의 형태를 띠고 있다. 학생은 교사의 지시에 수동적으로 따라야하는 입장이다. 지시를 이행하지 않을 경우 교사의 제재가 있을 지도 모른다고 생각할 것이다. 그러나 (가-2)와 (가-3)의 경우는 학생이 일정 부분의 주도권을 갖고 지시 이행을 선택할 수 있다. 학생이 보다 더 자율적이고 적극적으로 지시를 이행할 수 있다.

학생이 행위 수행의 주도권을 가지면 학생의 반발심을 줄이고 교사와 학생 사이에서 생기는 갈등도 막을 수 있다. (나)는 학생이 교실 출입문을 닫지 않고 자리에 앉자 교사가 학생에게 문을 닫으라고 지시하는 장면이다. 영빈이는 자신이 문을 닫지 않았다는 것을 알지만 지시받는 것 같아 귀찮기도 하고 기분이 좋지 않았다. 그래서 문을 거칠게 닫아 버렸다(3). 교사는 영빈이의 반응이 지시를 한 교사에게 도전하는 것 같아 몹시 화가 났다. 교사는 교사대로 학생은 학생대로 자신의 입장에서 승자가 되려는 마음 때문에 마음에도 없는 말과 행동을 할 수 있다(4~5). 급기야 서로가 마음의 상처까지 얻게 될 수 있다. 하지만 서로 승자가 되려 하기 보다는 서로의 체면이나 입장을 존중하면서 승패가 무의미한 '비승부'의 태도를 취한다면 심각한 상황에까지 이르지 않을 수 있다. 교사가 "영빈아, 문이 열려있네."라고 문이 열려 있는 상황을 객관적으로 말한다면 영빈이는 "아! 그렇군요."라고 하면서 출입문을 닫음으로써 교사와 더 이상의 감정 대립도 생기지 않을 것이다.

3. 지시화법의 적용

가. 지시화법 분석하기

※ 아래 [대화 자료 1]을 보고, 붓글씨를 쓴 후 뒷정리를 하는 교사의 지시화법에
서 드러난 문제점을 분석해 봅시다. 그리고 내가 교사라면 어떻게 지시할 것인
지 토의해 봅시다.

[대화 자료 1]

　김 교사는 미술 시간에 붓글씨 쓰기 활동을 하였다. 두 시간에 걸친 수업을 마치고
뒷정리를 하려고 한다. 책상에는 학생들이 사용한 먹물, 벼루, 먹물이 묻은 붓, 글씨
를 쓴 종이, 깔개, 서진 등이 빈틈없이 자리 잡고 있다. 특히 서예 붓은 활동을 막 마
친 터라 먹물을 가득 머금고 있고, 벼루에도 역시 먹물이 남아 있다.

(1) 교사: 이제, 판본체 쓰기 연습을 마치겠어요. 마무리하고 다음 수업 준비를 합시다.

(2) 지영: 선생님, 이 붓에 묻은 먹물은 어떻게 해요?

(3) 교사: 네, 화장실에서 붓을 빨고 물기를 빼 가지고 오세요.

(4) 용준: 그냥 집에 가져가면 안 돼요?

(5) 교사: 그냥 가지고 가면 붓이 딱딱하게 굳어서 다음에 붓을 사용할 수가 없어요.

(6) 지영: 얘들아, 붓 빨러 가자.

(7) 학생들: 알았어. 같이 가.

(8) 지영: ((잠시 후, 헐레벌떡 뛰어오며)) 선생님 큰 일 났어요. 용준이가요, 붓을 막
　　　뿌려서 벽에 먹물이 잔뜩 묻었어요.

(9) 교사: 뭐라고? ((교사가 급히 화장실로 달려간다.))

(10) 교사: 야! 용준아, 너 뭐 하는 짓이야? 먹물은 잘 지워지지도 않는데 벽에다 이
　　　난리를 쳐 놓았으니 어쩌면 좋아?

(11) 용준: 저기, 선생님이 붓을 빨아서 물기를 쏙 빼오라고 하셨잖아요? 그래서 물
　　　기를 뺀 건데요.

　　　　　　— 〈출처: 이창덕 외(2017). 『황당하고 재미있는 수업 이야기』. 교육과학사.〉

(가) 이 대화의 문제점은 무엇인가요? 왜 그렇게 생각하나요?

(나) 내가 교사라면 이 대화를 어떻게 바꿀 수 있을까요?

나. 지시화법 토의하기

※ 대화 자료를 보고 학생이 집중하도록 교사가 지시하고 있는 내용에 대해 긍정적인 측면과 부정적인 측면을 살펴봅시다. 그리고 효과적인 대안을 찾아봅시다.

[대화 자료 2]

(1) 교사: 자, 손 머리

(2) 학생들: ((양 손을 머리에 얹는다.))

(3) 교사: 아직도 손으로 무엇을 만지고 있는 사람이 있어요. 손 머리

(4) 학생들: ((양 손을 머리에 얹고 있다.))

(5) 교사: 손 내리고 차렷

(6) 학생들: ((손을 내린다.))

(7) 교사: 허리 펴고

(8) 학생들: ((허리를 곧추 세운다))

(9) 교사: 이제 (어디) (2.5) 공부해 봅시다. ((교과서를 넘긴다))

(10) 학생들: ((교사가 교과서를 펴는 사이 몇몇 학생이 곳곳에서 말하기 시작한다))

(11) 교사: 어허(1.6) ((학생들을 본다.)) 합죽이가 됩시다. **합**

(12) 학생들: 합

(13) 교사: 합죽이가 됩시다. **합**

---

(14) 학생들: 합

(15) 교사: 자, 우리 이번 시간에 열심히 공부하자는 의미에서(.) 민호 허리 펴고, 어깨 펴고 박수 11번 해봅시다. 힘차게 7반.(.)알았죠? (하낫) 박수 11번.

(16) 학생들: ((손뼉을 11번 친 후)) **7반**

(17) 교사: 자, 선생님이(.) 자, 합죽이가 됩시다.

(18) 학생들: **합**

(19) 교사: 선생님이 여러분에게 두 가지를 들려 줄 거예요. 승훈아.↓ 선생님이 여러분에게(.) 정은이 안 봅니다. 은지.↑ 두 가지를 들려 줄 건데요. 이 두 가지의 같은 점과 (1.0) 다른 점을 한 번(.) 쉿(.) 조용히 하고 찾아봅시다.

다. 지시화법 연습하기

1) 교사의 지시와 학생의 반응에 따른 지시대화의 전개 구조를 다음과 같은 유형으로 나타낼 수 있습니다. 각각의 유형에 따라 아래 제시한 상황에서 교사가 어떻게 지시화법을 수행해야 하는지 교사와 학생의 대화로 만들어 연습해 봅시다.

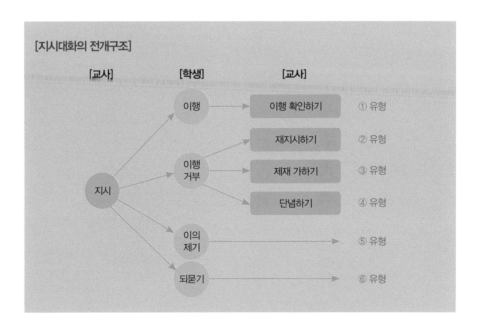

교사화법

[교실 상황]

　　김 교사는 수업을 시작하기 전에 교실을 둘러본다. 교실 바닥에 종잇조각이 어지럽게 널려 있다. 연필, 지우개, 그리고 교과서도 떨어져 있다. 책상 줄까지 맞춰져 있지 않아 김 교사 스스로 수업에 집중이 되지 않았다. 학생들도 자신의 발에 걸리는 바닥에 있는 종잇조각과 학용품을 이리저리 발로 밀치고 있다. 몇몇 학생은 자신의 학용품이나 책을 찾느라 고개를 숙이고 수업에 집중하지 않는다.

　　김 교사는 교실의 환경을 좀 정돈한 다음에 수업을 진행해야겠다고 생각한다. 그래서 학생들에게 다음과 같이 지시한다.

(1) 김 교사:

(2) 학생:

(3) 김 교사:

(4)

(1) 교사가 '지시'를 하고 학생이 지시에 따라 '이행'하는 경우(① 유형)

(2) 교사가 '지시'를 하고 학생이 '이행거부'하여 '재지시'하는 경우(② 유형)

(3) 교사가 '지시'를 하고 학생이 '이행거부'하여 '제재 가하기'하는 경우(③ 유형)

(4) 교사가 '지시'를 하고 학생이 '이행거부'하여 '단념하기'하는 경우(④ 유형)

(5) 교사가 '지시'를 하고 학생이 교사의 지시에 '이의제기'를 하는 경우(⑤ 유형)

(6) 교사가 '지시'를 하고 학생이 교사의 지시에 '이의제기'를 하는 경우(⑥ 유형)

2) 학생의 거부감을 줄이면서 지시하려면 교사가 어떻게 말해야 할지 생각해 봅시다.

학생의 이해를 구하는 지시

교사가 지시를 했는데도 학생이 이행하지 않는 경우가 있다. 교사는 학생이 자신의 지시를 이행하지 않았다고 생각하기 마련이다. 그래서 감정이 섞인 상태에서 지시를 되풀이하기도 한다. 하지만 이러한 방식은 학생과 교사의 관계를 더욱 악화시키게 된다. 교사가 지시하는 배경, 학생이 지시 사항을 이행해야 하는 이유 등을 말하면서 학생의 이해를 구하면 학생의 반발심을 줄일 수 있다.

(1) 교사: 휴지 줍자.
(2) 학생: 제가 안 버렸는데요.
(3) 교사: ((온화한 목소리로)) 환경미화원 아저씨는 자기가 쓰레기를 버려서 청소
         하는 걸까?

대화 자료 (1)번 발화에서 교사는 학생에게 쓰레기를 주우라는 지시를 한다. 하지만 (2)번 발화와 같이 학생은 주어야 할 휴지가 자신이 버린 것이 아니므로 이행 거부 의사를 표시한다. 이 때 교사가 감정적이거나 강압적인 태도로 지시를 되풀이 한다면 학생이 좋은 마음으로 지시를 이행할 리 없다. 심지어 학생도 감정적으로 반응하여 교사도 마음을 다칠 수 있다.

하지만 (3)번 발화와 같은 발화를 생각해 볼 수 있다. 환경미화원 아저씨는 공공 서비스 차원에서 자신이 버린 쓰레기가 아니더라도 치우고 있다는 사례를 알려 주고 있다. 이 같은 방식은 교사가 학생에게 자신의 지시 사항을 일방적으로 밀어붙이지 않고 지시 이행에 대한 이해를 구하고 있다. 학생을 존중하는 태도로 대화를 하고 있으므로 학생도 반발심을 덜 갖고 교사의 지시를 받아들일 것이다. 결국은 학생과 교사 모두의 마음이 다치지 않고 행복하게 대화할 수 있게 될 것이다.

피드백화법

— 적절한 피드백으로 수업대화 이끌기

교사가 질문하고 설명할 때 학생이 대답을 잘하고 잘 알아듣는 교실은 누구나 생각하는 이상적인 교실의 모습일 것이다. 하지만 실제 교실에서는 교사의 질문에 학생이 제대로 답을 하지 못하거나 교사가 설명한 것을 학생이 제대로 알아듣지 못하는 경우가 흔히 일어난다. 이럴 때 교사는 학생에게 어떻게 피드백을 해야 할까?

1. 피드백화법의 이해

가. 피드백화법의 개념

피드백의 개념은 일반적인 피드백의 개념, 교육학에서의 피드백 개념, 수업대화에서 피드백의 개념으로 나누어 살펴볼 수 있다.

첫째, 피드백은 학문 분야에 따라 다르게 정의하지만 일반적으로 자극에 대응하여 일어나는 현상으로 반응이라고 한다. 자극이 있을 때 일차적인 반응으로 그치는 것이 아니라 반응이 자극에 다시 영향을 미치는 것이다. 이러한 피드백은 'Feedback'의 어원을 보면 '되먹임', '송환'의 의미로 이전 자극이나 반응에 다시 영향을 끼친다는 것이 핵심이다.

둘째, 교육학에서의 피드백은 학습자의 학습 행동에 대하여 교사가 적절한 반응을 보이는 일로 정의할 수 있다. Cole & Chan(1987)은 피드백을 학습자가 일정한 학습 과제를 수행한 다음 그 결과의 옳고 그름에 대한 정보를 제공하고, 그 이유를 설명하거나 학습의 부족한 부분을 보충하기 위해 교수 · 학습 과정 외의 부가적인 정보를 학습자에게 제공하는 것이라고 하였다. 그리고 권낙원(1994)은 피드백을 학생들의 활동이나 반응의 적절성을 개별 학생들에게 다시 송환하는 정보로서 정상적인 의사소통의 양과 질에 관하여 학생들에게 정보를 제공해주고자 하는 모든 형태의 의사소통이라고 하였다.

셋째, 수업대화에서 피드백은 수업대화의 기본 구조인 I-R-F에서 3번째 발화에 해당하며, 학생의 반응에 대한 교사의 평가나 이후의 대화를 이어가는 후속 조치 기능을 한다. 수업대화 연구에서 피드백에 대한 개념은 연구자에 따라 다양한 관점에서 정의된다. I-R-F의 3단 구조는 수업대화를 일상대화와 구별 짓는 주요한 특징이라는 점에서 의미를 가지는데, 이때 일상대화와 수업대화를 나누는 기준이 되는 발화가 바로 피드백 발화이다(김승현, 2014; 50). Labov & Fanshel(1977)에서는 피드백 발화가 하나의 대화연속체를 끝냄과 동시에 다음에 이어지는 대화연속체를 시작하는 기능을 통해 피드백 발화의 기능과 역할에 중요한 암시를 제공하고 있다. 실제로 최근에는 피드백을 교사가 학습자에게 일방적으로 정보를 전달하는 것이 아니라 교사와 학습자 간 상호작용을 통해 효과적으로 학습 개선을 이루도록 하는 것이라고 보고, 피드백 과정에서 학습자의 참여를 강조하고 있다(Heritage, 2007; 서영진(2017)에서 재인용). Mehan(1979)은 피드백화법과 관련하여 학생에게 주어지는 교사의 평가 기능을 강조하여 피드백Feedback을 평가Evaluation로 명명하기도 하였으며, Wells(1993)는 평가 보다는 교실 구성원 간의 상호작용을 촉진하고 의미 협상을 통해 교수·학습을 위한 후속 조치Follow-up로서의 기능을 강조하였다. 이처럼 교사 피드백화법에 대한 개념과 기능이 확대되고 확장되는 방향으로 논의가 진행되고 있으며 국내에서의 논의도 이와 같은 기조를 따르고 있다(이수진, 2004; 김승현, 2014; 서영진, 2017).

피드백에 대한 논의를 검토하고 종합함으로써 수업대화에서 교사 피드백화법의 개념을 다음과 같이 정리할 수 있다. 교사의 피드백화법은 '수업에서 학생의 반응에 대해 교사가 수업 목표와 관계 목표를 달성하기 위해 제공하는 평가와 후속 조치'라고 정의할 수 있다.

교사 피드백화법의 목적은 수업목표와 관계 목표 차원의 달성이며, 주요 기능은 정보 제공으로서의 평가와 이후의 연쇄되어 나타나는 대화연속체를 이끄는 후속 조치이다. 평가와 후속 조치의 기능을 화제와 관련하여 구분해 보면, 평가는 화제를 마무리하는 기능이 있으며 후속 조치는 화제를 이어가는 기능이 있다. 이렇게 교사의 피드백화법의 개념을 단일 연속체와 이후 연계되는 연속체까지 확장하여 설정하면 교사의 피드백을 수업에 관여하는 다양한 요인과 수업의 특성이 반영된 맥락 속에서 그 가치를 살필 수 있으며, 피드백 그 자체는 물론 교사의 시작 발화, 학생의 반응 발화, 이후에 이어지는 피드백 발화의 유기적 관계 속에서 살펴볼 수 있다.

나. 피드백화법의 구조와 유형

교실의 수업대화에서 교사 중심의 대화는 '시작 발화Initiation—반응 발화Response—피드백 발화Feedback'의 대화연속체로 실현된다. 여기서 피드백화법은 단일한 대화연속체뿐만 아니라 이후 연쇄적으로 나타나는 대화연속체 차원까지 확장하여 살펴보고자 한다. 다음은 교사 피드백화법의 전개 구조를 그림으로 나타낸 것이다.

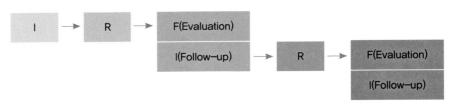

그림 2–2 **피드백화법의 기본 전개 구조**

[그림 2–2]는 단일 I–R–F 구조와 연속되는 대화연속체 구조 속에서 교사 발화의 위치와 피드백의 기능을 보여준다. 피드백화법에서 무엇보다 주의를 기울여야 할 부분은 교사의 말차례turn 내에서 이루어지는 3번째 발화(피드백 발화)와 4번째 발화(시작 발화)이다.

3번째 발화인 교사의 피드백 발화는 평가의 기능을 가지며 학생 반응에 대한 정보를 제공한다. 4번째 발화인 교사의 시작 발화는 대화를 시작하는 기능뿐만 아니라 후속 대화를 연결하는 후속 조치 기능을 가지기도 한다.

이렇게 피드백 기능은 피드백 발화뿐만 아니라 피드백 발화와 인접한 시작 발화에서도 나타난다. 시작 발화가 피드백 기능을 갖는 것은 주로 4번째, 즉 3번째 피드백 발화 이후에 자리하며 시작의 기능과 피드백의 기능을 동시에 갖는 경우이다. 이때 시작 발화가 피드백의 기능을 갖지 않느냐 갖느냐의 구분은 화제의 완결 유무에 따른다.

따라서 교사 피드백화법의 기능을 살펴볼 때는 그 대상으로 3번째 교사 피드백 발

교사화법

화와 4번째 교사 시작 발화를 모두 포함해야 한다. 그런데 모든 시작 발화가 피드백의 기능을 수행하는 것은 아니므로 이를 구분할 필요가 있다. 피드백화법의 기본 전개 구조에 따른 피드백화법의 유형과 특징은 다음과 같이 정리할 수 있다.

유형	대화 구조	피드백 기능 (화제 완료 및 연계)	피드백 방법	
			평가	후속 조치
완결형	I - R - F(e) I - R - F	평가 (화제 완료)	확인 칭찬 ⋮	·
연결형	I - R - (F(e)) I(f) - R - F	평가 유보/생략 후속 조치 (화제 연계)	비명시적 평가 간접 평가 평가 생략	학생 참여 유도 학생 반응 구체화 학생 반응 확장 학생 반응 종합 교사 의도 명료화 화제 재초점화 ⋮
	I - R - F(e) I(f) - R - F	평가 후속 조치 (화제 연계)	확인 칭찬 인정 격려 부정 꾸중 ⋮	

표 2-1 **피드백화법의 유형과 특징**

※ 대화 구조 범례

- I: 시작 발화 · R: 반응 발화 · F: 피드백 발화
- F(e): 평가 기능의 피드백 발화 · (F(e)): 평가 기능의 피드백 발화 생략
- I(f): 후속 조치 기능의 시작 발화

완결형 피드백화법은 수업대화의 기본 구조인 I-R-F에서 교사의 피드백 발화로 단일 화제가 종결되는 유형으로 교사 피드백 발화의 기능은 학생 반응에 대한 평가 기능을 주로 하며 대화연속체를 마무리하는 특징을 갖는다. 주로 사용되는 평가 방법은 확인하기와 칭찬하기 등이다. 이때 이어지는 시작 발화는 화제가 전환되며 새로운 화제로 대화를 시작하게 된다.

연결형 피드백화법은 피드백의 평가 기능과 후속 조치 기능이 피드백 발화와 시작 발화에서 모두 나타나며 대화연속체가 연쇄되어 나타나는 유형이다. 연결형 피

드백화법은 피드백 발화가 유보되거나 생략되는 [평가 유보/생략+후속 조치]형과 평가와 후속 조치 기능이 명시적으로 드러나는 [평가+후속 조치]형으로 구분된다.

[평가 유보/생략+후속 조치]형 피드백화법은 수업대화의 기본 구조인 I-R-F에서 교사의 피드백 발화가 유보 또는 생략되는 유형으로 교사의 평가가 유보 또는 생략되며 후속 조치 기능을 가진 시작 발화를 통해 화제가 연계되는 특징을 보인다. 평가 유보는 평가 발화가 나타나지만 평가의 성격을 알 수 없는 경우이고, 평가 생략은 형태적으로 평가가 생략되었지만 평가 기능이 없는 것이 아니라 간접적인 방식으로 평가가 이루어진다. 평가 유보/생략의 방법으로는 평가 유보하기, 비명시적인 평가 등이 사용되고, 후속 조치 방법으로는 학생 참여 유도하기, 학생 반응 구체화하기, 학생 반응 확장하기, 학생 반응 종합하기, 교사 의도 명료화하기, 화제 재초점화하기 등이 사용된다.

[평가+후속 조치]형 피드백화법은 수업대화의 기본 구조인 I-R-F에서 피드백 발화는 평가의 기능을 가지며, 동일한 교사의 말차례 내에서의 시작 발화는 후속 조치 기능을 나타내며 이후의 대화연속체를 이끄는 유형으로 대화연속체가 연결되는 특징이 있다. 피드백 발화의 평가 방법은 확인하기, 칭찬하기, 인정하기, 격려하기, 부정하기, 꾸중하기 등이 사용되고, 시작 발화의 후속 조치 방법은 학생 참여 유도하기, 학생 반응 구체화하기, 학생 반응 확장하기, 학생 반응 종합하기, 교사 의도 명료화하기, 화제 재초점화하기 등이 사용된다.

2. 피드백화법의 방법

피드백화법은 단일한 대화연속체에서 완결되기도 하고 이후의 연쇄되는 대화연속체까지 연결되기도 한다. 완결형 피드백화법과 연결형 피드백화법에 따라 평가와 후속 조치 방법이 다양한 방식으로 조합되어 나타난다. 여기서는 피드백화법의 평가 방법과 후속 조치 방법의 일반적인 방법을 소개하고자 한다. 피드백화법의 방법을 정리하면 다음과 같다.

구분		내용	용례	사용 위치	기능
평가 방법	확인	학생의 반응이 교사의 기대나 요구에 적절함을 확인	• 네, 그렇지요. • 맞아요.	피드백 발화	학생 반응에 대한 평가
	칭찬	학생의 반응이 적절함을 칭찬	• 잘했어요. • 아주 훌륭해요.		
	인정	학생의 반응을 부분적으로 인정	• 좋아요. 그렇게 생각할 수 있어요.		
	격려	학생의 반응이 부적절하나 수용	• 틀렸지만 시도가 좋았어요.		
	부정	학생의 반응이 부적절함을 전달	• 아닌데. • 정말 그래요?		
	꾸중	학생의 반응이 부적절함을 꾸짖음	• 신중하지 않은 태도는 반성해요.		
	유보	학생의 반응에 대한 평가를 뒤로 미룸	• 그래요.(중립적 표현)		
	생략	학생의 반응에 대한 평가 생략	• (생략)		
후속 조치 방법	학생 참여 유도	학생이 수업에 참여하도록 반응 유도	• 민수는 어떻게 생각하나요?	시작 발화	대화 연속체의 연결
	학생 반응 구체화	학생의 반응을 구체화	• 왜 그렇게 생각했나요?		
	학생 반응 확장	학생의 반응을 확장	• 맞아요. 연필이에요. 연필을 보면 떠오르는 것은 무엇인가요?		
	학생 반응 종합	여러 사례나 반응을 수렴하여 종합	• 철수나 민지의 대답을 통해 알게 된 점은 무엇인가요?		
	교사 의도 명료화	교사 시작 발화의 의도나 의미를 명료화	• 선생님이 힌트를 줄게요.		
	화제 재초점화	특정 문제나 질문으로 재초점화	• 다시 원래 질문으로 돌아가 봅시다.		

표 2-2 **피드백화법의 방법**

피드백화법의 평가와 후속 조치 방법은 실제 수업에서 하나의 방법이 독립적이고 개별적으로 사용되기 보다는 연쇄적으로 나타나는 대화연속체 내에서 혼합적으로 사용된다. 피드백화법의 전개 양상을 이해하기 위해서는 전체 맥락 속에서 살펴보아야 하나 기술의 편의를 위해 해당 부분의 대화 자료만 발췌하여 제시한다. 여기에서 사용한 두 가지 수업 사례는 다음과 같으며 전체 대화 자료는 장의 말미에 있는 [참고자료 1, 2]를 보기 바란다.

[참고자료 1]은 '감정의 의미와 중요성을 알 수 있다.'는 학습 목표의 5학년 도덕 수업이다. 교사는 교과서에 제시된 유민이의 일기를 보고 유민이의 감정을 학생들과 질문—대답을 통해 확인하고 있다. 이 대화 자료는 연결형 피드백화법 유형으로 평가 방법은 확인하기와 인정하기가 사용되었고, 후속 조치 방법은 교사 의도 명료화하기, 학생 반응 구체화하기, 학생 참여 유도하기, 학생 반응 확장하기가 사용되었다.

[참고자료 2]는 '낱말의 종류를 알고 분류할 수 있다.'는 학습 목표의 4학년 국어 수업이다. 주요 학습 내용은 낱말의 세 가지 종류를 아는 것이다. 낱말의 종류는 명사, 동사, 형용사로 교사가 네 가지 낱말을 제시하고 이들의 공통점을 찾음으로써 낱말의 이름을 나타내는 명사를 학습하는 장면이다. 이 대화 자료는 연결형 피드백화법 유형으로 평가 방법은 부정하기, 인정하기, 칭찬하기, 격려하기, 확인하기, 평가 유보하기가 사용되었고, 후속 조치 방법은 교사 의도 명료화하기, 학생 반응 구체화하기, 학생 반응 종합하기, 화제 재초점화하기가 사용되었다.

가. 피드백화법의 평가 방법
1) 확인하기

[자료 6-1]	
(1) 교사: 유민이의 처음 감정은 어땠을까? 선미가 이야기해 볼까?	시작
(2) 선미: 부럽다.	반응

(3) 교사: 1) 아, 부럽다. 처음의 감정은 부러웠을 것이다.	피드백(평가-확인)
2) 또 한 번 발표 안 한 친구들 손을 한 번 들어 볼까요? 진서.	시작

확인하기는 학생의 반응이 교사의 기대나 요구 수준에 부응하는 것임을 확인해 주는 긍정적 평가 방식의 대표적인 방법이다. 대체로 교사는 학생의 반응을 그대로 반복repeat하거나 부연 설명을 하거나 내용을 정리하며 학생의 반응에 근거하여 바꾸어 말하는 방식paraphrase으로 학생의 반응에 대한 정보를 제공한다. [자료 6-1]의 (3) 1)은 확인하기의 예이다.

2) 칭찬하기

[자료 6-2]	
(3) 교사: 다시 어떤 공통점이 있을까요? 민호.	시작
(4) 민호: 두 글자에요.	반응
(5) 교사: 1) 두 글자다. 와! 아주 놀라운 공통점이에요.	피드백(평가-인정/칭찬)
2) 그런데 조금만 더 깊숙하게 들어갈까? 자. 지수.	시작

칭찬하기는 학생의 반응이 교사의 기대와 요구에 충족되었음을 알리는 긍정적 평가의 대표적인 방법이다. 흔히 칭찬하기는 확인하기와 같은 긍정적 평가와 함께 사용된다. 하지만 위 사례에서도 확인할 수 있듯이 학생의 반응이 교사의 기대나 요구에 전적으로 부응하지 않고 부분적으로 수용될 때도 함께 사용된다. 교사의 평가는 일차적으로 정오 판정에 있으나 최근의 학생 반응에 대한 평가는 정·오 판정보다는 적절성을 판정하거나 학생의 수업 참여와 창의적인 반응을 격려하고 지지하는 방식으로 전환하고 있다. 따라서 교사는 학생의 반응이 교사가 기대한 반응이 아니더라도 학생의 참신한 반응을 칭찬하고 격려한다. [자료 6-2]의 (5) 1)은 학생의 반

응을 수용한 뒤 칭찬하기가 사용된 예이다.

3) 인정하기

[자료 6-3]	
(15) 교사: ((칠판을 가리키며)) 자, 결국 이런 감정들이 생	시작
긴 원인은 무엇일까 생각해 볼까요? 영민이.	
(16) 영민: 생일.	반응
(17) 교사: 1) ((놀라며)) 아! 생일?. 맞아. 생일.	피드백(평가-인정)
2) 조금만 더 자세히.	시작

인정하기는 학생의 반응이 정·오 유무로 판단하기 어려울 때 적극적으로 수용하
거나 부분적으로 수용하는 것이다. 교사가 학생에게 요구하는 반응이 정·오 유무
로 판단하기 어려울 때가 있다. 이럴 때 교사는 전적으로 또는 부분적으로 수용할
것인지 구분하여 피드백을 제공한다. 인정하기는 형태적으로는 긍정적 평가 방식인
확인하기와 차이가 없어 보인다. 하지만 교사의 비언어적인 요소인 몸짓, 눈빛이나
준언어적인 요소인 목소리 크기, 어조, 빠르기 등을 통해 확인하기와 구분이 가능하
다. [자료 6-3]의 (17) 1)은 인정하기의 예로 교사는 학생의 반응에 다소 놀란 표정
과 어조를 통해 학생의 반응이 적절할 수 있다는 평가를 한다. 또한 이어지는 후속
조치를 통해서도 평가방법의 성격을 파악할 수 있는데, 교사는 후속 조치에서 학생
의 반응에 대해 구체화 요구를 하면서 대화를 이어나가고 있다.

4) 격려하기

[자료 6-4]	
(5) 교사: 그런데 조금만 더 깊숙하게 들어갈까? 자. 지수.	시작
(6) 지수: 이 세상에 있는 거예요.	반응
(7) 교사: 이 세상에 있는 거다. ((웃는 학생들을 보며)) 선생님이 원하는 답은 아니지만 좋은 시도였어요.	피드백(평가-인정/격려)

격려하기는 칭찬하기와 같은 긍정적인 평가 방식이지만 학생의 반응이 전적으로 교사의 기대나 요구에 부응하기보다는 부분적으로 적절하거나 부적절할 경우에 많이 사용되는 방법이다. [자료 6-4]의 (7)은 격려하기의 예로, 학생의 반응이 교사의 기대나 요구에 부응하지 않지만 학생의 발표 태도나 시도, 학생 반응의 적절성 판정 범위 등의 전반적인 상황을 고려하면서 인정하기를 한다. 하지만 학생의 반응에 대해 학급의 친구들이 웃음을 보이자 학생을 격려하며 긍정적 평가를 제공한다.

5) 부정하기

[자료 6-5]	
(1) 교사: ((정답 화면을 보면서)) 주영, 라면, 기린, 사과. 어떤 공통점이 있을까요? 이 낱말들의 공통점? 유진.	시작
(2) 유진: 먹는 거예요.	반응
(3) 교사: 1) ((놀라는 표정을 지으며)) 먹는 거예요?	피드백(평가-부정)
2) 주영이는 먹을 수가 없어요. 다시 어떤 공통점이 있을까요? 민호.	시작

부정하기는 학생의 반응이나 행동이 부정확하거나 부적절한 경우에 부정적 평가를 제공하여 학생의 잘못을 명확하게 알려 주는 것이다. 확인하기나 칭찬하기와 같

은 긍정적 평가는 평가 기능을 가진 피드백만으로 화제가 완결되는 경우가 많다. 하지만 부정하기와 같은 부정적 평가는 긍정적 평가와 달리 후속 조치 기능의 피드백이 더해지면서 교정적 피드백 양상을 띠게 된다. 부정하기는 그 자체의 교육적 효용성 보다는 이에 후속하는 조치가 더해져 교정적 피드백이 이뤄질 때 중요한 교육적 목적을 달성하는 것이기 때문에 부정하기는 학생의 잘못을 명확하게 짚어주고 알려주는 목적으로 사용되어야 한다. 따라서 부정하기는 학생의 인격보다는 잘못된 사실 자체에 초점을 두고 부정적 평가를 하는 것이 바람직하다. 부정하기와 같이 부정적 평가를 제공하는 방식에는 부인하기, 반박하기, 반문하기, 무시하기, 비꼬기, 꾸중하기, 비난하기 등이 있다. [자료 6-5]의 (3) 1)은 부정하기의 예로 언어적으로는 학생의 반응을 그대로 반복하는 형태이지만 실제 상황에서는 교사의 비언어적, 준언어적 요소가 추가되면서 반문하기의 형태로 부정적 평가를 하고 있는 사례이다. 이는 교사의 (3) 2)의 후속 조치를 통해서도 평가의 성격을 확인할 수 있다.

6) 평가 유보 및 생략하기

[자료 6-6]	
(9) 교사: 선생님이 힌트를 더 줄게요. ((리모컨을 들며)) 이게 뭘까요?	시작
(10) 학생들: 리모컨이요.	반응
(11) 교사: 1)	피드백(평가-생략)
2) ((휴대폰을 들며)) 이건 뭘까요?	시작
(12) 학생들: 휴대폰이요.	반응
(13) 교사: 1)	피드백(평가-생략)
2) ((매직을 들며)) 이건 뭘까요?	시작
(14) 학생들: 매직.	반응
(15) 교사: 1)	피드백(평가-생략)
2) 그래서 낱말의 공통점은? 승수.	시작

(16) 승수: 낱말의 이름.	반응
(17) 교사: 1) 그래요.	피드백(평가-유보)
2) ((화면을 보며)) 이 낱말들의 공통점은 사람이나 사물의 무엇일까요?	시작
(18) 학생들: 이름.	반응
(19) 교사: 네. 이 낱말들의 공통점은 사람이나 사물의 이름을 나타내는 낱말이에요.	피드백(평가-확인)

평가 유보는 평가 발화가 있지만 평가의 성격을 알 수 없으며 구체적인 평가를 뒤로 미루는 것이다. 평가 생략은 발화 자체가 형태적으로 생략되지만 평가 기능이 없는 것이 아니라 간접적이고 비명시적인 방식으로 평가가 이루어진다.

다른 평가 방법도 후속 조치와의 관련 속에서 성격이 규정되지만 특히 평가 유보하기는 후속하는 대화에 의해 성격이 규명되는 경향이 더욱 짙다. [자료 6-6]의 (11) 1), (13) 1), (15) 1)은 평가가 생략된 것이고, (17) 1)은 평가가 유보된 경우이다. (11) 1), (13) 1), (15) 1)의 생략하기는 긍정적 평가의 성격을 가지며 수업의 원활한 진행을 위해 교사가 의도적으로 평가를 생략하며 수업을 진행하고 있다. (17) 1)의 유보하기는 구체적인 평가를 미룸으로써 수업의 효과를 높이기 위해 교사가 전략적으로 사용한 교수행위이다. 이 대화 자료의 주요 화제는 "낱말들의 공통점은 무엇인가?"이다. 애초에 교사는 학생들이 이 문제의 답을 쉽게 말하리라 생각하였다. 하지만 학생들은 교사가 의도한 대답인 "낱말의 이름"을 말하지 못하고 있다. 교사는 단서를 제공하고 질문을 나누어 제시하면서 이 문제를 해결하기 위해 노력하였다. 그 과정에서 (11) 1), (13) 1), (15) 1)은 긍정적 평가를 생략하며 수업의 빠른 진행을 위해 사용된다. 결국 (16)의 학생 반응에서 교사가 의도한 대답이 나온다. 교사는 (17) 1)에서 의도적으로 평가를 유보한다. 그리고 학생 전체와의 문답을 통해 (18)의 반응을 이끈다. (17) 1)의 평가 유보는 교사가 기대한 정답이 도출되었으나 후속되는 전체 학생에 대한 질문과 대답을 확인하기까지 불확실성을 유지하며 학습의 효과를 높이기 위해 교사가 의도적으로 사용한 평가 유보이다. 이렇게 교사의 평가 생략과 유보는 단순한 평가의 생략에서 의도적인 유보까지 다양한 양상을 보인다. 또한 평가 유보하기로 대화가 완결되는 경우는 드물며 대개의 경우 후속 조치를 통해 대화가 연결되는 경향이 많다.

나. 피드백화법의 후속 조치 방법

1) 학생 참여 유도하기

[자료 6-7]

(5) 교사: 왜 서운했을 것 같아. 진서야?	시작
(6) 진서: 자기 생일인데 자기도 멋진 생일 선물도 받고 싶은데 자장면만 먹고 웅이 엄마는 좋은 것도 사 주셔가지고요.	반응
(7) 교사: 1) 유민이는 그래서 서운한 감정이 들었어요.	피드백(평가-확인)
2) 또 어떤 감정이 들었을까? 지은이?	시작(후속-학생참여유도)
(8) 지은: 아쉬운 마음이 들었어요.	반응
(9) 교사: 아쉽다.	피드백(평가-확인)

학생 참여 유도하기는 처음의 교사 시작 질문과 동일한 의도를 가진 질문이 반복되며 학생의 참여를 유도한다. 주로 확인하기나 인정하기와 같은 긍정적 평가 이후에 더 많은 학생의 수업 참여를 유도하거나 다양한 반응을 이끌기 위해 사용되며 때로는 교사의 의도를 강조하며 수업을 효율적으로 운영하기 위해 사용되기도 한다. 또한 부정하기와 같은 부정적 평가 이후에도 다른 학생의 반응을 이끌기 위해 사용되기도 한다. [자료 6-7]의 (7) 2)는 긍정적 평가 이후에 학생의 참여를 유도하는 예다.

교사화법

2) 학생 반응 구체화하기

[자료 6-8]	
(7) 교사: 또 어떤 감정이 들었을까? 지은이?	시작
(8) 지은: 아쉬운 마음이 들었어요.	반응
(9) 교사: 1) 아쉽다.	피드백(평가-확인)
2) 왜 아쉬웠을까요?	시작(후속-학생반응구체화)
(10) 지은: 생일인데 좋은 선물을 받지 못했기 때문에.	반응
(11) 교사: 그래서 아쉬운 감정이 들었을 것 같다.	피드백(평가-확인)

학생 반응 구체화하기는 학생의 반응에 기반을 두고 추가질문이나 학생의 반응을 구체화하도록 요구하는 것이다. 통상 학생의 반응에 대해 "왜 그렇게 생각하니?"와 같이 구체적인 반응을 유도하는 방식으로 구현된다. 교사의 구체적인 반응을 요구하는 추가질문은 학생의 반응에 기반을 두고 있기 때문에 수업의 특성이 반영된 후속 조치이며 개별 학생과 학급 전체의 이해를 돕는 역할을 한다. [자료 6-8]의 (9) 2)는 학생 반응 구체화하기의 예이다.

3) 학생 반응 확장하기

[자료 6-9]	
(13) 교사: 왜 불안했을 것 같아요?	시작
(14) 아연: 지난 번 생일처럼 자장면으로 끝날까봐서요.	반응
(15) 교사: 1) 아! 맞아. 지난 번 생일처럼 자장면 한 그릇으로 끝나지 않을까.	피드백(평가-확인)
2) ((칠판을 가리키며)) 자, 결국 이런 감정들이 생긴 원인은 무엇일지 생각해 볼까요? 영민이.	시작(후속-학생 반응 확장)
(16) 영민: 생일.	반응

학생 반응 확장하기는 한 화제의 질문에서 질문이 확장되는 것이다. 주로 긍정적인 평가 이후에 학생의 사고를 확장시키거나 수업 방향을 안내하고 유도하는 역할을 한다. 사고 확장하기는 학생의 긍정적인 반응에 대한 피드백이며 동시에 교사에 의해 사전에 계획되고 준비된 피드백으로 교사의 처음 시작 발화와 학생의 반응과 밀접한 관련을 맺으며 후속하는 대화를 이끈다. [자료 6-9]의 (15) 2)는 학생 반응 확장하기의 예이다.

4) 교사 의도 명료화하기

[자료 6-10]	
(7) 교사: ((화면을 가리키며)) 주영이가 누구에요?	시작
(8) 학생들: ((주영이를 보며)) 사람이요.	반응
(9) 교사: 1) 네. 주영이는 사람이지요.	피드백(평가-확인)
2) 자, 그러면 라면, 기린, 사과. 선생님이 힌트를 더 줄게요. ((리모컨을 들며)) 이게 뭘까요?	시작(후속-교사의도명료화)
(10) 학생들: 리모컨이요.	반응
(11) 교사: 1)	피드백(평가-생략)
2) ((휴대폰을 들며)) 이건 뭘까요?	시작(후속-교사의도명료화)
(12) 학생들: 휴대폰이요.	반응
(13) 교사: 1)	피드백(평가-생략)
2) ((매직을 들며)) 이건 뭘까요?	시작(후속-교사의도명료화)
(14) 학생들: 매직.	반응

교사 의도 명료화하기는 학생들이 교사의 질문이나 지시를 명확하게 이해하지 못하였거나 반응을 제대로 하지 못할 경우에 단서 제공하기나 추가질문을 통해 교사 질문이나 지시의 의미를 명료하게 드러내는 것이다. 교사 의도 명료화하기는 학생 반응 구체화하기와 구체적인 질문이나 설명을 하는 측면에서 비슷한 양상을 보인다. 학생 반응 구체화하기는 학생의 반응을 구체화할 때 사용하는 반면, 교사 의

도 명료화하기는 교사의 질문이나 설명을 구체화한다는 점에서 차이가 있다. [자료 6-10]의 (9) 2), (11) 2), (13) 2)는 교사 의도 명료화하기의 예로, 교사는 학생의 반응 이후에 학생들의 참여가 적은 것을 확인하고 자신의 질문을 구체화하고 참여를 유도하면서 후속 조치를 통해 이후의 대화를 연결하고 있다.

5) 학생 반응 종합하기

[자료 6-11]	
(9) 교사: 선생님이 힌트를 더 줄게요. ((리모컨을 들며)) 이게 뭘까요?	시작
(10) 학생들: 리모컨이요.	반응
(11) 교사: 1)	피드백(평가ㅡ생략)
2) ((휴대폰을 들며)) 이건 뭘까요?	시작(후속ㅡ교사의도명료화)
(12) 학생들: 휴대폰이요.	반응
(13) 교사: 1)	피드백(평가ㅡ생략)
2) ((매직을 들며)) 이건 뭘까요?	시작(후속ㅡ교사의도명료화)
(14) 학생들: 매직.	반응
(15) 교사: 1)	피드백(평가ㅡ생략)
2) 그래서 낱말의 공통점은? 승수.	시작(후속ㅡ학생반응종합)
(16) 승수: 낱말의 이름.	반응

학생 반응 종합하기는 한 화제의 대화에서 여러 사례나 학생 반응을 수렴하고 종합하여 문제를 해결할 때 사용하는 방법이다. [자료 6-11]의 (15) 2)는 학생 반응 종합하기의 예다. 교사는 "낱말들의 공통점은 무엇인가?"를 해결하기 위해 단서를 제공하거나 여러 가지 사례를 들어 질문을 함으로써 여러 가지 사례를 학습한다. 이후 여러 사례의 학습을 통해 학생 반응을 종합함으로써 문제를 해결한다.

6) 화제 재초점화하기

[자료 6-12]	
(9) 교사: 선생님이 힌트를 더 줄게요. ((리모컨을 들며)) 이게 뭘까요?	시작
(10) 학생들: 리모컨이요.	반응
(11) 교사: 1)	피드백(평가-생략)
2) ((휴대폰을 들며)) 이건 뭘까요?	시작(후속-교사의도명료화)
(12) 학생들: 휴대폰이요.	반응
(13) 교사: 1)	피드백(평가-생략)
2) ((매직을 들며)) 이건 뭘까요?	시작(후속-교사의도명료화)
(14) 학생들: 매직.	반응
(15) 교사: 1)	피드백(평가-생략)
2) 그래서 낱말의 공통점은? 승수.	시작(후속-학생반응종합)
(16) 승수: 낱말의 이름.	반응
(17) 교사: 1) 그래요.	피드백(평가-유보)
2) ((화면을 보며)) 이 낱말들의 공통점은 사람이나 사물의 무엇일까요?	시작(후속-화제재초점화)
(18) 학생들: 이름.	반응

화제 재초점화하기는 한 화제의 대화에서 특정 문제나 질문으로 복귀하는 경우에 사용하는 후속 조치 방법이다. 교실 학습 상황에서 학생이 교사의 실문이나 실냉을 한 번에 알아듣지 못하는 경우는 흔히 나타난다. 이때 교사는 처음 화제의 문제를 해결하기 위해 질문을 단계적으로 나누어 제시하거나 단서를 제공하면서 학생의 학습을 돕는다. 그러다 애초의 질문이나 특정 문제로 다시 돌아갈 때 교사는 화제 재초점화하기를 사용한다. [자료 6-12]의 (17) 2)는 화제 재초점화하기의 예이다. 교사는 애초의 문제인 "낱말들의 공통점은 무엇인가?"를 해결하기 위해 여러 가지 단서를 제공하고 다시 처음의 질문으로 복귀하는 과정에서 화제 재초점화하기 방법을 사용하였다. 대화 자료에서 학생 반응 종합하기와 화제 재초점화하기의 질문

은 "낱말의 공통점은 무엇인가?"로 유사하다. 하지만 학생 반응 종합하기인 (15) 2)의 질문은 앞서 교사가 단서로 제공한 (9)~(14)에서 '리모컨, 휴대폰, 매직'의 공통점에 대한 질문이고, 화제 재초점화하기인 (17) 2)의 질문은 이 화제의 처음 질문인 '주영, 라면, 기린, 사과'의 공통점에 대한 질문이다. 이처럼 화제 재초점화하기는 처음의 교사 시작 질문을 반복하며 질문의 초점을 처음으로 되돌리거나 바로잡는 역할을 한다.

나. 피드백화법의 유의점

1) 학생이 학습 목표를 달성할 수 있도록 적절한 정보를 제공하라

교사 피드백의 1차적 목적은 학생의 학습 목표 달성을 돕는 데 있다. 따라서 교사의 피드백은 여기에 초점을 두고 일관되게 이루어져야 한다. 학생은 교사의 피드백을 통해 자신이 무엇을 하고 있는지, 무엇을 해야 할지, 그리고 무엇을 하지 않으면 안 되는지를 알게 된다. 그리고 그런 정보를 토대로 그릇된 반응을 수정하여 올바른 방향으로 나아가게 된다. 이러한 점을 비춰볼 때, 피드백은 학생의 학습에 도움이 되는 적절한 정보를 제공함으로써 학습 목표를 달성하는 데 중요한 역할을 하게 된다.

2) 교사와 학생이 긍정적 관계를 형성할 수 있도록 피드백을 하라

교사 피드백의 목적은 학생의 학습 목표 달성을 위한 조력과 함께 피드백을 통한 교사와 학생, 학생과 학생 간의 긍정적인 관계 형성에 있다. 피드백은 교사와 학생이 수업과 관련하여 의사소통을 하는 과정의 일부이다. 교사의 피드백은 학생의 앎을 구체적으로 실현시키는 수업의 목적 달성은 물론 교사와 학생의 관계를 형성, 유지, 개선, 발전시킨다는 점에서 그 중요성을 찾을 수 있다.

3) 학생의 반응에 대해 구체적인 평가 내용을 제공하라

학생의 반응이나 수행에 대한 교사의 긍정적 피드백은 학생으로 하여금 수행 결과에 대한 보상이나 강화로써 작용한다. 교정적 피드백 또한 학생의 수행 결과에 대한 즉각적이고 적절한 평가를 통해 자신의 행위를 수정하게 하고 올바른 해결을 위한 독자적인 노력을 지속하도록 하는 기능을 갖는다. 교사 피드백의 중요한 기능은 학생 반응에 대한 평가로써의 정보를 제공하는 것이다. 이때의 평가는 형식적이거나 단편적으로 이루어지기 보다는 긍정적이고 구체적이며 명시적으로 이루어질 때 효과적이다.

4) 피드백을 통해 이어지는 대화의 연결고리를 만들어라

수업대화에서 이루어지는 교사의 시작 발화와 피드백 발화는 별개의 요소가 아니라 교사의 시작 발화가 학생의 반응으로 이어지고, 그 반응에 대해 교사가 피드백을 제공하는 연결구조 속에서 파악하는 것이 무엇보다도 중요하다. 따라서 교사는 학생에게 피드백을 제공할 때 단순한 정오 판정뿐만 아니라 후속 질문이나 설명과 같은 조치를 통해 대화의 연결고리를 만들어야 한다.

3. 피드백화법의 적용

가 피드백화법 분석하기

※ 다음 수업대화는 '질문-대답-피드백'이 연속적으로 나타나는 질문 연속체의 일부입니다. 교사의 피드백 발화인 (3)과 (5)를 중심으로 교사의 피드백화법에 대해 비판적으로 분석해 봅시다.

교사화법

- 국어(초등 4학년) – 낱말의 종류 중 사물의 이름을 나타내는 낱말을 살펴보는 장면
  (1) 교사: ((정답 화면을 보면서)) '책상, 라면, 기린, 사과' 이 낱말들은 어떤 공통점이 있을까요? 이 낱말들의 공통점? 유진이.
  (2) 유진: 먹는 거예요.
  (3) 교사: ((놀라는 표정으로)) 먹는 거예요! 책상을 먹을 수는 없어요. 다시 어떤 공통점이 있을까요? 민수.
  (4) 민수: 두 글자예요.
  (5) 교사: 두 글자다. 와! 아주 놀라운 공통점이에요. 그런데 조금만 더 깊숙하게 들어갈까? 자. 지민.
  (6) 지민: 이 세상에 있는 거예요.

나. 피드백화법 토의하기

※ 다음은 교사의 질문에 대한 학생의 반응과 그에 따른 피드백 유형을 나타낸 것입니다. 학생의 반응이 적절한 경우(A), 부분적으로 적절한 경우(B), 부적절한 경우(C)에 효과적인 피드백 방식에 대해 토의해 봅시다.

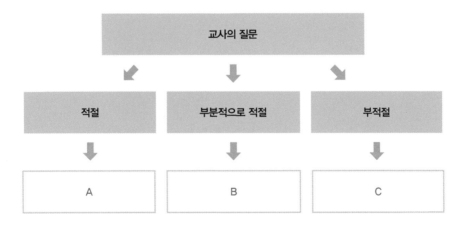

1) A는 교사의 질문에 학생이 적절하게 대답을 한 경우입니다. 이때 교사는 어떤 방식으로 피드백을 하면 좋을지 이야기해 봅시다.

2) B는 교사의 질문에 학생이 다소 엉뚱한 대답을 하였지만 완전히 잘못된 대답이 아닌 경우입니다. 이때 교사는 어떤 방식으로 피드백을 하면 좋을지 이야기해 봅시다.

3) C는 교사의 질문에 학생이 적절하지 않은 대답을 한 경우입니다. 이때 교사는 어떤 방식으로 피드백을 하면 좋을지 이야기해 봅시다.

다. 피드백화법 연습하기

※ 다음과 같이 학생의 대답이 교사의 기대나 요구에 미치지 못할 경우, 피드백을 어떻게 할지 교사의 대화 내용을 만들어 봅시다.

1) 국어과 – 중심 문장과 뒷받침 문장의 차이를 살펴보는 장면

(1) 교사: 중심 문장과 뒷받침 문장의 차이점이 뭐에요?
(2) 학생: ((손을 든다.))
(3) 교사: 예진. 말해 봐요.
(4) 예진: 세부내용은 간단한 거고요.
(5) 교사: 어?
(6) 예지: 중심내용은 좀 중요하게…
(7) 교사: _____

2) 수학과 – 덧셈을 연습하는 장면

(1) 교사: 35 더하기 27은 뭐죠?
(2) 학생: ((손을 든다.))
(3) 교사: 은호 이야기해볼까?
(4) 은호: 52요.
(5) 교사: _____

<참고 자료 1>

(1) 교사: ((화면을 보며)) 유민이의 일기에서 유민이의 감정을 들어봤습니다. 처음에 유민이의 감정은 어떤 기분이 들었을까요? 누가 한 번 이야기해 볼까요? ((칠판을 보며)) 선생님이 여기에 감정 카드를 뽑아 놨어요. 여기서 한 번 골라보면 되겠지요. 유민이의 처음 감정은 어땠을까? 선미가 이야기해 볼까?	시작
(2) 선미: 부럽다.	반응
(3) 교사: 1) 아, 부럽다. 처음의 감정은 부러웠을 것이다.	피드백(평가-확인)
2) 또? 선생님, 저는 어제 그런 이야기를 들었을 때 이런 감정이 들었을 것 같아요. 또 한 번 발표 안 한 친구들 손을 한 번 들어 볼까요? 진서.	시작(후속-교사의도명료화/학생참여유도)
(4) 진서: 서운하다.	반응
(5) 교사: 1) 아, 서운하다. 맞아.	피드백(평가-확인)
2) 왜 서운했을 것 같아. 진서야?	시작(후속-학생반응구체화)
(6) 진서: 자기 생일인데 자기도 멋진 생일 선물도 받고 싶은데 자장면만 먹고 웅이 엄마는 좋은 것도 사주셔가지고요.	반응
(7) 교사: 1) 유민이는 그래서 서운한 감정이 들었어요.	피드백(평가-확인)
2) 또 어떤 감정이 들었을까? 지은이?	시작(후속-학생참여유도)
(8) 지은: 아쉬운 마음이 들었어요.	반응
(9) 교사: 1) 아쉽다.	피드백(평가-확인)
2) 왜 아쉬웠을까요?	시작(후속-학생반응구체화)
(10) 지은: 생일인데 좋은 선물을 받지 못했기 때문에.	반응
(11) 교사: 1) 그래서 아쉬운 감정이 들었을 것 같다.	피드백(평가-확인)
2) 한 사람 더 해 볼까요? 네, 아연이.	시작(후속-학생참여유도)
(12) 아연: 불안했을 것 같아요.	반응

(13) 교사: 1) 아, 불안했을 것 같아요.	피드백(평가-확인)
2) 왜 불안했을 것 같아요?	반응
(14) 아연: 지난 번 생일처럼 자장면으로 끝날까봐서요.	
(15) 교사: 1) 아! 맞아. 지난 번 생일처럼 자장면 한 그릇으로 끝나지 않을까.	피드백(평가-인정)
2) ((칠판을 가리키며)) 자, 결국 이런 감정들이 생긴 원인은 무엇일까 생각해 볼까요? 영민이.	시작(후속-학생반응구체화)
(16) 영민: 생일.	반응
(17) 교사: 1) ((놀라며)) 아! 생일 ¿ 맞아. 생일.	피드백(평가-확인)
2) 조금만 더 자세히.	시작(후속-학생 반응 확장)
(18) 영민: 친구들은 원하는 것을 받는데 자신만 그렇지 않아서요.	반응
(19) 교사: 1) 어, 친구가 난 생일에 이랬다고 하는데 지금 유민이는 어떤 게 떠올랐어요? 작년 일이 떠오르면서 ((칠판을 가리키며)) 이런 감정이 들었어요.	피드백(평가-확인)
2) 그런데 감정의 변화를 살펴보겠습니다. 어제는 이런 감정이 들었어. 그렇지요. 그런데 오늘은 어떤 감정이 들었을까? 오늘은 어떤 감정이 들었을까? 서준이,	시작(화제 전환)

〈참고 자료 2〉

(1) 교사: ((정답 화면을 보면서)) 주영, 라면, 기린, 사과. 어떤 공통점이 있을까요? 이 낱말들의 공통점? 유진.	시작
(2) 유진: 먹는 거예요.	반응
(3) 교사: 1) ((놀라는 표정을 지으며)) 먹는 거예요¿	피드백(평가-부정)
2) 주영이는 먹을 수가 없어요. 다시 어떤 공통점이 있을까요? 민호.	시작(후속-교사의도명료화)
(4) 민호: 두 글자에요.	반응
(5) 교사: 1) 두 글자다. 와! 아주 놀라운 공통점이에요.	피드백(평가-인정/칭찬)
2) 그런데 조금만 더 깊숙하게 들어갈까? 자. 지수.	시작(후속-학생반응구체화)
(6) 지수: 이 세상에 있는 거예요.	반응
(7) 교사: 1) 이 세상에 있는 거다. ((웃는 학생들을 보며)) 선생님이 원하는 답은 아니지만 좋은 시도였어요.	피드백(평가-인정/격려)
2) 다시 한 번 손 내릴게요. 잠깐만 얘들아, ((화면을 가리키며)) 주영이가 누구에요?	시작(후속-교사의도명료화)
(8) 학생들: ((주영이를 보며)) 사람이요.	반응
(9) 교사: 1) 네. 주영이는 사람이지요.	피드백(평가-확인)
2) 자, 그러면 라면, 기린, 사과. 선생님이 힌트를 더 줄게요. ((리모컨을 들며)) 이게 뭘까요?	시작(후속-교사의도명료화)
(10) 학생들: 리모컨이요.	반응
(11) 교사: 1)	피드백(평가-생략)
2) ((휴대폰을 들며)) 이건 뭘까요?	시작(후속-교사의도명료화)
(12) 학생들: 휴대폰이요.	반응
(13) 교사: 1)	피드백(평가-생략)
2) ((매직을 들며)) 이건 뭘까요?	시작(후속-교사의도명료화)
(14) 학생들: 매직.	반응

(15) 교사: 1)	피드백(평가-생략)
2) 그래서 낱말의 공통점은? 승수.	시작(후속-학생반응종합)
(16) 승수: 낱말의 이름.	반응
(17) 교사: 1) 그래요.	피드백(평가-유보)
2) ((화면을 보며)) 이 낱말들의 공통점은 사람이나 사물의 무엇일까요?	
(18) 학생들: 이름.	반응
(19) 교사: 네. 이 낱말들의 공통점은 사람이나 사물의 이름을 나타내는 낱말이에요.	피드백(평가-확인)

교사의 기대가 학생에게 미치는 영향

Good & Brophy(2002)는 교사가 학생에게 제공하는 피드백의 방식이 교사가 특정 학생에게 어떤 기대를 하고 있는가에 따라 달라진다는 것에 주목하였다. 교사는 학생의 성취에 대한 기대에 따라 피드백 방식이 달라진다는 것이다. 만약, 어떤 학생의 학업 성취 결과가 낮은 경우라면 교사가 학생의 성취 결과에 대해 미리 갖고 있는 기대 때문에 그 학생은 더 나은 학습 기회를 박탈당할 수 있다는 것이다.

1. 성취도가 낮은 학생이 대답할 때 더 짧은 시간 동안만 기다린다. 교사는 학생이 대답할 때 학업 성취도가 낮은 학생보다 높은 학생에게 더 많은 시간을 주었다.

2. 성취도가 낮은 학생을 오류 상황에 그대로 둔다. 교사는 성취도가 낮은 학생의 잘못된 대답에 대해 교사가 답을 직접 말하거나 다른 학생을 지명하여 대답을 하도록 한다. 반면에 성취도가 높은 학생이 오류를 범했을 때는 질문을 반복하고, 단서를 주고, 새로운 질문으로 물어본다.

3. 성취도가 낮은 학생을 높은 학생보다 더 자주 비판한다. 학생이 잘못된 대답을 하면 성취도가 낮은 학생을 더 자주 비판하였다. 교사의 이러한 방식은 성취도가 낮은 학생이 표현할 때 위험을 감수하려는 행위나 대화를 시작하려는 마음을 없애버릴 수 있다. 혹자는 성취도가 낮은 학생이 더 많은 오답을 말하기 때문에 부정적인 피드백을 받는다고 생각할 것이다. 하지만 학생이 대답하려는 진지한 시도를 비판하는 것은 어떤 경우라도 적절하지 않은 방법이다.

4. 성취도가 낮은 학생을 성취도가 높은 학생보다 적게 칭찬한다. 성취도가 낮은 학생이 옳은 대답을 했을 때에도 높은 학생보다 적게 칭찬을 받는 경향이 있다. 어떤 수업에서는 성취도가 낮은 학생이 반응을 하면 칭찬을 적게 받거나 비판을 많이 받기 때문에 학생이 선택하는 가장 안전한 방법은 침묵을 지키는 것이다. 왜냐하면 이때에는 교사가 다른 누군가를 지명하기 때문이다.

5. 성취도가 낮은 학생의 반응에 공식적인 피드백을 제공하지 않는다. 성취도가 낮은 학생의 대답(심지어 옳은 답일 경우에도)에 대해 피드백할 때 다른 학생을 지명하여 그 학생이 대신 피드백하게 한다.

6. 성취도가 낮은 학생에게 주의를 덜 기울인다. 교사는 성취도가 높은 학생에게 더 면밀한 주의를 기울였다. 교사는 성취도가 높은 학생에게 더 자주 미소 짓고 더 많은 눈맞춤을 하며 주의를 기울인다. 그리고 교사는 성취도가 낮은 학생을 주의 깊게 보지 못해서 이들을 도와주어야 하는 많은 기회를 놓치기도 한다.

7. 성취도가 낮은 학생을 자주 지명하지 않는다. 교사는 성취도가 낮은 학생보다 높은 학생을 더 자주 지명한다. 이러한 수업 참여의 차이는 성적 향상의 차이를 더 극명하게 한다.

8. 성취도가 낮은 학생에게는 요구를 덜 한다. 교사가 성취도가 '낮다'고 인식하는 학생에게 더 쉬운 시험을 보게 한다. 게다가 교사는 성취도가 낮은 학생에게 학구적인 활동을 하라고도 요구하지 않는다.

— 〈Cooper. P. J. and Simonds. C. J.(2007).
Communication for the classroom teacher(8th). Boston : Allyn and Bacon.〉

교사화법

칭찬과 꾸중화법

— 마음 상한 칭찬, 기분 좋은 꾸중

GE의 전 회장 잭 웰치는 어렸을 때 말을 더듬었다. 친구들은 잭 웰치의 이런 모습을 놀렸고, 그때마다 잭 웰치는 자신감을 잃었다.

하지만 잭 웰치의 어머니가 건넨 한 마디.

"머릿속에서 생각하는 속도가 너무 빨라 입이 미처 따라가지 못해 그런단다. 너의 빠른 머리로 큰일을 할 거야."

세계적인 경영인이 된 잭 웰치의 뒤에는 어머니의 칭찬의 힘이 있었다.

1. 칭찬과 꾸중화법의 이해

가. 칭찬과 꾸중화법의 개념

교사는 교실에서 학생과의 상호작용을 통해 학생의 인지적, 정의적 성장과 발달을 돕는다. 특히, 교사의 적절하고 효과적인 칭찬과 꾸중은 학생의 정서 발달에 많은 영향을 미친다. 칭찬과 꾸중화법의 절대적인 기법이나 원칙이 존재한다고 보기는 어렵다. 교사는 칭찬과 꾸중의 목적, 대상, 상황 등을 복합적으로 고려하여 적절한 시점에서, 적절한 방법으로 칭찬하고 꾸중할 수 있는 능력이 필요하다.

전통적으로 칭찬과 꾸중은 매우 중요한 교육 수단이었다. 하지만 칭찬과 꾸중은 주로 학생의 정의적인 측면과 관련하여, 다음과 같은 효과와 부작용이 있기 때문에 교육 현장에서는 더욱 조심스럽게 활용할 필요가 있다.

	효과	부작용
칭찬	• 용기와 자신감을 갖게 한다. • 긍정적인 사고방식을 갖게 한다. • 가능성을 발현하게 한다. • 올바른 행동, 습관 및 능력을 길러 준다. • 인간관계에 긍정적인 영향을 미친다.	• 칭찬이 없으면 적응하기 힘들 수 있다. • 칭찬이 과하면 부담을 느끼게 된다. • 칭찬을 자신에 대한 평가나 판단으로 오해할 수 있다. • 자신의 단점을 알지 못하게 된다. • 과장된 칭찬은 형식적으로 느껴진다.
꾸중	• 잘못된 행동을 제지한다. • 잘못된 행동을 반성하게 한다. • 행동의 잘잘못에 대한 판단력을 향상시킨다. • 잘못된 습관을 교정한다. • 관심을 받고 보호받는다고 여겨 안도감을 느낀다.	• 부정적 자아 개념을 형성한다. • 소극적인 태도를 형성할 수 있다. • 꾸중 받지 않은 것에 대해 잘못된 가치 판단을 내릴 수 있다. • 다른 사람을 꾸중하는 습관이 형성될 수 있다. • 꾸중에 대한 면역 효과가 생긴다.

표 2-3 **칭찬과 꾸중의 효과와 부작용**

　　　　　　　　　　　　　　　　　　　　　　　　　　　　　교사화법

일상생활에서 보면, 성인은 대부분 아동이 잘못했을 경우 어김없이 꾸중을 하면서도 옳은 행동을 했을 경우에는 그것을 당연한 것으로 받아들여 칭찬 없이 무심히 넘기는 경향이 있다. 학교에서 교사도 "칭찬을 하고 싶지만 아이들이 도대체 칭찬 받을 만한 행동을 하지 않아 칭찬을 할 수 없다."라고 말하는 경우가 있다. 하지만 칭찬이 특별하게 훌륭한 행동이나 성취를 보였을 때만 하는 것이라고 생각하면 평생 동안 다른 사람을 칭찬할 일은 몇 번 없을 것이다. 어찌 보면 학생이 끊임없이 움직이고 활동하면서 문제를 일으키는 것은 자연스러운 일이다. 부모나 교사가 학생과 한 공간에 있으면서 학생에게 화를 내지 않고 있다면 그 순간은 학생이 바람직한 행동, 즉 칭찬 받을 만한 행동을 하고 있는 것으로 보아야 한다. 따라서 기대 수준을 낮추고, 관점을 바꾸면 학생들의 많은 행동은 칭찬의 대상이 될 수 있다. 예를 들어, 숙제를 해 오지 않던 아이가 어느 날 숙제를 잘 해 왔을 때, 그런 행동의 변화는 그 학생의 노력의 결과이기 때문에 그 자체가 곧 칭찬받을 일이 되는 것이다. 즉, 학생이 어느 순간에 바람직하지 않은 행동을 하지 않고 있다면, 그것은 곧 학생의 노력에 의해 현재의 바람직한 행동을 하고 있다는 뜻이다. 꾸중도 마찬가지다. 때로는 교사의 기대 수준이 높아서, 학생들을 바라보는 눈이 엄격하여 학생들의 행동이 부적절하고 바람직하지 않게 여겨질 수 있다. 교사가 학생들에게 요구하거나 바라는 수준을 낮추거나 학생을 보는 관점을 바꿈으로써 더 이상 학생의 특정 행동이 꾸중의 대상이 아니라 자연스러운 행동으로 보일 수도 있다.

일반적으로 '칭찬'은 좋은 점이나 착하고 훌륭한 일을 높이 평가하는 것을 말한다. 반면에 '꾸중'은 아랫사람의 잘못된 행위를 엄격하게 나무라는 것을 뜻한다. 교사가 학생의 행동(반응)에 대해 언어적, 비언어적 방법을 동원하여 정의적 측면의 교육 효과를 고려하여 피드백을 제공하는 것을 '칭찬화법' 또는 '꾸중화법'이라고 볼 수 있다. 즉, 칭찬과 꾸중화법은 앞서 살펴본 것처럼 교사의 피드백 화법의 범주 중에 긍정적 피드백(칭찬하기), 부정적 피드백(꾸중하기)의 대표적인 방법으로 주로 학생의 정의적 측면을 고려한 피드백 화법이라 할 수 있다. 이와 같이 학생의 반응에 대한 정의적 측면에 초점을 둔 피드백의 일환으로써 칭찬화법의 목적은 학생의 행동에 대한 보상에만 그치는 것이 아니라 올바른 학습이나 행동 방식을 알려 주고, 그렇게 할 수 있도록 용기를 북돋워 주고 자신감을 갖도록 하기 위함이다. 그리고 꾸중화법의 목적은 처벌과 질책이 아니라 잘못된 행동을 다시 하지 않도록 인도하고 바로잡아 주는 것이다.

칭찬과 꾸중의 일반적 의미와 교육적 의의를 토대로 칭찬화법과 꾸중화법을 다음과 같이 정의할 수 있다. 칭찬화법은 교사가 학생의 올바른 언행에 대해 증가의 원리에 따라 긍정적인 피드백을 제공하는 화법이다. 그리고 꾸중화법은 교사가 학생의 잘못된 언행에 대해 삭감의 원리에 따라 부정적인 피드백을 제공하는 화법이다.

나. 칭찬과 꾸중화법의 원리

교실에서 교사의 칭찬화법은 학생이 바람직한 행동을 지속적이고 자발적으로 실천하도록 하는 교사의 언어적 · 비언어적 행위로, '증가의 원리'에 기반을 두고 있다. 칭찬화법은 학생에게 학교생활에 대한 즐거움은 물론 학습의 능률과 긍정적인 자아상을 신장시키는 역할을 한다. 교사의 칭찬화법은 학생에게 긍정적인 영향을 주지만, 잘못된 칭찬의 사용은 부작용을 일으키기도 한다.

꾸중화법은 교사가 학생의 부적절한 발화나 행동에 대해 꾸짖는 언어적 · 비언어적 행위로, 학생의 말이나 행동이 앞으로 일어나지 않도록 하는 '삭감의 원리'에 기반을 두고 있다. 칭찬화법도 신중을 기해야 하지만 꾸중화법은 더욱 그러하다. 꾸중의 대상이 되는 학생의 말이나 행동에 대한 상황적, 맥락적 요소들을 면밀히 살펴야만 꾸중에 대한 부작용을 줄일 수 있다. 학생에게 칭찬과 꾸중을 할 때 다음과 같은 원리에 유의하여야 한다.

1) 진정성의 원리

칭찬과 꾸중화법 원리 중에서 가장 중요하게 여기는 것은 진정성이다. 교사의 형식적이고 건성으로 하는 칭찬은 학생에게 무관심의 표현으로 인식될 수 있다. 진심어린 표정과 진실한 말 한마디가 더욱 효과적인 칭찬이 된다. 과장된 칭찬이나 과분한 칭찬, 평가에 치중하는 칭찬은 오히려 칭찬을 듣는 학생에게 부담감을 주거나 의구심 혹은 반항심까지도 불러일으킬 수 있다. 꾸중의 경우에도 교사는 학생의 잘못된 언행에 대해 자신의 생각이나 기분을 솔직하게 말해야 한다. 또한 학생의 말과 행동이 다른 사람들에게 어떠한 영향을 미치는가에 대해서 이야기해주는 것도 필요하다.

2) 일관성의 원리

교사의 칭찬과 꾸중은 일관성이 있어야 한다. 학생의 행동에 대해 교사가 일관된 규칙에 따라 칭찬과 꾸중을 할 때, 학생은 자기가 어떻게 행동해야 하는지에 대해 더 분명히 알게 된다. 만약 학생의 동일한 행동에 대해 누구는 칭찬을 하고 누구는 꾸중을 한다거나, 또는 어떤 때는 칭찬을 하고 어떤 때는 꾸중을 한다면 학생은 큰 혼란을 느낄 것이다. 특히 꾸중화법의 경우 예외적인 상황이 있을 때는 학생이 이해할 수 있도록 자세하게 설명하는 것이 필요하다. 칭찬과 꾸중에서의 일관성은 교사와 학생 사이의 신뢰 형성에 큰 영향을 미친다.

3) 단계성의 원리

학생의 행동 변화는 어떤 하나의 처치에 의해 완전히 바뀌는 경우도 있겠지만 대부분은 서서히 단계적으로 변화하게 된다. 칭찬과 꾸중을 할 때는 이러한 학생 행동의 단계적 변화 특성을 고려하여야 한다. 칭찬의 경우는 바람직한 행동을 지속적으로 하는 것이고, 꾸중의 경우는 잘못된 행동을 하지 않는 것이 목표 행동이 된다. 이런 목표 행동에 이르기까지는 많은 선택 단계가 있을 수 있다. 그럴 경우 미리 치밀한 계획을 세워 점진적으로 목표에 다가가는 전략이 필요하다. 여러 가지 낮은 단계의 행동을 무시하고 바로 최종 목표 행동을 형성하려 하면 실패하기 쉽다. 목표 행동에 이르는 여러 단계의 행동을 계열화하여 한 단계에서 다음 단계로 보다 쉽게 옮겨 갈 수 있게 하는 것이 최종 목표 행동에 도달하는 효율적인 방법이다. 이런 단계의 설정은 고정되지 않고 상황에 따라 달리 설정될 수 있다. 중요한 것은 학생의 행동을 한 번에 바꾸려는 생각을 버리는 것이다.

4) 구체성의 원리

교사는 칭찬과 꾸중의 대상이 되는 학생의 구체적인 말과 행동에 초점을 두어야 한다. 무조건적 칭찬이나 꾸중은 '선생님은 내가 무얼 하든 좋아해.'나 '선생님은 나만 미워해.'식의 생각을 갖게 만든다. 칭찬의 경우 총체적인 면에 대한 칭찬보다 구체적인 면에 대해 칭찬을 하도록 한다. 학생의 그림을 보며 "잘 그렸다."라고 말하기보다는 "색의 조화가 잘되어 생동감이 있구나."라고 칭찬하는 것이 바람직하다. 즉, 막연히 "잘 했구나."라는 표현보다는 특정 사실을 칭찬함으로써 학생은 앞으로 자신이 어떻게 해야 할지 알게 된다. 꾸중의 경우도 대상이 되는 말과 행동을 구체적으로 지시하고 지적해야 한다. 만일 학생이 위험한 장난을 할 경우 단지 "그렇게 하지마."라고 말하는 것보다는 "너의 장난으로 다른 친구가 다칠 수 있어."와 같이 잘못된 행위를 구체적으로 언급하고 이후에 일어날 수 있는 문제에 대해서도 명확히 알려줄 필요가 있다.

5) 수용성의 원리

교사의 칭찬과 꾸중은 흔히 '잘했어.', '못했어.'와 같이 학생의 반응에 대한 평가 기능을 가진다. 하지만 칭찬과 꾸중화법에서의 평가는 학생 능력이나 행위에 대한 단순한 평가가 아닌 학생을 이해하고 수용하는 데에 초점을 둔 평가여야 한다. 칭찬과 꾸중은 학생의 다음 행동에 영향을 준다. 학생의 이해에 바탕을 둔 칭찬과 꾸중은 학생에게 내적 동기를 유발함으로써 칭찬받을 행동을 계속적으로 하게하고, 잘못된 행동은 스스로 절제하도록 한다.

6) 긍정성의 원리

칭찬과 꾸중화법은 유목적적인 교사의 행위이다. 교사의 칭찬과 꾸중은 학생의 긍정적인 태도 형성에 도움을 주어야 한다. 학생에게 정신적 · 신체적으로 위험한 일이 아니라면 '안 돼.'라는 말은 가능하면 사용하지 않는 것이 좋다. 안 된다는 말을 반복하면 꾸중의 효과도 떨어지고 학생의 정서에도 유익하지 못하다. 가능하면 긍정적인 표현을 쓰려고 노력해야 한다. 칭찬은 좋은 행동을 장려하고 권유하는 의미로 사용하고, 꾸중은 가능한 긍정적인 어조로 말하되 단호해야 한다. 그리고 큰 소리로 하는 꾸중은 아이에게 반감을 갖게 할 수 있으므로 작은 소리로 꾸중하도록 한다.

2. 칭찬과 꾸중화법의 방법

가. 칭찬화법의 방법

1) 모호한 칭찬과 구체적인 칭찬

칭찬을 할 때는 모호하고 두루뭉술하게 칭찬을 하는 경우와 칭찬 받을 행동이 무엇인지를 구체적으로 말하는 칭찬이 있다. 이는 칭찬의 원리에 비추어 볼 때 칭찬의 구체성뿐만 아니라 칭찬의 진정성과도 관련이 있다.

[자료 7-1]
(가) 교사: 좋아요.
(나) 교사: 잘했어요.
(다) 교사: 적절한 예를 들어주어서 좋아요.
(라) 교사: 이유를 말해 주어서 좋아요.
(마) 교사: 간단히 요약해 주어서 좋아요.
(바) 교사: 물어보는 말의 핵심을 잘 파악했어요.

[자료 7-1]에서 (가)~(나)는 무엇이 좋은지, 무엇을 잘했는지를 구체적으로 알기 어려운 모호한 칭찬인 반면 (다)~(바)는 칭찬의 내용이 무엇인지, 칭찬 받는 까닭이 무엇 때문인지 구체적으로 알 수 있는 칭찬의 예이다. (다)~(바)와 같이 칭찬 받을 행

동이 무엇인지를 구체적으로 말하면서 칭찬을 하면 칭찬을 받은 학생은 교사가 의례적으로 '잘했다'고 칭찬하는 것이 아니라 교사의 진심을 담아 칭찬을 하고 있다는 인상을 갖게 한다. 이러한 칭찬을 들은 학생은 교사가 자신의 반응을 주의 깊게 관찰하고 자신이 무엇을 잘했는지, 교사가 왜 칭찬을 하는지를 알 수 있다. (가)~(나)와 같은 모호한 칭찬 보다는 (다)~(바)와 같은 구체적인 칭찬이 칭찬의 구체성이나 진정성이 드러난다. 따라서 칭찬을 할 때는 모호하고 총체적인 칭찬보다는 칭찬 받은 내용이 무엇인지를 구체적으로 언급하면서 칭찬을 하도록 해야 한다.

2) 평가하는 칭찬과 기술하는 칭찬

칭찬을 할 때 학생에게 어떤 판정을 내려 주듯 평가하는 칭찬과 학생의 행동을 객관적으로 기술하듯이 하는 칭찬이 있다.

> **[자료 7-2]**
> (가) 교사: 서정이는 항상 맡은 일을 잘 하는 책임감이 강한 어린이에요. 책 정리하는
> 　　　　 1인 1역할을 잘 해주었어요.
> (나) 교사: 책 정리를 번호에 맞게 잘 해주었어요. 친구들이 책을 쉽게 찾을 수 있겠
> 　　　　 어요. 어려운 일이었는데 서정이가 책 정리하는 1인 1역할을 잘 해주었어
> 　　　　 요. 고마워요.

[자료 7-2]의 (가)와 같은 칭찬은 교사가 학생을 평가하고 있다는 인상을 주게 된다. 그렇게 되면 학생은 좋은 평가, 좋은 판정을 받기 위해 칭찬을 들으려고 한다. 그렇게 됨으로써 학생은 불안감이 높아지고 자신의 행동에 대해 좋은 평가를 기대하며 자신의 판단에 의해 행동하기보다 교사의 칭찬을 좇아 수동적으로 행동하게 된다. 칭찬이 바람직한 행동을 증가시키는 수단이 되기보다는 칭찬 자체가 목적이 된다. 따라서 자료의 (나)와 같이 학생의 대답이나 행동을 객관적인 측면에서 있는 그대로 진술하는 칭찬을 고려할 필요가 있다. (나)와 같은 칭찬은 학생 스스로 자신

의 행동을 되돌아보고 스스로를 다시 칭찬할 수 있게 한다. (나)에서 교사의 말을 들은 학생은 자신의 행동이 교사를 기쁘게 하고 친구들에게도 도움을 줄 수 있었다고 결론을 내리고 자신의 행동에 대해 스스로 칭찬을 다시 한 번 더 할 수 있다. 따라서 칭찬을 할 때는 학생에게 어떤 판정을 내려 주는 듯이 평가하는 칭찬을 하기 보다는 학생의 행동을 객관적으로 기술하는 방식으로 칭찬을 해 주어야 한다.

3) 과장되지 않은 칭찬

학생에게 칭찬을 많이 해주려고 애쓰다 보면 과장된 칭찬을 하게 되는 경우가 있다. 학생이 수행한 결과에 비해 모자란 칭찬도 문제가 있지만, 지나친 칭찬 역시 학생에게 좋지 않은 영향을 줄 수 있다.

> [자료 7-3]
> (가) 교사: 야, 천재적인 대답이네!
> (나) 교사: 귀신같이 알아맞혔네!

[자료 7-3]과 같은 과장된 칭찬은 칭찬을 받는 학생에게 부담을 줄 수 있다. 학생 스스로 생각하기에 별 것 아니라고 생각했던 대답이나 수행을 교사가 '천재'라고 칭찬을 하며 치켜세운다면 다음에도 교사에게 '천재'라는 칭찬을 듣기 위해 부담감을 가질 것이다. 또한 과장된 칭찬은 다른 학생에게 부담을 줄 수 있다. 앞서 칭찬 받은 학생과 마찬가지로 '천재'나 '귀신'에 상응하는 칭찬을 들어야 하는데 그렇지 못하면 어떡하나 하고 걱정할 수 있기 때문이다. 심지어 교사의 칭찬에 따라 앞서 칭찬 받은 학생과 비교를 당하고 있다는 느낌도 받을 수 있다.

4) 드러나지 않는 듯한 칭찬

칭찬을 할 때 교사는 일반적으로 칭찬할 대상을 명시적으로 드러낸다. 그러나 요란하지 않게 드러나지 않는 듯한 칭찬은 교사의 입장에서 볼 때 칭찬을 하기 위해 적절한 표현을 애써서 찾아야 하는 수고로움을 덜어줄 수 있다. 또한 칭찬을 받는 학생 역시 칭찬 받은 사실에 대해 부담감을 갖지 않으면서도 스스로 은근한 자신감을 가질 수 있다. 이러한 방법 중 효과적인 방법이 학생의 대답을 반복해 주는 것이다.

[자료 7-4]

(1) 교사: 주인공이 들고 다니는 마법의 보자기는 무엇일까요?

(2) 학생: 우리들에게 주는 선물 같습니다.

(3) 교사: 오-. 선물 같아요.

[자료 7-4]에서는 교사가 학생의 말을 그대로 반복해 주고 있다. 이는 학생의 대답을 확인하는 기능을 하기도 하지만 학생의 말을 수용하고 인정한다는 의미도 갖는다. 학생을 칭찬하는 표현이 표면적으로 드러나지 않더라도 학생의 대답을 반복하는 것만으로도 훌륭한 칭찬이 될 수 있다. 이때 한 가지 유의할 점은 학생의 말을 반복할 때 교사가 비언어적 요소를 가미하면 칭찬의 의미가 더 분명해 진다. 고개를 끄덕이거나 목소리에 기쁨이나 놀라움, 반가움 등을 담으면 효과적이다. '모방이 가장 효과적인 칭찬이다.'라는 말이 있듯이 자신이 한 말을 다른 사람이, 특히 선생님이 따라 할 때 학생의 마음에는 흐뭇함과 동시에 자신감이 생긴다. 학생의 대답을 언어적이 방식으로 표현하지 않고 칠판에 요약해서 쓰는 것도 학생의 말을 말없이 반복하는 효과적인 칭찬이 된다.

5) 반응의 확장을 유도하는 칭찬

칭찬이 칭찬으로 끝나지 않고 칭찬 자체를 또 다른 질문 형태로 하여 수업에 활력을 불어 넣으면서 다른 학생의 의욕도 자극할 수 있다. 칭찬을 의도적으로 모호하게 하면서 학생들에게 더욱 구체적인 반응을 유도하는 피드백의 기능을 할 수 있다.

(1) 교사: 좋은 대답이라고 생각되는데 다른 사람들도 그렇게 생각합니까?

(2) 학생들: 네. ((고개를 끄덕인다.))

(3) 교사: 왜 좋은 대답이라고 생각합니까? 더 좋은 대답이 있습니까?

[자료 7–5]와 같은 칭찬은 학생의 대답을 수용하면서 칭찬을 하고 있지만 학생들의 사고를 활성화시키기 위해 의도적으로 모호하게 칭찬하고 있는 경우이다. 교사의 칭찬은 피드백의 기능을 하며 학생의 사고를 자극하고 보다 정교한 학생의 반응을 유도하게 된다.

나. 꾸중화법의 방법

1) 인격에 주목하는 꾸중과 행동에 주목하는 꾸중

꾸중을 할 때 학생의 인성을 언급하며 학생의 인격 측면에 주목하는 꾸중과 학생의 잘못된 행동 자체에 주목하는 꾸중이 있다.

[자료 7–6]

((학교 도서실에 반납 기한을 넘긴 학생에게))

(가) 교사: 넌 참 무책임하구나. 늘 꾸물대고 잊어버리고. 왜 도서관에 책을 반납하지 않았어.

(나) 교사: 너 도서관에 책을 반납해야겠더라. 기간이 넘었어.

[자료 7–6]의 (가)에서 교사는 도서를 연체한 학생에게 '무책임하다'라고 말하면서 학생의 인격을 건드리는 꾸중을 한다. 반면 (나)에서는 인격에 대한 언급을 하지 않고 반납 기한이 지났다는 잘못된 행위 그 자체에 국한하여 꾸중을 한다. 특히 교사가 감정에 치우치다 보면 (가)와 같이 학생의 인격을 건드리기 마련이다. 그렇게 되면 학생은 교사의 꾸중에 반감을 가져 역효과를 가져오기도 한다. 따라서 꾸중을 할

때 교사는 감정을 조절해야 하며 학생의 인성이나 성격을 건드리는 말을 하지 말고 학생의 행동을 그대로 말하는 꾸중을 해야 한다.

2) 원인을 사람에게 돌리는 꾸중과 상황에 돌리는 꾸중

꾸중을 할 때 꾸중을 듣게 된 책임을 모두 학생에게 지우는 방법과 꾸중을 듣게 된 원인을 학생이 아닌 사물로 돌리는 방법을 생각할 수 있다.

[자료 7-7]

((창문을 열라는 교사의 지시에 학생이 창문을 열지 못하고 있다.))

(가) 교사: 창문 하나도 열지 못하냐? 네가 할 줄 아는 게 뭐야?

(나) 교사: 그 창문이 또 말썽이구나.

[자료 7-7]에서 (가)는 창문을 열지 못하는 원인이 학생의 능력에 있다고 학생에게 책임을 지우며 꾸중한다. 그러나 (나)는 창문이 고장 났기 때문에 학생이 문을 열지 못했다고 보는 것으로 원인이 창문에 있다고 보며 사물에 주목하여 꾸중한다. 이는 학생의 마음을 이해하고 배려하며 다른 것을 탓해주는 꾸중하지 않은 듯 꾸중하는 방법이다. 그러나 꾸중을 할 때 학생이 늘 다른 것을 탓하게 하거나 다른 사람에게 책임을 전가하지 않도록 주의해야 한다. 또한 꾸중의 책임에 대한 잘못된 정보를 제공하여 그 학생을 특별히 대우한다는 느낌을 주지 않도록 해야 한다.

3) 너 전달법과 나 전달법의 꾸중

대화 과정에서 상대방에 대한 자신의 생각이나 느낌을 말할 때 '너'를 주어로 해서 전달하는 방법을 '너 전달법you-message'이라고 한다. '너 전달법'은 상대방에게 자신의 판단을 가지고, 일방적으로 지시하고, 명령하고 요구함으로써 일방적 설득이나 충고로 받아들이게 한다. 반대로 '나'를 주어로 해서 전달하는 방법을 '나 전달법I-message'이라고 한다. '나 전달법'은 상대방의 객관적 행동과 그것이 나에게 미친 영향, 그것 때문에 나에게 일어난 생각과 감정, 그에 따른 나의 희망과 입장을 솔직하고 개방적으로 자신을 표출하는 것이다. '나 전달법'은 상대방에 대한 부정적 평가를 하지 않고, 상대방에게 어떤 행위를 강요하지 않음으로써 상대가 나에게 저항하거나 나를 공격하게 할 우려가 줄어든다. 꾸중을 할 때도 학생을 주어로 해서 꾸중을 하기 보다는 교사인 '나'를 주어로 교사의 기분을 전달하는 것이 담백하게 꾸중하는 방법이다.

[자료 7-8]

(가) 교사: 지저분한 놈들아, 교실에 책을 이렇게 어질러 놓을 거야? 교실이 돼지우리야!

(나) 교사: 책들이 교실 바닥에 널려 있구나. 선생님 마음이 산만해서 수업을 시작할 수 없네. 우리 반 친구들이 정리정돈을 안하고 책을 함부로 다루는 것 같아 화도 좀 나는 구나. 책 좀 정리하면 좋겠구나.

[자료 7-8]에서 (가)와 같은 꾸중은 학생을 주어로 하는 너 전달법의 꾸중이다. 이러한 꾸중은 교사 개인의 감정 풀이가 되기도 하며, 교사가 의도한 교육적 목적에 도달하는 데 장애가 되기도 한다. 반면에 (나)와 같은 꾸중은 교사를 주어로 하는 나 전달법의 꾸중이다. 이러한 꾸중은 학생들에게 교사가 꾸중하는 이유를 구체적으로 알려줄 뿐만 아니라 학생들의 행동이 상대방에게 어떤 영향을 미치게 되었는지도 알 수 있게 하는 방법이다. 따라서 꾸중을 할 때 교사는 학생들의 잘못을 지적하며 감정풀이 하는 너 전달법과 같은 꾸중 보다는 교사의 감정을 품위 있게 드러내는 나 전달법과 같은 꾸중의 방법을 사용할 필요가 있다.

4) 기대나 바람을 담은 꾸중

꾸중을 할 때 꾸중으로만 끝나면 학생들은 더욱 주눅 들게 된다. 또한 꾸중을 듣고 꾸중들은 행동만 하지 않으면 된다는 소극적인 행동을 할 수 있다. 따라서 꾸중을 듣고 자신의 행동을 어떻게 바로 잡아야 하는지 능동적으로 생각해 볼 수 있도록 안내를 할 필요가 있다. "선생님은 네가 ~하길 바라.", "선생님은 네가 ~했으면 좋겠어." 등과 같은 말은 학생에 대해 교사가 기대하는 소망이나 바람이 무엇인지를 생각해 볼 수 있게 하여 자신의 잘못을 능동적이고 주체적으로 바로잡게 할 수 있다. 학생은 이러한 꾸중을 듣고 교사가 자신의 잘못을 질책하지만 바르게 자라기를 바라는 애정 어린 조언을 하고 있다는 것을 느낄 수 있다.

[자료 7–9]

(가) 교사: 지원아, 그런 말은 누가 사용하니? 조폭들이나 사용하는 말이잖아. 너 그런 사람이 될 거야?

(나–1) 교사: 선생님은 지원이가 친구들에게 고운 말을 사용하는 사람이 되면 좋겠어요. 지원이는 이제 앞으로 잘할 거예요.

(나–2) 교사: 다른 친구는 다 욕해도 지원이는 안할 거라 믿었어요. 그런데 지원이가 거친 말을 쓰는 것을 듣고 선생님은 깜짝 놀랐어요.

[자료 7–9]는 거친 말이나 욕설을 사용한 학생을 교사가 꾸중하는 상황이다. (가)의 경우는 거친 말이나 욕설을 사용하는 사람은 어떤 부류의 사람이라고 규정하고 지원이의 현재 잘못에 초점을 두고 있다. 그리고 지원이를 조폭과 같은 부류의 사람과 동일시해도 되는지 물으며 꾸중하고 있다. (나–1~2)의 경우는 지원이에 대한 기대와 믿음이 담겨 있다. (나–1)과 같이 지원이가 지향해야 할 행위를 직접 안내하거나, 지원이의 발전 가능성이나 노력에 대한 교사의 믿음과 지지를 표현할 수 있다. 또는 (나–2)와 같이 지원이에게 교사가 평소 갖고 있는 믿음이나 마음을 말하는 방법도 있다. 지원이는 꾸중을 들었지만 자신의 잘못을 야단만 맞았다는 기분만 들지 않았을 것이다. 선생님의 신뢰를 느낄 수 있어서 꾸중을 듣고 나서도 가슴에 뿌듯함이 남아 있었을 것이다.

5) 자신의 잘못을 알고 있는 학생을 헤아리며 꾸중하기

학생이 자신의 잘못을 이미 알고 있을 때에는 꾸중하기 보다는 학생의 행동을 이해하는 말을 할 필요가 있다. 평소에 장난이 심해 꾸중을 자주 듣던 '민재'라는 학생을 가정해 보자. 민재는 교실 안 벽에 공 튀기기를 하다가 교실 유리창을 깨뜨렸다. 유리창 파편이 교실 안뿐만 아니라 밖으로 튀었다. 교실 밖에는 학생들이 놀고 있었는데 날카로운 유리 파편이 학생들 옆을 가까스로 비켜갔다. 민재는 매우 위험한 상황이었음을 알고 간담이 서늘해졌다. 그리고 자신이 잘못한 일이 평소와 달리 심각하다는 것을 느끼고 선생님께 크게 혼날 것이라 생각했다.

> **[자료 7-10]**
> (가) 교사: 민재야, 그러게 선생님이 교실에서 공놀이 하지 말라고 이야기 했잖아. 지나가는 사람이 맞기라도 했으면 어쩔 뻔 했어?
> (나) 교사: 민재야, 이리 와봐. 너도 많이 놀랐지? 어디 다친 데 없니?

[자료 7-10]에서 (가)는 교사의 주의 사항을 제대로 실천하지 않은 민재를 질책하는 상황이다. (나)는 자신의 잘못을 알고 있는 민재를 이해하는 말을 하고 있는 상황이다. (가)와 같이 교사가 민재를 심하게 꾸중한다면 민재가 마음을 기댈 곳은 어디일까? 학생이 자신의 잘못을 이미 알고 있을 때에는 (나)와 같이 학생의 마음을 먼저 헤아리고 보듬어 안아줄 필요가 있다. 민재도 자신이 얼마나 위험한 행동을 했는지 되돌아보고, 선생님이 어떤 메시지를 전달하려는지도 알 것이다.

다. 칭찬과 꾸중화법의 유의점
1) 진실한 마음을 담아서 칭찬과 꾸중하라.

칭찬이나 꾸중을 할 때에는 진심을 담아서 말해야 한다. 칭찬이나 꾸중을 하는 교사의 마음이 어떻다고 굳이 말로 표현하지 않아도 학생들은 다양한 단서를 통해 교사의 마음을 충분히 읽을 수 있다. 교사가 마음을 담아서 칭찬하거나 꾸중한다면 학생의 마음에도 울림이 일어날 수 있다. 칭찬의 모양새를 갖고 있지만 빈정거리는 태도로 칭찬하면 교사와 학생의 관계는 최악으로 치달을 수 있다. 꾸중의 모양새이지만 믿음과 사랑을 담아 꾸중하면 감동적인 꾸중이 될 수 있다.

학생에게 칭찬이나 꾸중을 할 때 학생은 교사가 자신에게 어떤 마음을 갖고 있는지 본능적으로 안다고 한다. 교사들은 종종 "학생도 선생님이 자기를 예뻐하는지 미워하는지는 다 알아요."라고 말한다. 교사가 학생에게 칭찬을 하고 있지만 진심이 담긴 칭찬인지 아닌지 학생들은 감지하고 있다. 교사가 학생에게 꾸중을 하면서 "다 네가 잘 되라고 하는 거야.", "선생님 마음도 정말 아파."라고 말하는 경우가 있는데, 교사가 굳이 이와 같은 표현을 하지 않아도 학생들은 교사의 진심을 이미 파악하고 있다고 한다. 이는 학생이 교사와 학생과의 평소 관계나 이후의 교사의 행동에 비추어 교사의 마음을 판단하거나, 비언어적·준언어적 표현을 통해 전해지는 메시지로도 교사의 마음을 파악한다.

2) 교사의 개인적인 감정을 싣지 않도록 하라.

칭찬과 꾸중은 정의적인 측면이 강하여 개인의 감정이 실리기 쉬우므로 교사의 개인 감정이 학생에게 전달되지 않도록 주의해야 한다. 동일한 상황인데 평소에 정서적으로 지지하는 학생에게는 더 우호적이거나 관대하게 말하기도 하고, 그렇지 않은 학생에게는 필요 이상의 부정적인 정보까지 전달하기도 한다.

특히 꾸중의 경우는 잘못된 행동에 대해 말하는 경우가 많으므로 개인적인 감정이 개입되기 쉽다. 교사의 지도에도 불구하고 학생이 어떤 잘못을 반복할 때 참다못한 교사가 "너 정말 선생님 화나게 할래?"와 같이 꾸짖기도 한다. 이와 같은 꾸중은 교육 목적 보다는 교사 개인의 감정 표현에 더 가깝다. 꾸중을 들은 학생은 부정적인 자아상을 갖게 되고 교사의 입장이나 기준에서 행동하는 수동적인 태도를 갖게 된다.

3) 꾸중에 대한 기준을 미리 제시하고 일관성을 유지하라.

교사가 학생이 잘못할 때마다 꾸중한다면 학생들은 교사의 꾸중을 그저 잔소리로 여길 것이다. 꾸중을 통한 학생의 행동 변화의 효과는 기대하기 어렵다. 교사가 학생에게 꾸중하는 기준을 미리 제시하고 그 기준에 따라 일관되게 말할 필요가 있다. 학급을 시작하는 첫날에 꾸중하는 기준을 명확하게 제시하는 방법을 생각해 볼 수 있다. 예를 들어 "선생님은 여러분이 두 가지를 꼭 지켜주기 바라요. 친구 따돌리지 않기, 거짓말 하지 않기. 다른 것은 몰라도 이것을 지키지 않으면 혼낼 거예요. 일 년 동안 잘 지키도록 노력해요."라고 꾸중의 기준을 말한다. 그리고 일 년 동안 일관되게 이 기준을 적용하여 꾸중하면 교사가 의도한 학생들의 행위 감소는 눈에 띄게 나타날 것이다.

4) 다른 사람과 비교하거나 다른 사람을 끌어 들이지 않도록 하라.

꾸중을 할 때는 꾸짖는 그 학생 자체만 대상으로 하며 다른 사람과 비교하거나 다른 사람을 끌어 들이지 말아야 한다. 남과 비교하는 꾸중을 들은 학생은 자신의 잘못을 받아들이고 고치려고 노력을 하기 보다는 비교 당한다는 사실 자체에 마음이 상할 수도 있다. 또한 꾸중을 할 때 "수민이에게 물어보니까 네가 잘못 했던데."라고 다른 사람을 끌어들이는 경우가 있다. 꾸중을 듣는 학생은 교사가 확인해 보았다고 한 그 학생에게 반감을 갖고 그 학생과의 관계에도 문제가 생길 수 있다.

칭찬을 할 때에도 다른 사람과 비교된다는 기분이 들지 않게 유의해야 한다. "인성이를 봅시다. 인성이는 선생님이 내준 숙제를 항상 이렇게 성실하게 해 와요."와 같이 특정 학생을 칭찬하는 말을 보자. 이와 같은 교사의 말은 과제를 해 오지 못한 학생에게는 꾸중이 될 수 있다. 인성이의 행동은 꾸중의 준거가 되기 때문이다. 교사는 인성이를 칭찬해 준다고 하지만 정작 인성이는 친구들에 대한 미안함으로 기분이 유쾌하지 않을 수 있다.

5) 학생 개인의 특성이나 교사와 학생과의 관계를 고려하라.

교사가 칭찬과 꾸중을 할 때에는 학생 개인의 특성이나 문화적 차이를 고려해야 한다. 똑같은 교사의 칭찬이나 꾸중이라도 학생의 나이, 학업 성취, 성격, 환경적 요소 등에 따라 반응과 효과는 달라질 수밖에 없다. 또한 교사가 무엇을 칭찬하거나 꾸중했는지, 어떤 상황에서 어떻게 칭찬하거나 꾸중했는지 등의 상황과 맥락에 따라서도 칭찬과 꾸중의 효과는 달라진다. 어떤 칭찬은 듣고도 어색하거나 기분이 좋지 않은 경우가 있고, 어떤 꾸중은 비록 꾸중이지만 감동적인 경우도 있다.

Brophy(1981)는 칭찬의 대상에 따라 선호하거나 효과가 있는 칭찬의 유형이 다르다고 하였다. 초등학교 저학년은 능력 중심 칭찬이 효과적이며 고학년은 과정 중심 칭찬이 효과적이라고 보았다. Wehby et al.(1995)는 오랜 시간 부정적인 피드백을 받거나 감정적 문제가 있는 학생의 경우에는 오히려 교사의 인정이나 칭찬이 부정적인 결과를 초래한다고 했다(이선영, 2016).

6) 다른 사람의 입을 통해 칭찬하는 방법도 고려하라.

칭찬이나 꾸중은 대상자에게 직접 말하는 것이 칭찬이나 꾸중의 효과가 분명하다. 하지만 칭찬의 경우 다른 사람을 통해 듣게 하는 방법도 고려해 볼 수 있다. 얼굴을 맞대고 하는 칭찬은 그냥 해 주는 의례적인 칭찬이라고 생각할 수도 있다. 하지만 다른 사람을 통해 칭찬을 들으면 의례적인 칭찬이 아닌 평소의 마음이 담긴 칭찬이라고 생각할 수 있다. '현아'라는 학생이 친구들의 입을 통해 교사의 칭찬을 듣는 상황을 가정해 보자. 현아의 친구들이 현아에게 다음과 같이 말한다. "현아야, 너 친구들에게 진짜 친절하게 말한다며? 선생님께서 친절하게 말하는 사람으로 예를 들어 주시다가 너를 말씀하셨어."라고 말한다. 이 말을 들은 현아는 교사의 칭찬이 그저 해 주시는 칭찬이 아니라 평소 자신에 대한 마음이 담겨 있다고 생각하고 선생님 앞에서 듣는 칭찬과는 다른 기분 좋음을 느낄 것이다.

3. 칭찬과 꾸중화법의 적용

가. 칭찬과 꾸중화법 분석하기

※ 다음 두 대화 자료에서 칭찬 기술의 구체성, 진정성, 일관성 등에 비추어 교사의 칭찬화법을 비교 분석해 봅시다.

[대화 자료 1]

(1) 학생: 경찰아저씨는 낮에 순찰을 돕니다.

(2) 교사: 네, 경찰 아저씨는 낮에 순찰을 돈데요. 어, 너무 발표 잘해 줬어요. 유진이가 얘기해 볼까요?

(3) 유진: 나팔꽃은 아침에 새벽 다섯 시에 피었다가 낮 (.) 쯤에 집니다.

(4) 교사: 와, 너무 똑똑하다.:: 나팔꽃은: 새벽에 피었다가: 오후에 진데요. 아후, 너무 발표 잘해 줬어요. (.) 소원이가 발표해 볼까요?

(5) 소원: 저는 엄마의 하루를 발표하겠습니다. 엄마는 일찍 일어나서: (1.5) 몸을 깨끗이 씻고 밥 음식을 차리고 우리들이랑 같이 밥을 먹고 엄마는 회사를 나가고 우리는 학교를 옵니다.

(6) 교사: 와 소원이도 발표를 너:↑무 똑똑하게 잘해 줬어요. 1학년 3반 친구들 너:↑무 똑똑하구나.: 그러면 선생님이 한번 물어볼게. 우리의 하루는: 무엇↑에 따라 달라우 달라지나요. 우리들이나:↑ 주변에 모습은 어떤 것에 따라서 생활모습이 달라지지:↑ 음:: 누가 얘기해 볼까:? 진수가 손을 들었어요. 우리 예쁜 진수가

(7) 진수: 아침에 저녁 밤에 따라 달라집니다.

(8) 교사: 네,↑ 아침: 저녁: 낮: 밤에 따라 달라진데요. 와↑ 너무 잘해 줬어요. 그래서: 오늘: 1학년 3반 친구들이 공부할 것을 선생님이 생↑각해 봤는데: 뭐냐면 (3.0) ((칠판에 학습 문제를 붙인다.)) 하루 동안: 달라지는 주위의 모습을 어떻게? 여::러 가지 방법으로 나타내어 보는 것에 대해서 공부할 거예요. 재밌겠죠?

[대화 자료 2]

(1) 학생: 제가 발표하겠습니다. 자기 의견만 (.) 내세우지 않고 다른 친구의 의견도 들어주면 [됩니다.]

(2) 교사: [그렇지::,] 빙고. 용기 말에 선생님이 제::일 중요하다고 생각하는 거 용기가 말했어요. 내의견만 얘기하지 말고↑ 다른 사람 의견도↑ 잘: 들어 줍니다. 또. 어떤 것이 있을까요? (1.6) 재은이가 얘기해 볼까?

(3) 재은: 제가 발표하겠습니다. 남의 의견을 잘 들어주고 (.) 남의 의견을 무시하지 않습니다.

(4) 교사: 남의 의견을 무시하지 않습니다↑. 좋은 의견이죠. 현섭이. (.) 발표하세요.

(5) 현섭: 제가 발표하겠습니다. 조 조에 조: 활동에 방해되는 (1.3) 방해되는 일은 하지 않습니다.

(6) 교사: 어, 맞아요. 잠깐만 선생님이 현섭이가 조 활동에 방해가 되는 행동은 안한다고 했는데 우리 조 활동에 우리 모둠 활동은 잘하는데 큰:: 소리로 말해서 옆에 모둠이 너무 방해되게 하면 안 되겠어요. 또: 발표할 사람, 효정이가 그래 마지막으로 한번: (.) 발표해 보자.

나. 칭찬과 꾸중화법 토의하기

※ 내가 들은 기분 좋은 칭찬이나 유쾌하지 않은 꾸중의 경험을 공유해 봅시다. 그리고 칭찬이나 꾸중을 할 때 유의해야 할 점이 무엇인지 토의해 봅시다.

다. 칭찬과 꾸중화법 연습하기

(1) 다음 상황에서 효과적으로 '칭찬'하는 방법을 연습해 봅시다.

교사가 아이들을 칭찬하는 일은 단순하고 쉬운 일이 아니다. 담임을 맡은 조 교사는 아이들에게 잘했다고 칭찬을 해주어도 아이들이 그다지 기뻐하지 않는 것을 보면서 칭찬하는 것이 어렵다는 생각을 자주 한다.

어느 날 조 교사 반의 재형이가 돈이 들어있는 지갑을 잃어 버렸다. 조 교사는 학생들에게 말하고 지갑을 함께 찾아주자고 제안하였다. 점심시간이 끝날 무렵 한길이가 재형이의 지갑을 찾아 선생님께 건네주었다.

(1) 한길: 선생님, 재형이 지갑을 찾았어요.

(2) 조 교사: _____

(가) 위와 같은 상황에서 조 교사는 한길이에게 어떻게 말하면 좋을지 이어지는 조 교사의 말을 만들어 봅시다.

① 최고의 교사: _____

_____

② 평범한 교사: _____

_____

③ 최악의 교사: _____

_____

(나) 조 교사가 위와 같이 말하였다면, 그 말을 들은 한길이는 어떤 생각을 하였을지 생각해 봅시다.

(2) 다음 상황에서 효과적으로 '꾸중'하는 방법을 연습해 봅시다.

아이들이 실수하는 것은 자연스러운 일이다. 그만큼 자주 발생한다. 하지만 아이들의 그런 잘못을 지적한다면 아이들은 늘 꾸짖음의 대상으로만 남게 된다. 16년 경력의 한 교사는 아이들을 매일 혼내게 되는 자신에게 회의가 든다. 그래서 가급적 아이들을 다독여주고 아이들 입장에서 서려고 한다.

어느 날 한 교사가 잠시 자리를 비운 사이 두 아이가 서로 밀치다가 화분을 깼다. 주변의 아이들이 몰려들어 소란스러웠고, 한 교사가 교실로 들어오자 그중 몇몇의 아이가 한 교사에게 "주하가요, 화분 깼어요."하며 이르기 시작했다. 주하는 평소에 장난꾸러기이긴 하지만 청소도 앞장서서 열심히 하고 친구들도 도와주는 성실한 아이다. 한 교사는 주하를 불러 묻기 시작했다.

(1) 한 교사: 화분이 깨졌네. 네가 깼다고 하는데 정말이니?

(2) 주하: 예.

(3) 한 교사: 저런! 무슨 일이 있었니?

(4) 주하: 정민이가 밀어서 제가 피하다가…

(5) 한 교사: 그럼 정민이도 책임이 있구나. 정민아.

(6) 주하: 아뇨. 정민이랑 장난치다 제가 깼어요.

(7) 한 교사: 교실에서 장난을 치다 그랬구나! 벽에 부딪혀서 깨져버렸네. _____

(가) 위와 같은 상황에서 한 교사는 화분을 살피며 주하에게 어떻게 말하면 좋을지 이어지는 한 교사의 말을 만들어 봅시다.

① 최고의 교사: _____

_____

② 평범한 교사: _____

_____

③ 최악의 교사: _____

_____

(나) 한 교사가 위와 같이 말하였다면, 그 말을 들은 주하는 어떤 생각을 하였을지
　　생각해 봅시다.

이야기화법

스토리텔러의 신조

나는 상상이 지식보다 강하다고 믿는다.

신화는 역사보다 강력하다고 믿는다.

꿈은 현실보다 더 강력하다고 믿는다.

소망이 경험을 이긴다고 믿는다.

웃음만이 슬픔의 유일한 치료제라고 믿는다.

그리고 또 나는 믿는다.

사랑이 죽음보다 강하다고. (Fulghum,1988)

— Cooper & Simonds(2007)

(2007, 이창덕 외 역 2010, 교실의사소통 352쪽)

Ⅰ. 이야기화법의 이해

가. 이야기화법의 개념과 특징

1) 이야기화법의 개념

'이야기'는 사전적으로 "어떤 사물이나 사실, 현상에 대하여 일정한 줄거리를 가지고 하는 말이나 글"을 뜻한다. 자신의 경험이나 생각한 것을 남에게 일러주는 말이나 어떤 사실이나 사건, 또는 꾸며낸 사실이나 사건에 대해서 재미있게 하는 말을 의미하기도 한다. 이야기화법(스토리텔링)의 사전적이 의미는 '이야기를 들려주는 활동(Oxford, 1989)'이다. 이야기화법과 같은 의미의 스토리텔링은 흔히 '구연口演'이라는 용어로 많이 번역하여 쓰는데 구연이라는 말의 사전적 의미는 '문서에 의하지 않고 입으로 사연을 말하는 것'을 뜻한다. 구연은 이야기를 말로 전달하는 것에 초점을 두어 듣는 사람들 앞에서 감정을 살려 생동감 있게 이야기를 들려주는 것을 의미한다. 현신이든 상상이든 문자로 이야기를 풀어쓰는 것을 '서사敍書'라고 하고 최근에는 학문적으로는 영어 용어 그대로 '내러티브narrative'라는 용어를 사용하기도 한다. 내러티브의 의미 영역을 확대해서 입말과 글말 모두에서 '이야기를 풀어내는 활동'의 포괄적 의미로 사용하기도 한다. 과거 소설이 이야기를 대표하는 장르로 여겨졌으나 다양한 매체의 발달로 소설 이외에도 만화, 영화 등 다양한 방식의 표현 양식이 이야기를 풀어내는 양식으로 쓰이면서 '내러티브'와 '스토리텔링'과 같은 용어를 이전보다 더 넓은 의미의 '이야기' 또는 '이야기하기' 용어로 사용하게 되었다. 여기서는 교사화법이 글쓰기보다는 말하기에 더 중점이 주어진다는 점을 감안하여 '이야기화법'이라는 용어로 통일해 쓰기로 한다.

교사화법

오래 전부터 이야기화법은 아동들에게 즐거움과 교훈을 주는 하나의 방법으로 사용되었는데 기술적인 면에서 보면 이야기하기는 '그것이 사실 이야기든 상상 이야기이든 하나 이상의 사건을 이야기하는 행위'로 정의할 수 있다. 달리 말해, 어떤 이야기를 구체적 시간, 장소에서 구체적 필요나 목적을 가지고 특정한 대상에게 입말이나 매체를 이용하여 풀어내는 행위를 말한다. 이야기화법의 구체적 행위로서 '이야기하기'는 구체적 맥락(시간과 장소)에서 화자 자신이나 다른 등장인물들이 겪는 사건들을 말과 글로 표현하는 행위이다.

2) 이야기화법의 특징

가) 구연성(입말, 口演性)

이야기화법은 이야기 내용을 글이 아니라 선생님의 말로 직접 들려주는 구연성의 특징이 있다. 교실에서 교사가 들려주는 이야기는 책에서 나온 것이 아니라 교사의 이야기로 받아들여 학습자들은 교사에 대해 친밀감을 느끼게 된다. 반면, 이야기책으로 읽어주는 것은 교사가 본문의 내용과 형식을 그대로 읽어가므로 교사와 학습자의 공감대 형성의 기회가 적다. 학생들이 알고 있는 이야기를 책으로 그대로 읽어줄 경우 학습자 또한 똑같은 이야기를 듣게 되므로 학습자의 흥미를 지속시키기 어려운 면이 있다. 학생들이 대강의 줄거리를 알고 있는 이야기라고 하더라도 교사는 교육 목적과 교실 상황에 맞춰 이야기를 자신의 말로 바꾸어서 들려주는 것이 중요하다.

나) 언어적, 준언어적 특징

이야기 화법은 이야기의 장면과 대화에 어울리는 목소리, 성량과 속도 조절 등에 영향을 받는 언어적 특성이 있다. 낱말이나 문장의 내용뿐 아니라 목소리를 이야기의 주인공에 따라서, 그리고 감정에 따라 높고, 강하게, 밝게, 어둡게, 똑똑하거나, 어눌하게 조절하고, 또 한 이야기의 정점에 다다를수록 천천히, 작은 목소리로 말하면 극적 효과를 거둘 수 있다. 이야기의 단어, 문장의 내용뿐 아니라 준언어적 방법,

즉 이야기 하는 사람의 목소리의 성량과 속도, 크기, 빠르기, 음색 등을 통해서 이야기를 하는 사람과 듣는 사람의 감정적 소통과 공감대를 확대할 수 있다.

다) 비언어적 특징

이야기화법은 글로 된 이야기와 달리 비언어적 요소의 영향을 크게 받는다. 이야기책으로 읽어주는 이야기보다 교사의 구연을 통해 이야기하는 것을 학생들이 더 쉽게 이해하는 것은 교사가 의미를 강조하기 위해 등장인물의 마음 상태를 나타내는 표정이나 효과적인 몸짓, 청중과의 눈맞춤, 극적인 멈춤, 알맞은 숨 조절과 같은 비언어적인 특성을 잘 활용하기 때문이다. 설명이나 해설 방식으로 교과 내용을 전달하면 교사에게 집중하지 못하는 학생의 경우에도 이야기화법으로 전달하면 이야기에 몰입하는 동안 학생들은 교사의 이동, 동작, 제스처, 표정, 눈빛 하나까지 주목하면서 집중하게 되고, 이는 학습자의 집중도와 이해력을 높아지게 한다.

라) 현장 재구성

이야기화법 실현은 이야기 현장의 재구성 성격을 갖는다. 이야기 화자로서 교사는 이야기의 내용을 교육 목적과 현장 상황에 따라 가감할 수 있고, 이야기를 듣는 학습자의 표정과 즉각적인 관심을 살핌으로써 이에 적극적으로 반응해 줄 수 있다. 또 학습자가 이야기를 이해하는 데 어려움을 겪을 경우 자연스럽게 이야기를 되풀이해 주거나 풀어서 자세히 설명을 해 줄 수도 있다. 또한 그때그때의 수업 상황에 맞게 이야기의 줄거리와 결말을 새롭게 구성해야 하며 경우에 따라서는 듣는 사람의 요구나 흥미를 적극적으로 반영하기 위해서 준비해온 이야깃거리를 벗어나 다른 이야기로 교육 목적 달성을 시도할 수 있다.

마) 상호텍스트성

모든 이야기는 완벽하게 독립적으로 존재하는 것이 아니라 기존의 이야기와 다양한 관련성을 맺게 되고, 이야기 사이에 상호텍스트성을 갖게 된다. 수업 시간에 학생들이 듣는 이야기는 그들이 전에 읽었거나 들었던 이야기에 의존하고 있고, 지금 이야기와 과거에 경험한 이야기와 결합하여 있을 법한 이야기로 다시 바꾸어 듣는 것이다. 수업 장면에서 이야기는 때로는 실제 이야기와 환상 속의 이야기를 서로 서로 연결하여 새로운 세계를 그려 내기도 한다. 어떤 이야기는 제대로 이해하기 위해서는 다른 이야기의 개입을 필요로 하는 경우도 있으며 말하는 사람과 듣는 사람 모두에게 연결 고리를 요구하는 경우도 있다.

나. 이야기화법의 기능

사람들은 태어나 살아가면서 수많은 이야기를 듣고, 읽고, 만든다. 이야기들을 자신의 삶 속에서 섞고, 또 여러 이야기에 반응하는 것이 인생이다. 그런 면에서 이야기는 우리의 삶과 밀접한 관련이 있다. 우리가 세상에 대해 감정, 인지, 신체 등 여러 면에서 반응하는 것은 우리의 이야기가 된다. 우리는 책에서 읽은 이야기, 영화, 뉴스에서 들은 이야기, 다른 사람을 통해 전해들은 이야기에 반응하는 것이 우리가 세상 속에 존재하는 방식이다. 이야기의 가장 중요한 기능은 우리 인간의 삶을 엮어 주고, 우리 삶이 어떤 방식으로 존재하는가를 결정하는 것이다. 우리 삶에 존재하는 이야기에 반응하는 것이 우리의 삶이다. 지금 우리가 살아가는 방식과 문화는 우리 사회 구성원이 공동으로 구성하고 만들어 낸 이야기들을 통해 진화해 온 것이다.

이야기는 우리의 문화와 다른 사람들의 문화유산을 드러내는 상징이며 유산이다. 우리 사회에 전해오는 이야기는 문화적 이해를 돕는 가장 좋은 도구 중 하나이다. 인류 역사에서 이야기는 가장 중요한 교육 도구였다. 조상들로부터 전해오는 이야기는 개인의 성격 형성뿐만 아니라 민족의 역사, 인류 문명의 창조와 발전에도 중요한 역할을 했다. 활자가 발명되기 이전부터 민담, 전설, 무용담 등은 여러 의식과 구전의 형식으로 끊이지 않고 이어져 왔다. 세대와 세대의 연결, 지혜를 알려 주고 가르치는 교육 수단으로 이야기는 중심 역할을 했다. 이야기는 즐거움을 줄 뿐만 아니라, 그 민족과 사회의 이념적 가치와 행위의 모델을 제시하기도 하고, 사람의 인간다움과 가치를 규정하는 데 사용되기도 하였다.

Sander는 "이야기의 힘"이라는 그의 에세이에서 이야기의 아홉 가지 기능을 다음과 같이 제시하였다(Cooper & Simonds, 2007에서 재인용). ① 이야기는 우리를 즐겁게 해준다. ② 이야기는 공동체를 형성하게 한다. ③ 이야기는 다른 사람의 눈을 통해 객관적으로 세상을 보게 한다. ④ 이야기는 우리가 하는 행위의 결과를 명시적으로 보여준다. ⑤ 이야기는 우리가 요구하는 것을 교육시킨다. ⑥ 이야기는 어떤 장소에서 적절하게 행동하도록 도와준다. ⑦ 이야기는 어떤 시간에 적절하게 행동하도록 도와준다. ⑧ 이야기는 고통, 실패 그리고 죽음의 문제에 대처하도록 도와준다. ⑨ 이야기는 인간으로서 어떻게 살아야 하는지에 대한 지혜를 가르쳐준다.

결론적으로 이야기는 우리 삶을 즐겁게 하고, 의미 있게 만들고, 사람과 사람의 관계를 형성하며, 함께 살아가는 문화를 형성한다.

다. 이야기 화법의 교육적 중요성

사람들은 누구나 자신의 삶에서 판단과 선택을 자신의 의지로 하고 싶어 한다. 학생들도 마찬가지다. 선생님이 '이것이 옳다, 저것이 맞다'고 아무리 강조해도 학생들은 그것을 그대로 받아들이지 않는다. 감동을 주는 이야기는 학생들의 판단과 선택을 강요하지 않으면서도 이야기가 주는 감동과 교훈을 통하여 학생 스스로 결정하도록 하는 힘이 있다.

이야기를 통한 교육은 지식의 전달뿐만 아니라 학습자들의 감정과 정서 발달에도 영향을 준다. 역사적으로 중요한 사건 이야기를 들으면, 역사에 관한 사실적 지식뿐만 아니라 그 사건에 등장하는 인물들의 감정과 정서, 성격과 인물 됨됨이까지 생각하게 되고, 그 역사적 사실은 과거의 일이 아니라 학생의 현재와 미래의 삶에 영향을 끼치는 중요한 기억 자산이 된다. 미술 시간에 들은 빈센트 반 고흐의 '귀에 붕대 감은 자화상' 이야기는 여러 화가들보다 더 강렬한 인상으로 고흐를 기억하게 하고 예술가로서 살아가는 삶에 대해서 더 많은 생각을 하게 만드는 힘이 있다. 아르키메데스의 원리를 '어떤 물체를 유체에 넣었을 때 받는 부력의 크기가, 물체가 유체에 잠긴 부피만큼의 유체에 작용하는 중력의 크기와 같다.'는 지식 중심으로 가르치는 것은 진부하다. 아르키메데스가 왕의 명령을 받아 금으로 만든 왕관에 금 외에 다른 금속이 들어갔는지 왕관을 파괴하지 않고 알아내라고 했을 때, 목욕탕에서 부력의 원리로 금관에 다른 금속이 포함되어 있다는 것을 알아내고는 '유레카'라고 외치며 옷을 벗고 뛰어다녔다고 이야기화법으로 들려 주면 부력과 비중, 그와 관련한 많은 것들이 학생들의 머릿속에 오랫동안 기억되고 미래 창조의 힘으로 작용한다.

교육적으로 적절하게 전달된 이야기는 학습자들에게 필요한 지식과 지혜를 가르쳐주고, 이야기 속에 있는 교훈을 받아들이고, 우리 사회 한 구성원으로서 공통으로 만들어가는 문화를 형성하게 한다. 무엇보다 중요한 것은 각 사람은 자신의 삶을 통해서 이야기를 만들어 가는 중이며 그 이야기가 자신의 삶의 가치를 결정한다는 것을 인식하게 하는 것이다. 선생님이 학습 목표에 알맞은 흥미진진한 이야기로 학생들을 감동하게 하는 것은 학생 스스로 학습 목표로 나아가도록 방향을 제시한다. 이야기는 무엇보다 학습자 스스로 삶의 이야기를 만들어가는 힘을 갖게 한다. 경쟁과 스펙에 지친 학생들에게 일등, 최고의 상품이 되기보다 유일의 작품이 되는 인생 이야기를 만들면서 행복한 삶을 꾸려 가도록 이야기는 불씨가 되어준다.

2. 이야기화법의 방법

가. 이야기 화법의 일반적 방법

1) 이야기 선택하기

우리가 살아가는 삶의 방식으로서 이야기는 너무나 다양하다. 조상 대대로 이어져 온 이야기부터 현재 사람들의 실제 이야기, 상상한 이야기 등 수없이 많은 이야기가 존재한다. 하지만 교육적 효과를 높이기 위해서는 학습자의 유의미한 경험을 만들어주어야 하므로 이야기 선택에 신중을 기해야 한다. 이야기의 내용뿐 아니라 학습자의 경험과 기대 등 다양한 맥락을 고려해야 한다. 단일 주제와 명확한 줄거리, 성격이 잘 묘사된 인물, 빠른 템포와 긴장을 유발하는 갈등, 재미를 더하는 언어적 요소(반복, 비유, 운율 등)를 고려해야 한다. 무엇보다 학습자의 관심과 수준을 고려하는 것이 중요하다.

2) 이야기 익히기

선택된 이야기는 단어나 조사 하나까지 정확하게 외워서 구술할 필요는 없지만 이야기 화자는 이야기의 기본 줄거리, 사건의 순서, 각 장면의 분위기와 인물의 이미지 등을 잘 알고 있어야 한다. 그러기 위해서는 이야기를 여러 번 읽고 속으로 이야기의 줄거리를 재구성해 보아야 한다. 그 후에 이야기를 다시 읽으면서 각 장면의 특색을 드러내는 단어와 표현들을 점검한다. 그리고 자신의 이야기로 다시 구성해 본다. 그리고 간단한 메모 형식의 이야기 줄거리를 마련한다. 학생들에게 말하기 전에 가족이나 친구들에게 자기 말로 실감 나게 이야기를 해 본다. 가능하면 녹음하거나 녹화한다. 마음에 들지 않으면 그 부분을 고쳐 다시 다른 사람들에게 이야기하고 다시 녹음, 녹화한다.

3) 이야기 실행하기

주제와 이야기가 선정되고, 줄거리가 파악되어 이야기를 들려줄 준비가 갖춰지면, 교실 상황을 점검하고, 학생들에게 이야기를 들려준다. 이야기 실행 과정에는 몇 가지 사항을 유의해야 한다. 첫째, 이야기하기의 사전과 이후에 메타발화를 길게 하지 말아야 한다. 이 이야기는 어떤 이야기이고, 들었을 때 어떤 느낌이 들었고, 교육적으로 어떤 의미가 있다는 등의 메타발화(이야기에 대한 이야기)를 길게 늘어놓는 것은 듣는 사람의 입장에서 보면 지루하고 재미없다. 둘째, 이야기하기 전이나 실행하면서 화자인 교사가 먼저 웃거나 울거나 하면 안 된다. 이야기 화자의 느낌을 이야기하는 것도 가능하면 피해야 한다. 이야기에 대한 느낌과 교훈은 청자 스스로 느끼고 판단하게 하는 것이 좋다. 셋째, 원래 이야기의 내용을 그대로 전해야 한다는 압박감에서 벗어나야 한다. 이야기의 원래 줄거리를 기억하고 지키느라 현장의 분위기와 흐름을 놓치면 이야기의 생동감이 없어진다. 현장 상황과 학생들의 반응에 따라 이야기의 내용을 가감하거나 분위기에 맞게 조정하는 것이 바람직하다. 무엇보다 중요한 것은 이야기꾼으로서 교사는 등장인물과 동화되어 다양한 표정과 목소리, 제스처, 그리고 필요한 경우에 소품까지 동원해서 사건의 현장에 있는 듯한 느낌을 전달하도록 해야 한다. 이야기화법 수행 중에 교사는 완벽한 무대 위 연기자와 같다는 것을 잊어서는 안 된다. 이야기 중에 메모한 것을 들여다보거나, 아무런 표정이나 동작 변화 없이 책을 읽듯이 해서도 안 된다. 그렇다고 너무 많이 돌아다니거나 지나치게 목소리나 동작을 과장하는 것도 역효과를 내기 쉽다. 가능하면 선택한 이야기를 사전에 실행해 보고, 그것을 녹음, 녹화해서 점검하고 조정하는 것은 이야기 구연 능력의 신장에 큰 도움이 된다.

4) 이야기 다시 말하기

스토리텔링이 문학작품의 구연만이 아닌 학습자의 말하기를 위한 새로운 접근으로 스토리텔링을 확장할 필요가 있다. 여기서는 스토리텔링의 개념을 '이야기하기'와 '이야기 다시 말하기'로 확장하고자 한다. '이야기하기'는 교사나 학생이 이야기를 말하는 것을 의미한다. '이야기 다시 말하기'는 이해 중심의 다시 말하기로 자기 자신에게 적용하여 다시 말하는 것을 의미한다. 이러한 스토리텔링의 확장 개념을 정리하면 아래와 같다.

기준	이야기하기(telling a story)	이야기 다시 말하기(retelling a story)
대상 텍스트	사건, 읽은 이야기, 들은 이야기	들은 이야기
텍스트의 존재 위치	관념(비현장성), 탈맥락적 – 관념 속에 이미 존재	현장, 맥락 의존적 – 말을 듣고 새로이 생성
언어 사용	표현 중심	이해와 표현
교육적 처지	완결, 통일	분석, 점검

앞서 살핀 바와 같이 스토리텔링은 '이야기하기'와 '이야기 다시 말하기'로 나눌 수 있다. 이러한 기본 범주를 바탕으로 스토리텔링을 말하기 학습을 위한 활용 유형을

다음의 표와 같이 나누어 볼 수 있다.

구분		이야기하기 (telling a story)	이야기 다시 말하기 (retelling a story)
활동 주체	교사	[유형 ①]	평가적 말하기
			[유형 ③]
	아동 이해 중심	[유형 ②]	해설적 다시 말하기 [유형 ④]
	아동 자기화 중심		적용적 다시 말하기 [유형 ⑤]

위의 표는 수업에서 다음과 같은 절차로 활용할 수 있다.

교사 주도	교사의 이야기하기	유형 ①
교사, 아동 중심	해설적 다시 말하기(이해하기)	유형 ④
아동 주도	자기 삶에 적용하여 다시 말하기	유형 ⑤

이야기하기는 활동의 주체가 누구인가에 따라 유형 ①과 ②로 나뉜다. 유형 ①은 교사가 학습자에게 이야기를 하는 경우이다. 이야깃거리는 문학작품이나 일상생활과 관련된 다양한 내용이 포함된다. 유형 ②는 학습자가 주체가 되어 유형 ①과 같은 이야기를 하는 것이다. 학습자는 수동적인 청자로서의 역할에서 텍스트를 선정하고 이야기를 생산하는 능동적인 화자로서 역할을 하게 된다.

이야기 다시 말하기는 들은 내용을 학습자가 자신의 삶과 어느 정도 연결시키느냐에 따라 두 가지로 나눌 수 있다. 유형 ④는 해설적 다시 말하기로 들은 이야기를 다시 말하는 과정에서 자신의 언어로 재구성을 한다. 이 과정은 들은 이야기의 근간을 유지하며 정확한 이해에 초점을 두어 객관적으로 이야기를 다시 말하는 것을 의미한다. 이와는 달리 유형 ⑤는 자신의 삶에 대입하여 해설적 말하기보다 더 주관화하여 말하는 스토리텔링이라 할 수 있다. 이는 들은 이야기보다는 자기 자신의 이야기를 하는 것에 더 가깝다고 할 수 있다.

유형 ③의 경우는 학습자가 이야기한 것을 교사가 다시 말하는 경우로, 학습자의 이야기를 확인하거나 평가하는 방안으로 교사 평가 발화와 비슷한 성격을 갖는다고 할 수 있다.

5) 이야기 평가하기

교사는 자신이 학생들에게 들려준 스토리텔링 실행에 대해서 평가를 할 수 있다. 스스로 평가 항목을 정해 평가해 볼 수 있고, 학생들에게 평가지를 나누어주고 피드백을 받아볼 수도 있다.

스토리텔링 평가하기

이야기 제목:

화자:

날짜:

평가자:

	평가 내용	5	4	3	2	1
언어	발음은 정확했는가?					
	적절한 단어, 표현을 사용했는가?					
목소리	적절한 말 빠르기, 어조, 세기, 크기를 사용했는가?					
	편안하고, 분위기에 어울리는 목소리를 사용했는가?					
동작	눈빛과 얼굴 표정은 적절하고 생동감이 있었는가?					
	제스처, 동작은 적절하고, 거슬리는 것은 없었는가?					

나. 이야기 화법의 유의점

1) 이야기할 분위기를 만든다

어수선한 분위기에서는 이야기를 제대로 시작할 수 없다. 이야기를 시작하기 전에 교사와 학생의 관계를 신뢰롭고 호의적으로 조성하는 것이 필요하다. 또 조용한 분위기를 만들고, 가능하면 촛불을 켜거나 이야기에 관련한 간단한 그림, 사진, 물건 등을 준비한다. 눈감기 등을 통해 차분하게 마음을 가라앉히고 학생들이 이야기를 듣고 싶어 하도록 만들어라.

2) 열정을 가지고 이야기하라

이야기를 들려주는 사람의 열정은 이야기화법을 성공적으로 수행하는 데 핵심 요소이다. 교사 자신이 그 이야기에 몰입하지 않고는 학생들을 감동시키기 어렵다. 무대 위의 배우가 먼저 스토리에 몰입하듯이 이야기하는 선생님이 이야기에 몰입해야 청중인 학생들을 공감하게하고 이야기에 몰입하게 만든다.

3) 입말의 특징을 잘 활용하라

이야기화법은 입말의 특징이 잘 드러나야 한다. 글이 아니라 말이 갖는 특징을 활용하기 위해 다양한 기법을 익혀 사용해야 한다. 이야기를 들려주는 교실의 분위기와 시간, 상황 맥락을 잘 이용하고, 말이 빠르기, 높고, 다름, 세기, 크기 등에 변화를 주고, 경우에 따라서는 침묵을 효과적으로 활용해야 한다. 눈빛, 시선, 표정, 제스처, 몸 동작 등을 적절하게 활용하여 학생들이 이야기에 빠져들게 만들어야 한다. 등장인물의 느낌과 감정이 목소리에 잘 드러나도록 구연하는 것이 중요하다.

4) 청중의 반응을 고려하라

이야기화법은 대화의 상호작용적 속성이 잘 드러나야 한다. 이야기 화자는 청중과 민감하게 반응해야 한다. 화자가 준비한 이야기를 일방적으로 전달하는 것이 아니라 상대의 반응에 따라 그때그때 텍스트를 편집하고 재구성해야 한다. 교육 목적에 따라 이야기를 부분적으로 바꾸어 들려줄 수도 있다. 완전한 스토리 전부를 항상 원래 텍스트와 똑같이 들려줄 필요는 없다. 이야기를 쪼개어 부분적으로 들려줄 수도 있고, 이야기를 압축적으로 들려주고 특정 부분을 강조할 수도 있다. 이야기의 중간에 사건을 바꾸어서 다른 이야기로 만들어 들려줄 수도 있다. 학습자들의 환경에 맞추어 시간과 장소를 바꾸어 들려줄 수도 있고, 등장인물의 이름을 익숙한 이름으로 바꾸어 들려줄 수도 있다.

3. 이야기 화법의 적용

가. '이야기하기' 활동(개인 경험담 말하기)

1) 활동 안내

이 활동은 친구들이 즐거워하며 장면을 머릿속에 떠올릴 수 있도록 나의 경험담을 이야기하는 것이다. 일상생활과 동떨어진 소재는 오히려 청자의 흥미를 떨어뜨릴 수 있다. 생활 속에서 느껴오던 작은 것들, 재미있는 것들을 중심으로 이야기하는 것이 효과적이다. 이야기활동을 하기 전에 플롯 전개, 상세화하기, 긴장감, 대화, 움직임, 다채로운 언어를 포함한 이야기 계획을 신중하게 작성하고 이야기의 속도나 일반적인 흐름이 발표자 자신에게 익숙하도록 연습하는 것이 필요하다.

2) 활동 목표

개인 경험담 말하기를 통해 훌륭한 스토리텔링 기법들 촉진하기

3) 활동 절차

(가) 삶에서 겪은 개인적인 경험을 준비해서 말한다.

(나) 인물과 배경을 가능한 생생하게 묘사한다.

(다) 다채롭고, 묘사적인 언어 사용한다.

(라) 완전한 영상을 창출하기 위해 상세하고 구체적 이야기를 만든다.

(마) 이야기 속에 실감나는 대화를 사용해서 말한다.

(바) 이야기에서 절정과 흥미의 최고점을 설정한다.

(사) 동작을 덧붙여 이야기하고, 생생하고 재미있게 만든다.

(아) 어휘를 다양하게 사용하고, 특히 인물의 말과 행동을 구별해서 들려준다.

(자) 이야기의 흐름과 화자의 태도를 보여주는 연결어를 효과적으로 사용한다.

(차) 말하는 동안 청중과 효과적인 눈맞춤을 유지한다.

4) 이야기하기에 적합한 주제들

(1) 기억할 만한 방학　　　　(11) 생일

(2) 인라인스케이트　　　　(12) 인터넷 경험

(3) 자전거타기　　　　(13) 가족의 위기

(4) 수영　　　　(14) 외식

(5) 축구나 야구하기　　　　(15) 이성 친구

(6) 시험　　　　(16) 휴일

(7) 쇼핑여행　　　　(17) 학예회나 재롱잔치

(8) 요리 경험　　　　(18) 운동회

(9) 입원　　　　(19) 개인적인 모욕

(10) 꿈　　　　(20) 동생 돌보기

나. '이해 중심 다시 말하기' 활동(나는 대변인!)

1) 활동 안내

교실 현장에서 말하기가 발표와 동일한 개념으로 사용되는 경우가 종종 있다. 그러나 많은 학생들이 말하기는 곧잘 하지만, 그것을 발표로 연결시키는 데에는 많은 부담을 갖고 있다. 이 활동은 발표위주의 말하기활동에서 아동들이 갖는 부담감을 감소시키고 말하기 활동에 몰입할 수 있도록 하고자 한다. 친구와 이야기를 하고,

들은 이야기를 다시 여러 친구들에게 발표함으로써 발표에 대한 부담감을 줄여 학생들이 쉽게 이야기에 참여할 수 있는 활동이다.

2) 활동 목표

가) 주어진 주제에 대한 자신의 생각과 느낌을 친구에게 효과적으로 말하기

나) 발표에 대한 부담감 감소시키기

3) 활동 절차

가) 2인 1조를 이룬다.

나) 교사가 제시하는 이야기나 역할극을 본다.

다) 이야기나 역할극에 대한 생각과 느낌을 짝에게 이야기한다.

라) 짝에게 들은 내용을 발표한다.

다. '자신에게 적용하여 다시 말하기' 활동(여러분은 거기에 있습니다.)

1) 활동 안내

이야기하기에 적합한 유명한 역사적 사건이 아주 많이 있다. 잘 알려진 역사적 순간에 그곳에서 목격을 하지 못했다는 것은 유감스러운 일이지만, 사건의 당사자나 목격자가 된 것처럼은 할 수 있다. 사건을 조사하여 내용을 상세하게 기억하고 그 내용에 화자 자신의 견해를 더해서 창조적인 것이 되게 할 수 있다.

2) 활동 목표

"여러분은 거기에 있었습니다." 말하기를 통해 훌륭한 스토리텔링 기법들 촉진하기

3) 활동 절차

(가) 청중들에게 특별한 재미를 줄 역사속의 어떤 사건을 준비하고 말한다.

(나) 그 사건은 역사 속에 실재의 공간을 가져야 한다.

(다) 여러분이 사건속의 실제 목격자나 참여자인 것처럼 사건에 대한 "조감력"을 주어라.

(라) 여러분은 역사시간에 이미 배웠던 사건을 사용할 수도 있다.

(마) 조사를 통해 여러분 자신을 사건과 친숙하게 하라.

(바) 말하기는 일인칭으로 한다.

(사) 동일한 사건에 대해 다른 인물로 여러 사람이 발표할 수는 있지만, 동일 사건의 동일 인물이 되어 발표하는 경우는 없도록 한다.

4) 이야기하기에 적합한 주제들

사건-인물의 관점

(1) 촛불시위참여-학생/경찰

(2) 고려 시대 거란군의 침입-서희

(3) 호주오픈 테니스대회 4강-정현

(4) 포항 지진수능-수험생

(5) 6 · 25 전쟁-군인

(6) 김 구의 암살-김 구

(7) 임진왜란-이순신

(8) 2018 평창 동계올림픽-자원봉사자

(9) 아우내 장터-유관순

(10) LPGA 우승-박세리

(11) 9 · 11테러-회사원

(12) 베를린 올림픽-손기정

(13) 남극 세종과학기지 완공-과학연구원

(14) 한국과 북한의 정상회담-문재인 대통령/김정은 위원장

(15) 노벨평화상 수상-김대중

밤빌리아 원숭이

밤빌리아 원주민들은 원숭이를 잡는 데 특별한 방법을 사용한다고 합니다. 나무를 깎아 호리병 모양으로 만들어 속을 파내고 그것을 원숭이들이 자주 나타나는 숲속의 나무에 단단히 묶어둡니다. 호리병 속에는 원숭이가 좋아하는 불린 쌀을 넣어둡니다. 원숭이는 조심스럽게 호리병에 접근해서 나무 호리병 속에 손을 넣어 불린 쌀을 꺼내 먹습니다. 그런데 호리병 입구가 겨우 원숭이 손 하나가 겨우 들어갈 정도로 좁게 되어있어 손을 집어넣었다가 쌀을 한 움큼 움켜쥐면 손이 빠져나오지 못해 쩔쩔 매다가 손에 있는 쌀을 놓은 후에야 겨우 꺼냅니다. 그래서 한꺼번에 많은 쌀을 꺼내 먹지는 못하고, 겨우 손가락으로 집어 올리는 한두 톨의 쌀을 먹으면서 원숭이는 계속 그 호리병에 붙어 있습니다. 원주민들은 멀리서 지켜보다가 원숭이가 나무 호리병에 달라붙어 있는 것을 확인한 후에는 여러 명이 그 나무를 멀찍이 포위하고는 손에 큰 부대와 막대기를 들고 고함을 지르면서 원숭이한테로 달려갑니다. 원숭이는 사람들이 자기를 잡으려 달려오는 것을 보고는 얼른 호리병에 넣은 손에 쌀을 움켜쥐고 나무위로 도망가려 합니다. 그러나 쌀을 움켜쥔 손은 호리병 속에서 빠져 나오지 않고 손을 빼내려 애를 쓰는 동안에 사람들에게 생포 당해 잡히고 맙니다. 이렇게 잡힌 원숭이는 통구이를 당해서 원주민의 특별 요리가 되거나 외국인들에 특별한 요리로 팔립니다. 일상에서 우리가 집착하는 것들이 밤빌리아 원숭이가 집착하는 쌀 한 줌 같은 것이 아닌가 하는 생각을 합니다.

이탈 및 복귀화법

— 미로에 들어갔다 제대로 빠져나오기

"수업하다 보면 자주 딴 이야기하느라 시간을 다 보내요. 아이들 배경지식을 활성화하고 동기부여하기 위해서, 학습 효과를 위해서 수업목표와 관련한 이야기로 시작을 해요. 그런데 이야기가 가지를 쳐서 어느새 멀리 가 있어요. 학생들은 제 이야기에 폭 빠져 더 이야기해달라고 하는데 진도는 나가야겠고, 그런데 가장 당혹스러울 때는 '무슨 이야기하다가 여기까지 왔지?'하고 빠져나온 지점이 떠오르지 않을 때에요."

— 교직 3년차인 최 교사의 말 중에서

1. 이탈 및 복귀화법의 이해

가. 이탈 및 복귀화법의 개념

교실에서 수업이 이루어질 때에는 이상적인 수업 모습과 달리 여러 가지 방해 요인이 생기고 수업의 흐름이 중단되기도 한다. 이 장에서는 수업이 정상적으로 이루어지지 않는 현상을 '이탈'로 보고, 이러한 이탈 현상을 교사가 정상적인 수업으로 돌려놓는 '복귀'의 개념으로 '이탈 및 복귀화법'을 살펴보도록 한다.

이탈은 '어떤 범위나 대열에서 떨어져 나오거나 떨어져 나감'을 뜻한다. 이영미(2001)에서는 수업의 이탈을 본래의 수업목표에서 벗어나 수업내용과 관계없는 대화가 이루어지는 상황, 또는 대화 참가자인 학생이 수업대화에 관심이 없거나 참여하지 않는 상황으로 설명한다. 수업에서의 이탈은 수업목표에서 벗어난 대화가 이루어지거나, 수업의 흐름이 끊긴 상황이라고 할 수 있다. 이런 수업 이탈 현상은 수업을 방해하는 여러 요인에 의해 발생한다. 정한호(2008)에서는 교실 수업의 방해 원인을 1) 수업 중 문제행동 유발 학생의 증가, 2) 수업준비물 부재, 3) 교사의 지도력 문제, 4) 수업 중 문제 행동—딴 짓 하기, 장난치기, 떠들기, 잠자기, 돌아다니기, 반항하기, 교사제지 무시하기, 5) 교실수업활동 무시—질문에 무응답, 무표정, 수업과 다른 활동하기 등으로 정리하였다.

수업 중 일어나는 이탈 발화는 교육목적에 비추어 볼 때 바람직하다고 볼 수 없다. 이탈 발화로 인해 수업의 흐름이 방해 받거나, 학생의 주의가 산만해 질 수 있다. 심지어 교사의 적절하지 못한 이탈 발화로 인해 교사에 대한 신뢰를 떨어뜨릴 수도 있다. 하지만 경우에 따라서 수업의 효과를 높이는 데 긍정적으로 기여하기도 한다. 교사가 수업 중 잠시 화제를 바꿈으로써 학습자의 긴장을 완화시키고 주의를 환기시킬 수 있다. 이탈 발화를 통해 학습자의 흥미를 유발하고 집중도를 높일 수 있다. 이탈 발화의 내용이 학습 내용과 적절하게 관련을 맺을 경우 학습 내용의 이해를 도모할 수도 있다. 그리고 일상적인 화제에 대해 이야기를 나눌 수 있으므로 교사와 학생 사이에 정서적 친밀도를 높일 수도 있다.

복귀는 일반적으로 '본디의 자리나 상태로 되돌아감'을 뜻한다. 다시 말해 복귀라는 개념은 반드시 이탈을 전제로 하는 개념이라 할 수 있다. 따라서 수업의 복귀는 수업에서 이탈이 일어났을 때 정상적인 수업으로 다시 돌아오는 것을 말한다. 이탈 및 복귀화법은 수업의 흐름이 목표에서 벗어나거나 끊긴 상황에서 본래의 정상적인 수업으로 되돌아오기 위해 사용하는 교사의 화법을 말한다. 특히 이탈 및 복귀화법에서는 교사의 메타커뮤니케이션 능력을 보다 더 필요로 한다. 수업의 이탈 현상은 단순한 학생의 관심이나 참여의 이탈일 수도 있지만 때로는 학교 전반의 시스템에서 기인하기도 한다. 따라서 교사는 수업의 이탈로부터 복귀하기 위해 이탈 상황을 정확히 인지하고 그에 따른 적절한 전략을 사용해야 한다.

나. 이탈의 유형

수업 중 발생하는 이탈은 수업목표 달성을 위하여 교사에 의하여 의도적으로 시도되기도 하지만 수업목표와 관계없이 일어나기도 한다. 그리고 수업에서 이탈은 교사, 학생, 교실 외부 상황 때문에 일어나고, 이탈 요소 측면에서 볼 때 화제 이탈이나 참여 이탈이 일어난다. 이러한 수업대화에서의 일어나는 이탈 현상은 '이탈의 요소'와 '이탈의 수업목표 지향성'에 따라 체계적으로 분류할 수 있다. 먼저 이탈 요소는 화제 이탈과 참여 이탈로 구분되고, 이탈의 수업목표 지향성은 수업목표 내적 이탈과 수업목표 외적 이탈로 구분되며, 이는 다시 이탈의 원인에 따라 교사, 학생, 외부상황으로 인한 이탈로 구분된다(이영미, 2001 : 35).

1) 이탈 요소에 따른 유형

이탈 현상을 이탈 요소에 따라 구분할 경우, 수업대화의 내용이 중심화제에서 이탈하는 화제 이탈과 수업대화 참여자가 관심을 갖지 않은 참여 이탈로 나타난다.

[자료 9-1]

(1) 교사: 자, 151쪽을 보면 어느 소금물이 더 짠가요? 이 문제는 또 색다른 문제예요.

(2) 학생1: 색다른?

(3) 학생2: 문제에 색깔이 있어요?

(4) 교사: ((학생 2를 보고 웃음을 지으며)) 네. 문제마다 색깔이 달라요. 빨주노초파남보 무지개 문제예요.

(5) 학생3: ((소금과 소금물이 담긴 화면을 가리킨다.)) 다 하얀데요?

(6) 교사: 그래요. 소금과 소금물 다 하얗죠? ((화면에 있는 교과서를 가리킨다.)) 자, 여기는 소금 30g이 있어요. 그리고 151쪽은 20%의 소금물 500g이 있어요.

[자료 9-1]은 화제 이탈의 예다. 수업목표에 따른 수업 내용과 관계가 적거나 관계없는 화제로 수업대화가 흘러가는 이탈 상황이 발생하고 있다. (1)과 같이 교사가 '색다른 문제'라는 발화를 하자 학생들이 그 말의 중의성을 놓치지 않고 (2)와 같이 말하여 화제 이탈을 시도한다. 교사는 (4)와 같이 학생의 말에 응하여 화제 이탈에 호응하고 있다. (2)~(5)로 이어진 화제 이탈은 발화 (6)에서 교사에 의해 원래 화제로 되돌아오며 화제 이탈 상황을 종료된다.

[자료 9-2]

((미술 시간에 색지로 꾸미기 활동 중 교사는 순회지도 중이다.))

(1) 지수: ((주황색 색지를 들며)) 선생님, 주황색 더 있어요?

(2) 교사: ((교실 앞에 있는 종이 서랍장을 가리킨다)) 저기 없니?

(3) 지수: ((서랍장 쪽으로 가서 서랍을 연다.)) 없어요.

(4) 교사: 주황색이 인기가 많네.

(5) 지수: 아, 조금만 있으면 되는데. ((아쉬워 하는 목소리로 말한다.))

(6) 교사: 잠깐 기다려봐. 선생님이 자료실에 갔다 올게. ((교실 출입문을 나가 준비실로 간다.))

(7) 교사: ((잠시 뒤 교실로 돌아온다. 지수를 향해 주황색 색지를 든다.)) 지수야, 여기 주황색.

(8) 지수: ((선생님 쪽으로 다가가서 종이를 받는다.)) 감사합니다.

[자료 9-2]는 참여 이탈의 예다. 수업 중에 대화 참여자가 이탈하는 상황이다. 미술 시간에 학생과 교사는 색지로 꾸미기 활동을 하고 있다. 그런데 (1)에서 지수는 교사에게 주황색 색지를 더 달라는 요청을 하고 있다. 교실에 여분의 주황색 종이가 없자 (6)에서 교사는 준비물실에 가기 위해 교실 밖으로 나간다. 수업대화의 현장에서 이탈하고 있다. 그리고 (7)에서 교실에 들어오며 참여 이탈 상황을 종료한다.

2) 수업목표 지향성에 따른 유형

수업목표를 기준으로 보면, 이탈이 일어났지만 수업목표를 유지하는 이탈 현상과 수업목표와 상관없이 전혀 다른 상황을 만들어낸 이탈의 경우로 나눌 수 있다. 전자는 수업목표 내적 이탈로 수업목표와 관련되어 있으나 중심화제에 대하여 대화가 진행되지 않고 주변대화로 이탈되고 있다. 동기유발 또는 주의집중을 위해서 교사가 의도적으로 이탈을 시도하는 경우로 수업 전체적인 측면에서 볼 때 수업목표 달성을 지향하는 이탈을 의미한다. 이러한 수업목표 내적 이탈에는 화제 이탈만 포함되는데, 수업목표를 달성하기 위하여 의도적으로 참여 이탈을 시도하는 경우는 없기 때문이다. 반면에, 후자는 수업목표 외적 이탈의 경우로 수업목표 달성과 관계가 없거나 수업목표 달성에 장애가 되는 이탈을 뜻한다. 수업대화에서 일어나는 이탈의 대부분은 수업목표 외적 이탈에 해당된다. 수업목표 외적 이탈에는 화제 이탈과 참여 이탈이 모두 포함되고, 이러한 이탈이 일어나는 원인도 교사, 학생, 외부 상황으로 다양하다.

[자료 9-3]

(1) 교사: 이 사과는? 우리가 미안하다. 지혜야 정말 미안하다. 이렇게 하는 사과가
        아니라.

(2) 학생들: 먹는 사과.

(3) 교사: 먹는 사과죠? 이 사과예요. 이 사과는 나눌 수?

(4) 학생들: 없어요.

(5) 교사: 왜 나눌 수 없어요? 이렇게 쪼개면 나눠지잖아.

(6) 학생들: ((웃음))

(7) 교사: 나눌 수 있죠. 하지만 우리가 말하는 것은 이 글을 말하는 거예요. 이 낱말
        이요. 이것은 '사'자하고 '과'자로 만들어집니까?

(8) 학생들: 아니요.

(9) 교사: 우리가 나누려고 하면 나눌 수 있겠지만, 이렇게 나눈다면?

(10) 학생들: 말이 안돼요.

[자료 9-3]는 4학년 쓰기 수업대화의 일부로 수업목표는 낱말의 짜임을 아는 것이다. 교사는 단일어와 복합어를 설명하기 위해 '사과'를 예로 들고 있는데, 학생에게 그 개념을 정확하게 알려 주기 위해 의도적으로 오답을 말하면서 이탈을 시도한다. 학생의 동기 유발이나 주의집중을 위해 교사가 수업목표 내에서 의도적으로 이탈 발화를 사용하고 있다. 이러한 양상은 교사가 흔히 쓰는 전략으로 학생이 이탈할 것으로 예상되는 발화를 교사가 먼저 발화함으로써 학생이 이탈할 기회를 주지 않고 학습 효과를 높이려고 하는 것이다.

3) 이탈의 원인에 따른 유형

수업대화에서 이탈은 다양한 원인에 의해서 일어난다. 수업에서 이탈 유발 주체를 교사, 학생, 외부 상황으로 구분하여 살펴볼 수 있다.

첫째, 교사로 인한 이탈은 수업목표 내적 이탈과 수업목표 외적 이탈이 있다. 교사로 인한 수업목표 내적 이탈은 교사가 동기유발이나 학생의 수업 참여를 위하여

수업과 관계없는 화제를 의도적으로 끌어들이는 경우를 말한다. 수업목표와 관계된 대화만으로 수업을 진행하면 학생이 지루해하고 대화 참여가 적어지기 때문에 교사는 의도적으로 대화 참여를 유도하기 위하여 화제 이탈을 시도하는 경우가 있다. 또한 수업 전체의 진행에 필요하다고 생각되는 경우에는 의도적으로 수업 내용과 관계없는 발화를 하기도 하며 해당 교과와는 직접적인 관계가 없지만 수업의 전체적인 목표와 관련된 발화를 하기도 한다. 이와 같은 경우를 교사의 의도적 이탈이라고 하는데 이탈 요소는 화제 이탈이 대부분이다.

[자료 9-4]

(1) 교사: 설탕의 양, 그러니까 설탕의 양은 100g. 그러면 여기의 물의 양은 얼마일까?

(2) 학생1: 물의 양 400g.

(3) 교사: 진짜?

(4) 학생들: 네-

(5) 교사: 진짜?

(6) 학생들: 네-. 400g 맞아요.

(7) 교사: 아닌데?

(8) 학생들: 400g 맞는데요.((웃음))

(9) 교사: 아, 전체가 500g이구나. 선생님은 이게 800g인줄 알았어. 어, 선생님이 착각을 했네. 선생님 실수. 실수.

둘째, 수업대화에서 일어나는 이탈 현상은 학생 때문에 일어나는 경우가 많다. 학생은 수업대화 내용에 관심이 없을 때나 수업이 지루하다고 느낄 때 의도적으로 수업의 중심화제와 관계없는 발화를 해서 이탈을 시도하는 경우가 있다. 또는 교사의 질문에 의도적으로 엉뚱한 대답을 함으로써 이탈을 시도하기도 한다.

셋째, 교사나 학생 때문에 일어나는 이탈이 아니라 수업 외부 상황 때문에 이탈이 일어나는 경우를 교실 외부 상황으로 인한 이탈이라 한다. 외부 상황으로 인한 이탈은 수업시간 중 급한 사항을 알리기 위한 교내 방송, 메신저 또는 외부인의 방문이나 전화 등으로 인해 교사나 학생의 의도와 관계없이 일어난다.

[자료 9-4]는 6학년 수학 수업대화의 일부다. 교사는 수학 문제를 잘못 보고 실수를 해서 화제 이탈이 일어나는 경우이다. 수업대화에서 교사가 원인이 되어 이탈이 일어나는 경우는 이 사례처럼 교사의 실수로 인한 비의도적 이탈이 있으며 교사가 의도적으로 이탈을 시도하는 경우도 있다.

2. 이탈 및 복귀화법의 방법

수업대화는 수업이라는 형식에 따라 교육과정에 제시된 교육 목표를 달성하기 위한 대화로 그 진행이 미리 계획되어 있으며 동시에 목표 지향적이다. 따라서 수업대화의 화제는 수업목표와 관련하여 일관성이 있어야 하며 참여자의 적극적인 참여를 필요로 한다. 그러므로 수업대화 중에 수업목표 달성을 위해 의도적으로 이탈 발화를 사용한다. 수업에 방해가 된다고 판단하는 이탈 현상이 발생할 때에는 수업대화의 중심 화제로 돌아오기 위해 복귀 방법을 사용한다.

가. 이탈 발화의 활용 및 복귀 방법
1) 의도적인 화제 이탈 활용하기
학생의 스키마를 활성화시키거나 개념을 명확하게 이해시키기 위하여 교사는 의도적으로 화제 이탈을 시도하기도 한다. 화제 이탈을 시도한 후 교사의 의도가 달성되었다고 생각하면 곧바로 본래의 중심 화제로 되돌아온다.

(1) 교사: 쓰레기통-. 이거는 둘 다 홀로 쓸 수 있는 낱말이 결합된 거예요. 자, 그런데 선생님이 재미있는 거 하나 이야기해 줄게. 유영진이 한 말인데, 교장 선생님은 둘로 나눌 수 없어요. 어떻게 교장 선생님을 둘로 나눠요? 어떻게 나눠?

(2) 학생1: 말로 나눌 수 있어요.

(3) 학생들: 교장하구 선생님.

(4) 교사: 교장과 선생님. 그렇지요. 교과서 43쪽을 읽어 볼까요?

[자료 9-5]는 '낱말의 짜임을 알 수 있다'는 수업목표를 갖고 있는 수업대화의 일부분이다. (1)에서 교사는 합성어를 설명하기 위해 핵심 개념인 '둘로 나눈다.'라는 의미를 정확히 이해시키기 위해 의도적으로 화제 이탈을 시도하고 있다. 교사는 수업목표 달성을 위하여 화제 이탈을 적극적으로 활용하고 있다. 그리고 (4)에서 교사는 학생들이 교과서를 함께 읽게 하면서 수업의 중심 대화로 되돌아오게 한다.

학생들이 수업대화에 잘 참여하지 않을 때에도 교사는 의도적으로 수업대화의 중심 화제와 관련 없는 내용을 말하며 학생들의 참여를 유도하기도 한다.

2) 참여 이탈을 적극적으로 활용하기

외부 상황 때문에 잠시 참여 이탈이 일어났을 때 교사는 참여 이탈에서 되돌아오려고 하기보다는 이탈 상황을 적극적으로 활용하여 수업내용과 관련시키기도 한다.

[자료 9-6]

((교내 안내 방송으로 1분간 수업 중단))

(1) 교사: ((교실 안의 스피커를 가리키며)) 지금 나온 건 뭐예요?

(2) 학생들: 안내 방송.

(3) 교사: 그것도 광고라고 할 수 있을까?

(4) 학생들: 예. 아니오.

(5) 교사: 할 수 있다고 생각하는 사람? 아니다. 저건 광고가 아니다? 좋아. 어떤 점
에서 광고라고 생각해?

[자료 9-6]은 광고에 관한 수업을 하고 있는 중에 교내 방송으로 인해 수업이 중
단되어 참여 이탈이 일어난 상황이다. (1)에서 교사는 방송이 끝나자 이를 그냥 흘
려보내지 않고 학생에게 참여 이탈의 원인이 되었던 학교 방송에 주목하게 한다. 그
리고 (3)과 같이 교내 방송과 수업대화의 중심 화제인 광고를 관련지어 질문함으로
써 본래의 수업대화로 자연스럽게 복귀시키고 있다.

3) 주의 환기하기

주의 환기하기는 수업의 화제에서 이탈한 경우 중심 화제로 되돌아오기 위해 사
용하는 방법이다. 교사는 주로 '자', '이제', '그만' 등의 언어 표지를 사용하여 화제 전
환을 시도하거나 학급마다 정해 놓은 약속 행위를 활용하여 주의를 환기시킨다. 교
과서의 문제나 학습목표 등을 다 같이 읽도록 함으로써 수업대화로 화제를 전환하
는 방법을 사용하기도 있다.

[자료 9-7]

(1) 교사: 아, 이게 지금 500g이구나. 선생님이 이게 800g인지 알았어.

(2) 학생들: ((웃음))

(3) 학생: 그러시면 안 되죠.

(4) 교사: 선생님 실수.

(5) 학생: 선생님의 실수.

(6) 교사: 자, 151쪽에 마지막 문제만 선생님하고 같이 풀어보자. 문제를 다 같이 일
어 봅시다.

[자료 9-7]의 (1)~(5)에서 교사의 실수로 인해 잠깐 동안 화제 이탈이 일어난다. 교사는 화제 이탈 상황에서 본래의 수업대화로 복귀하기 위해 학생들에게 학습 문제를 다 같이 읽게 함으로써 학생의 주의를 환기시켜 수업의 중심 대화로 복귀하고 있다.

4) 이탈 전 화제 반복하기

이탈 전 화제 반복하기는 화제 이탈 상황에서 이탈되기 전의 화제를 교사가 다시 한 번 반복하면서 본래의 중심 화제로 복귀시키는 방법이다.

[자료 9-8]
(1) 교사: 딴 얘기가 수없이 나가면 공부는 언제 할까?

(2) 학생들: 몰라요.

(3) 교사: 몰라요?

(4) 학생들: 네.

(5) 교사: 몰라요. 안 해요?

(6) 학생들: 아니에요.

(7) 교사: 할 거죠?

(8) 학생들: 네

(9) 교사: 1) 자, 그래서–,

　　　　2) 아까 선생님이 바닷물의 농도를 잴 수 있냐고 물어 보았지요?

　　　　3) 바닷물의 농도를 잴 수 있나요?

(10) 학생들: 네.

[자료 9-8]은 수업과 관련된 학생의 질문에 교사의 답변이 길어지면서 화제가 이탈된 상황이다. (9)에서 교사는 본래의 수업대화로 되돌아오기 위해 이탈 직전의 화제를 반복하고 있다. 이럴 때 교사는 이탈 전 화제 반복하기와 주의 환기 방법을 함께 사용하기도 한다. 즉, 먼저 주의를 환기한 다음 본래의 수업대화로 되돌아가기

위해 (9) 2)와 3)처럼 이탈되기 직전의 화제를 반복한다.

5) 질문 사용하기

질문 사용하기는 화제가 이탈된 상황에서 교사가 학생들에게 후속 질문을 함으로써 본래의 중심 화제로 되돌아오도록 하는 방법이다.

[자료 9-9]

((숫자 1부터 10에 관련된 노래가 끝나고))

(1) 교사: 10 다음에 뭐지? 창현이.

(2) 창현: 얼음입니다.

(3) 교사: 어?

(4) 창현: 얼음.

(5) 교사: 얼음? 어머머머. ((박수, 웃음)) 노래 끝나면 얼음하라고 그랬지?

(6) 학생들: 아, 맞어. 맞어.

(7) 교사: 노래 끝난 다음 얼음이라 그랬어. 선생님 말을 너무 잘 들었어. 박수 한 번
       쳐 주자.

(8) 학생들: ((박수침)) 와아.

(9) 교사: 숫자로 말해 보자. 숫자로. 10다음에 오는 숫자는? 민수.

(10) 민수: 11이요.

[자료 9-9]의 (2)~(4)에서는 학생이 교사의 의도와는 다른 대답을 함으로써 화제 이탈이 일어나고 있다. 그러자 (5)~(8)에서 교사는 대답을 잘못하게 된 원인을 찾아서 이를 인정해주고 칭찬한다. 그리고 (9)와 같이 교사는 학생들이 교사의 의도와 달리 해석 하지 않도록 후속 질문을 한다. 이와 같이 교사의 질문을 학생이 잘못 이해해서 화제 이탈이 일어난 경우 교사는 오해가 일어나지 않도록 후속 질문을 통해서 본래의 수업대화를 자연스럽게 이어나갈 수 있다.

6) 화제 이탈 무시하기

화제 이탈 상황이 한 두 번의 말차례 교환으로 끝날 경우, 교사는 마치 화제 이탈이 일어나지 않은 것처럼 무시하면서 중심 화제를 이어나갈 수도 있다.

[자료 9–10]

(1) 교사: ((컴퓨터를 만지며)) 재미있는 활동을 해 보자. 나와라. 자, 오늘 공부하는 순서 가르쳐 줄게. 잘 들어야 되겠지요? 귀를↗

(2) 학생들: 쫑긋

(3) 교사: ((파워포인트 화면을 켠다.))

(4) 학생1: 뭐야? 알림장할 때 하는 거다. 알림 써?

(5) 학생2: 알림장 아니거든.

(6) 교사: 오늘 공부할 차례는 먼저, 두 개의 도형을 비교해 보겠어요.

(7) 학생2: 알림장 아니잖아.

[자료 9–10]의 (1)~(4)에서는 교사가 활동 순서를 제시하려고 파워포인트 화면을 켰을 때 학생1이 알림장을 쓰는 줄 착각하여 잠깐 동안 화제 이탈이 일어난 경우이다. 그러나 교사는 (6)과 같이 학생의 발화를 무시하고 바로 수업대화를 진행한다. 이와 같이 말차례 교환이 한 두 개 정도 사이에 짧게 일어난 이탈의 경우에 교사는 마치 이탈이 일어나지 않은 것처럼 이탈 현상을 무시하고 수업의 중심 화제를 계속 진행해 나간다.

나. 이탈 및 복귀화법의 유의점

1) 빈번한 이탈 발화로 인해 수업의 긴밀도가 떨어지지 않게 하라

수업 중에 이탈 발화가 자주 일어난다면 수업의 완결도가 낮아질 수도 있다. 수업 중에 교사는 교수학습 목표 달성을 위해 적절한 이탈 발화를 사용한다. 학습목표를 효과적으로 달성하기 위해 주변 이야기를 하거나 수업의 주의를 환기시키기 위한 활동을 하기도 한다. 하지만 이러한 이탈 상황이 너무 빈번하거나 길어지면 수업의 긴밀도가 떨어지게 된다. 수업과 무관한 이야기나 활동을 하느라 시간을 다 보내고 정작 중요한 교수 · 학습 목표 달성에 필요한 부분에는 시간을 들이지 못하게 될 수 있다. 학생에 따라서는 선생님이 수업 시간에 딴 이야기만 하느라 시간을 다 보낸다고 생각할 수도 있다. 이탈 발화로 인해 수업의 긴밀도가 떨어지지 않게 유의해야 한다.

2) 교사 자신의 흥미나 관심으로 인한 수업 목적 외 이탈이 일어나지 않게 하라

수업 중에 교사는 자기 경험, 자기 성취, 가족 이야기, 훈화 등 개인적인 이야기를 하는 경우가 있다. 교사의 개인적인 이야기는 학생과의 친밀감을 조성하는 긍정적인 측면도 있다. 하지만 교과 내용과 관련 없는 화제를 자주 꺼내어 이탈 상황이 일어나면 그 효과는 부정적일 수 있다. 학생들은 교사의 가족 이야기나 성취를 자기 자랑을 한다고 여길 수 있고, 교사의 경험이나 훈화를 기성세대와의 이질감, 잔소리 정도로 생각할 수도 있다. 수업은 공적 대화이므로 사적 대화에 치우지 않도록 유의할 필요가 있다. 교사의 개인 이야기가 흥미나 동기 유발, 이해를 돕기 위한 예화 자료여야지 거기에 함몰되면 수업의 파행이 될 수 있다.

3) 교사로 인해 참여 이탈이 일어날 때 교실 관리 방안을 준비하라

수업 중에 교사의 유의에 의해 의도하기 않게 참여 이탈이 일어나는 경우가 종종 있다. 수업 중에 급한 조사 자료를 회신할 때, 수업 시간에 메신저 내용에 회신하거나 인터폰을 받을 때 교사가 교실 안에 있으면서 이탈 발화가 생기기도 한다. 하지만 교사가 수업 중 준비물을 가지러 가거나 특정 학생 지도를 위해 교실을 비우게 되어 이탈 발화가 생길 수도 있다. 교사가 교실을 비우게 되면 교사가 학생의 의사소통 상황을 제대로 관리하지 못하게 되고 학생의 학습 집중도가 낮아질 수 있다. 또한 학생의 교실 생활 안전에도 위험할 수 있다. 교사와 학생의 공간이 분리되는 이탈상황이 일어나지 않도록 주의해야겠지만, 부득이한 경우라고 하더라도 교사는 학생들의 안전이나 학습 집중 유지 등의 방안을 강구할 필요가 있다. 학생들에게

교과서 몇 쪽이나 학습지 해결하라고 하거나 수업목표와 관련된 동영상을 시청하게
하는 방법 등을 생각해 볼 수 있다.

4) 학생의 이탈 발화를 관리하라

수업 중 학생이 수업 목적에서 벗어나기 쉬운 이탈 상황을 만든 경우 교사는 이를
적극 통제하고 조정하는 것이 중요하다. 이탈 상황을 방임하거나 무시하기만 하면
수업 전체 분위기가 이상한 방향으로 흘러가기 쉽다.

수업 중 화제 이탈이 일어났을 때 학생은 더욱 더 적극적으로 대화에 참여하는 경
향이 있다. 학생이 적극적으로 참여하더라도 수업목표와 관계없는 화제로 대화가
진행된다면 수업목표 달성은 어렵다. 너도나도 한 마디씩 하며 대화에 참여하려고
해서 수업 분위기를 망칠수도 있다. 수업대화의 목적은 교육과정의 목표를 달성하
는 것이므로, 수업목표와 관련된 화제 안에서 학생들의 적극적인 참여가 이루어져
야 할 것이다.

5) 학생의 이탈 발화를 무조건 비난하거나 꾸중하지 마라

수업 중에 학생들은 종종 엉뚱한 말을 하곤 한다. 수업 시간에 이미 다 활동한 내
용을 다시 묻거나 수업과 무관한 질문을 한다. 그러나 이는 교사입장에서 보면 엉
뚱한 질문이다. 학생의 입장에서 보면 '엉뚱한' 질문은 수업 내용에 대한 이해 부족
이나 지식 부족에 원인이 있을 수 있다. 또는 학생의 창의적인 생각의 표현일 수도
있다. 교사의 협소한 관점이나 고정관점에서 이탈 발화를 보고 비난하거나 꾸중하
지 않아야 한다. 이탈의 원인을 객관적으로 파악하고 그에 적절한 대응을 하는 것
이 필요하다.

예를 들어 학생이 "선생님, 쉬었다 해요."라고 말할 때, 학생의 집중도를 확인하고
교사 자신의 수업 자료가 흥미로운지, 진행이 지루하지 않은지 등을 되돌아 볼 수
있다. 나쁜 의도 없이 우연한 이탈이 일어난 경우에는 이를 통해 교사 자신의 수업
점검 자료나 수업 보완의 기회로 삼는 것이 중요하다.

6) 돌발적인 이탈 발화도 유연하고 적극적으로 수업에 활용하라

수업 중에 예상치 못한 요인으로 이탈 발화가 일어나는 경우가 있다. 교사가 의도하지 않거나 예상하지 못했던 상황, 외부 소음 등 돌발 사태가 발생하면 교사는 대개 이를 어찌할 수 없는 수업의 단절로 여기거나 상황을 해명해서 이탈 상황에서 수업 대화로 복귀하려고 한다. 하지만 이를 전체 수업 맥락 속에 녹여낸다면 이러한 수업 이탈 현상이 훨씬 유머있고 신선한 수업 재료가 될 수 있다.

미술 교과를 가르치는 정 선생님은 격자무늬의 형태가 있는 옷을 입고 어떤 반에 들어갔다. 이를 본 수현이가 "어! 몬드리안이다. 몬드리안. 빨강, 파랑, 노랑……." 라고 말했다. 정 선생님은 수현이의 말에 다음과 같이 반응했다. "오! 수현이가 관찰력이 좋은데. (몬드리안의 그림을 보여주며) 지난 시간에 배운 이 작품 이름이 뭐라고 했지요?"라고 묻고, 그림의 특징과 의의를 설명하였다. 수현이의 말로 인해 돌발적으로 이탈 발화가 일어났지만, 정 선생님은 이를 수업 도입 단계의 전시학습 떠올리기 활동 자료로 활용하였다.

7) 교사 자신만의 효과적인 복귀 전략 비법을 마련하라

수업 대화 도중에 일어나는 이탈 발화의 원인은 다양하므로 그때마다 적절한 복귀 전략을 떠올리기란 쉽지 않다. 이탈 상황에 적절하게 대처하지 못하면 수업 전개가 매끄럽게 진행되지 않을 수도 있다. 따라서 교사는 효과적으로 사용할 수 있는 자신만의 복귀 전략 비법을 마련할 필요가 있다. 학년 초에 학생과 약정된 신호나 학생과 교사가 적절하게 사용할 수 있는 방안을 공유한다면, 이탈 발화 상황에서 복귀 전략을 효과적으로 적용할 수 있을 것이다. 복귀 전략은 학생들의 발달 수준, 심리 상태 등을 고려하여 적절한 방안을 마련해야 한다. 효율만 강조하느라 학생의 개성이나 인권이 침해되지 않도록 유의해야 한다.

교사화법

3. 이탈 및 복귀화법의 적용

가. 이탈 및 복귀화법 분석하기

※ 다음의 자료를 읽고 교사의 의도적 이탈 발화가 갖는 의의를 말해 봅시다.

(1) 교사: 오늘은 대상에서 느낀 감정이 잘 드러나게 시를 써 볼 거예요. 13쪽을 볼까
요?

(2) 학생들: ((졸고 있다.))

(3) 교사: 여러분은 어떤 느낌이 드나요?

(4) 학생들: ((졸고 있다.))

(5) 교사: 우산에게 어떤 말을 해 주고 싶나요? 지수

(6) 지수: (알아들을 수 없음)

((일부 학생들도 작은 목소리로 대답한다. 많은 학생이 졸고 있다.))

(7) 교사: ((졸고 있는 학생들을 본다.)) 책 덮어.

(8) 학생들: ((어리둥절해 하며 책을 덮는다.))

(9) 학생2: 선생님 공부 안 해요?

(10) 학생3: 다른 과목 해요?

(11) 교사: 너희들 조니까 안 되겠다. 오늘 수업하지 말고 밖으로 나가자.

(12) 학생들: 와((소리를 지른다.))

(13) 학생3: 체육해요.

(14) 교사: 아니. 국어 시간이니까 국어공부할거에요. 대신 밖에 나가 식물과 10분 동
안 이야기 해 보고 들어와요.

((식물들과 10분간 이야기하고 들어온다.))

((식물과 나눈 이야기를 교사와 학생이 공유하고, 이를 토대로 학생들이 시를 쓴다.
교사는 학생이 쓴 시를 보고 대상에 대한 느낌이 명료하게 드러난 것을 발견한다.))

나. 이탈 및 북귀 화법 토의하기

※ 교실에서 효과적으로 사용할 수 있는 이탈 및 복귀화법은 무엇인지 토의하여 정리해 봅시다.

상황	이탈 · 복귀화법의 방법

다. 이탈 및 복귀화법 연습하기

※ 다음의 자료를 읽고, 어떤 방식의 복귀화법을 사용할 것인지 생각해 보고 교사 와 학생의 대화를 구성하여 연습해 봅시다.

학년: 4학년 과학
학습 문제: 식물의 한살이 관찰 계획을 세우고 씨를 심어봅시다.

김 교사는 과학 시간에 식물의 한 살이 관찰 계획에 따라 화분에 씨앗을 심으려고 한다. 씨앗을 심기 전에 화분에 넣을 흙의 배열에 대해 학생들과 탐색해 보려고 한 다. 화분에 흙을 넣을 때에는 물 빠짐, 통기성 등을 고려하여 입자의 크기를 달리해 야 한다. 교사는 이러한 의도를 갖고 학생에게 질문을 하지만 학생이 밖으로 나가자 고 이탈 발화를 하고 있다.

(1) 교사: 토양의 입자는 식물이 자라는 데 어떤 영향을 줄까요?

(2) 학생: 선생님 화단으로 나가서 식물 관찰해요.

(3) 교사: _____

(4)

(5)

정리화법

— 수업에서 유종의 미 거두기

"학생들이 수업을 하면서 생각하고 느낀 것들에 대해서 다양한 의견을 공유하고 싶었는데, 전개단계에서 시간을 예상보다 많이 썼어요. 부랴부랴 수업을 진행하는데, 종은 울리고 학생들은 교과서를 정리하려고 했어요. 제가 신규교사라 경력이 부족해서 시간 배분을 잘 하지 못한 탓이에요."

— 〈처음 공개수업을 하는 어느 신규 교사의 교실 풍경〉

1. 정리화법의 이해

가. 정리화법의 개념

수업을 '도입, 전개, 정리'단계로 구분하는 것은 교사의 수업 운영을 중심으로 단위 수업을 구조화한 것이다. 이때 정리단계에서는 본시 학습 내용의 정리와 학생의 학습 목표 성취 여부를 확인하기 위한 평가가 이루어진다. 그리고 이후의 학습을 적용, 발전시키기 위한 과제를 제시하거나 차시 학습의 내용을 안내하고 수업을 마치게 된다.

수업에서 정리단계는 단위 수업 시간 중 대략 5분 내외를 차지한다. 이는 물리적인 측면의 구분으로 기능적인 측면에서는 전개단계 이후에 수업을 마무리하는 역할을 하며, 핵심적인 기능은 본시 학습의 내용을 정리하거나 평가하는 것이다. 단위 차시의 수업을 넘어 확장된 기능을 살펴보면, 단원의 학습 목표를 달성하기 위해 차시와 차시 또는 단원과 단원을 연계하는 기능을 가지고 있다.

수업에서 정리단계가 단지 한 차시 수업을 마무리하는 것에 그치지 않고 다음 차시 수업과 연계된다는 점은 수업 도입단계의 '전시학습 상기하기'에서도 잘 드러난다. 따라서 수업 정리단계의 본질적인 역할을 제대로 이해하기 위해서는 단위 수업에만 국한할 것이 아니라 차시와 차시 또는 단원과 단원까지의 연속된 수업의 흐름을 고려할 필요가 있다.

정리화법의 개념 정의는 정리화법의 하위 기능단계와 그 역할을 통해 설정할 수 있다. 즉, 정리화법은 수업의 정리단계에서 교사가 학습 내용을 정리하고 평가하거나 과제를 제시하고 다음 차시 학습을 안내하여 단위 수업을 끝맺음과 동시에 다음 차시의 학습과 연계하는 일련의 대화로 정의할 수 있다.

이러한 정리화법은 학습 내용의 밀도를 높여주어 학생이 배운 내용이 정착되도록 하고 단위 수업이 완결성을 띠도록 하는 동시에 단원과 단원, 차시와 차시의 학습이 서로 밀접한 관련 속에서 연계성을 확보한다는 점에서 그 의의를 찾을 수 있다. 따라서 정리화법은 학습의 주체가 학습에 대한 성취감과 만족감을 느낄 수 있도록 하고, 수업의 맥을 놓치지 않고 계속적으로 학습의 흐름을 이어갈 수 있도록 하는 것이 중요하다.

나. 정리화법의 중요성

박창균 · 이정우(2011)에서는 초 · 중 · 고등학교 교사를 대상으로 교수화법에 대한 인식을 조사하였다. 수업단계 중 가장 중요하게 다루는 부분에 대한 전체 교사의 반응을 보면 '전개단계'(52%)가 가장 많았고, '도입단계'(37.8%), '정리단계'(8.9%) 순으로 응답하였다. 초등학교의 경우 '전개단계'(46.5%)와 '도입단계'(45.7%)가 많았다. 초등학교의 경우 중 · 고등학교에 비해 흥미나 동기 유발을 통한 수업의 도입을 중요하게 다루고 있음을 알 수 있다. 연구 결과에서 알 수 있듯이 교사들의 정리단계에 대한 중요도 인식은 다른 단계에 비해 현저하게 떨어지는 것을 확인할 수 있다.

김승호(2011)는 수업 단계의 이론적 배경을 Herbart의 이론을 통하여 모색하였다. 김승호는 현재의 수업 흐름 3단계(도입, 전개, 정리)를 Herbart의 교수 4단계(명료, 연합, 체계, 방법)에서 기원함을 강조하면서 정리단계의 수업 내용 정리와 평가의 교육적 중요성에 초점을 두고 4단계 수업 흐름(도입, 전개, 정리, 결말)을 분명하게 구분하는 것이 바람직하다고 주장하였다.

도입단계는 '명료'의 의미가 반영된 것으로 도입단계에서는 해당 수업에서 다루고자 하는 주제를 학생들에게 명확하게 각인시키는 작업이 요청된다. 이를 위한 구체적인 실천 방안으로 '동기유발하기'와 '학습 목표 제시하기'가 주로 동원된다. 전개단계는 '연합'의 의미가 반영된 것으로 전개단계에서 교사는 주어진 교육 내용을 학습자가 이미 가지고 있는 기존의 지식과 연결 지어 해석해 줌으로써 학생의 자유롭고 활발한 사고의 결합을 도모해야 한다. 이를 위해서는 교사의 질문과 학생의 대답, 학생 발표 등과 같은 교사와 학생 간의 상호작용이 그 어느 단계에서보다도 활발히 이루어져야 한다. 정리단계는 '체계'와 '방법'의 의미가 반영된 것으로 정리단계에서는 학생이 학습한 학습 내용이 학습자의 기존 지식 체계 내에서 안정적으로 자리를 잡을 수 있도록 교사가 적절한 질문을 던져 학생이 학습 내용들 간의 질서 지움 또는 체계화가 이루어져야 하며, 학습 결과의 확인을 위한 연습 문제 또는 상황을 제공하고 차시 학습에 대한 예고를 통해 학습의 연속성을 반드시 반영해야 함을 강조하고 있다.

수업 정리단계에 대한 교사의 중요도 인식이 떨어짐에도 불구하고 수업의 흐름 중 마무리 단계에 해당하는 정리단계는 수업의 연속성과 학생의 학습 완결성 측면에서 중요하게 다룰 필요가 있다.

다. 정리화법의 구조

정리화법의 구조는 도입화법과 마찬가지로 수업 정리단계에서 일반적으로 나타나지만, 반드시 순차적으로 나타나지 않으며 학교급, 교과, 교사, 학생, 수업 방식 등과 같은 다양한 변인에 의해 추가, 대체, 수정, 통합, 생략되기도 한다. 다음은 정리화법의 일반적인 구조가 드러난 대화 자료이다.

[자료 10-1]

(1) 교사: 오늘은 파워포인트의 애니메이션 효과를 이용하여 문서를 만들어 봤어요. 애니메이션 효과는 어떤 문서를 만들 때 사용하면 좋은가요?

(2) 학생들: 다른 사람에게 무언가를 소개하거나 발표할 때 효과적이에요.

(3) 교사: 자, 그럼 오늘 만들어 봤던 자료를 응용해서 화면에 보이는 문서를 만들어 볼까요? 애니메이션 효과가 조금 바뀐 걸 알 수 있을 거예요. 오늘 배

[수업내용 정리하기]

[평가하기]

운 내용을 생각하면서 각자 완성해 보세요.	
(4) 학생들: ((각자의 컴퓨터에 문서를 만든다.)) 예.	
(5) 교사: ((교실을 순회하며, 학생이 만든 문서를 확인한 다.) 모두들 잘 했어요.	
(6) 교사: 그러면 이렇게 파워포인트는 마무리를 하고, 다 음 시간에는 엑셀의 기본 구성을 알고, 합계와 평균을 구하는 방법을 알아보도록 하겠어요. 집 에서 공부할 내용을 한 번씩 읽어오기 바랍니다.	[차시 예고하기] [과제 제시하기]
(7) 학생들: 예.	
(8) 교사: 자, 오늘 수업은 여기서 마치도록 하겠어요. 다 음 시간에 봅시다.	[수업종료하기]
(9) 학생들: 감사합니다.	
(10) 교사: 조용히 교실로 올라가고 혹시 질문 있는 친구 들은 앞으로 나오세요.	[개별 질문받기]

정리화법을 대화분석의 단위에 따라 형식단계와 기능단계로 나타내면 [그림 2-3]
과 같다.

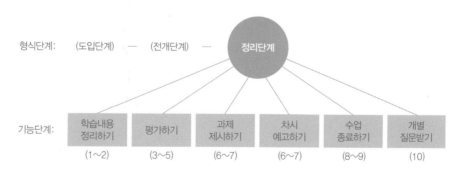

그림 2-3 **정리화법의 일반적인 구조**

[자료 10-1]의 (1)~(2)는 단위 시간에 학습한 내용을 정리하는 단계이다. 학습내
용 정리하기는 정리화법에서 필수적인 기능을 담당하고 있다. 일반적으로 수업에서
정리하기가 생략되는 경우가 있다. 이는 정리하기의 필요성이 적어서라기보다는 수

업의 전개에 초점을 두다보니 시간이 부족하거나 정리하기에 대한 교사의 인식이 부족한 경우가 대부분이다. [자료 10-1]에서 보이는 수업내용 정리하기는 그날 배운 기능의 효과에 대해서 질문을 통해 주요 학습 내용을 초점화하는 모습을 보여준다.

(3)~(5)는 학습한 내용에 대한 평가를 하는 단계이다. 평가하기는 정리하기와 마찬가지로 정리화법에서 중요한 기능을 담당하는데 평가의 목적이나 시기, 주체에 따라 다양한 양상을 띤다. 주로 차시의 목표 도달 여부를 알아보기 위한 형성평가나 학생의 수행에 초점을 둔 수행평가를 하게 된다. (3)에서 교사는 수업목표 달성과 관련된 예시자료를 제시하고 학생들의 수행을 직접 평가하고 있다. 정리단계에서의 평가는 학생이 수업 진행 과정 중에서 차시의 목표를 얼마나 잘 이해하고 수행할 수 있는지를 점검하는 데 목적이 있다. 따라서 지나치게 성패에 초점을 둔 평가보다는 학생으로 하여금 성공의 기회를 느낄 수 있도록 피드백을 제공하는 것이 중요하다.

(6)~(7)은 다음 시간에 다룰 수업 내용에 대해 안내하고 과제를 제시하는 단계이다. 과제 제시하기와 차시 예고하기는 별도로 나타나기도 하지만 이와 같이 함께 제시되기도 하고 과제의 성격에 따라 순서가 바뀌기도 한다. 과제 제시하기는 해당 시간의 학습 내용에 대한 과제를 복습의 의미로 제시하기도 하고, (6)과 같이 다음 차시와 관련하여 예습 과제로 제시하기도 한다. 과제 제시의 수준도 명시적이고 명확하게 제시하거나 관습적이고 관례적으로 제시하기도 한다. 과제 제시가 관습적이고 관례적이라는 것은 과제에 대한 강제성과 교사의 개입 여부에 의해 판단된다. 예를 들어 다음 차시의 준비물을 미리 만들어 보게 하고, 과제를 검사한다면 이는 명확한 과제 제시라 할 수 있다. 반면에 (6)과 같이 '다음에 배울 내용을 한 번 읽어 오세요.'와 같이 학생이 과제를 꼭 해야 한다는 강제성이 없고, 교사의 과제 확인 여부도 명확하지 않은 경우는 관습적인 과제 제시라 할 수 있다. 또한 최근에는 학교 교육에서 과제 제시가 많지 않은 추세이다. 지금의 학생들은 방과 후에 사교육에 내몰리면서 정규 교육이외에도 많은 학습량에 힘들어하고 있다. 이렇게 수업에 영향을 주는 요인이 교사, 학생, 교과 내용과 같은 수업 내적 요인뿐만 아니라 수업을 둘러싸고 있는 외부의 환경 요인과 같은 수업 외적 요인도 있음을 확인할 수 있다.

교사화법

차시 예고하기는 차시와 차시 또는 단원과 단원 사이의 계열성과 관련된다. 학교 학습은 유목적인 활동이기 때문에 차시나 단원은 내적으로 교수·학습을 염두에 둔 일관성을 가지고 있다. 따라서 본시 학습의 마무리 단계에서 다음 수업에 대한 안내를 함으로써 차시 간의 관계를 알려 주어야 한다. 이는 오늘 학습한 내용에 대한 파지력을 높이고 앞으로 학습하게 될 다음 수업에도 영향을 준다.

(8)~(9)는 교사가 수업이 끝났음을 공식적으로 알리는 단계이다. 이 단계는 도입 화법의 수업 시작을 알리는 수업 시작하기와 유사한 성격을 갖는다. 수업의 종료는 종소리나 시그널 음악과 같은 물리적인 신호에 의해서 이루어지기도 한다. 하지만 교실에서 실질적으로 수업의 종료를 알리는 것은 수업의 시작과 마찬가지로 교사의 발화에 의해서 이루어진다. (8)에서는 교사의 전형적인 수업 종료 선언으로 수업을 마치고 있다. 교사의 수업 종료 선언은 학생의 인사와 대응쌍을 이루며 수업 종료하기가 이루어진다. 교사가 명시적으로 인사를 하지 않을 때, 학생들은 교사의 수업 종료 선언을 교사의 인사로 인식한다.

(10)은 수업이 공식적으로 끝난 후에 수업 상황에서 다루지 못한 질문을 받는 단계이다. 공식적인 수업 시간에 다룰 수 없는 질문이 생길 경우는 세 가지로 생각해 볼 수 있다. 첫째, 수업과 직접적인 관련이 없는 질문이 나온 경우이다. 교사는 수업 시간에 가급적으로 수업목표를 중심으로 대화를 이끌어 가려 하기 때문에 수업의 효율적인 전개를 위해 수업목표와 관련된 의사소통을 하려고 한다. 따라서 수업목표와 관련 없는 질문을 하면 교사는 이를 수업 시간 이후에 처리하려고 하며 일반적으로 "그 질문은 수업 끝나고 다시 물어봐."와 같이 반응한다. 학생의 질문이 수업목표와 관련이 적다고 하더라도 교사는 이를 무시할 수 없으므로 수업이 끝난 후에 그 질문에 대답할 시간을 가질 필요가 있다. 둘째, 학생 개인의 특성으로 인해 수업 중 질문을 하고 싶었으나 질문을 망설이다 기회를 놓치는 경우가 있다. 이런 경우를 위해 교사는 수업이 종료되었다하더라도 보다 개인적인 관계에서 의사소통할 수 있는 기회를 제공함으로써 학생이 가진 궁금증을 해소할 수 있는 장치를 마련하는 것이 바람직하다. 셋째, 교실 문화로 인해 잘난 체를 한다는 주변의 시선 때문에 질문

을 하지 못하는 경우가 있다. 교사는 수업의 말미에 오늘 학습한 내용에 대해 별도의 시간을 할애하여 질문할 기회를 제공한다. 하지만 수업이 마무리되는 시점에서 질문을 하는 것은 또래 친구로부터 잘난 체를 한다거나 눈치 없는 사람으로 인식되는 경우가 있으며 이러한 현상이 교실 문화로 자리 잡은 경우는 질문을 하고 싶어도 질문을 할 수 없는 상황이 된다.

개별 질문받기는 수업 중 교수·학습 상황에서의 질문받기와는 구별된다. 교사는 수업을 하면서 학생의 질문을 받고 이에 대한 답을 주면서 수업을 진행한다. 하지만 수업의 원활한 진행을 위해 해결해 주지 못한 질문이나 수업시간에 다루지 못한 질문은 공식적인 수업 종료 후에 개별적으로 받는다. 교사는 수업 중간에 이러한 질문을 받을 때 "그 질문은 이따 따로 이야기하자."와 같이 반응한다. (10)에서는 교사가 수업 종료를 알리는 발화 뒤에 수업 중에 처리하지 못한 질문을 받기 위해 질문이 있는 학생을 별도로 부르고 있다.

2. 정리화법의 방법

가. 정리화법의 일반적인 방법

1) 학습내용 정리하기

'학습내용 정리하기'의 구체적인 소통 방법은 학습 내용의 주요 개념 명료화하기, 학습 활동의 과정 정리하기, 학생의 대답을 통해 학습 내용을 확장하기, 활동 내용 확인하기, 학습 활동을 목표와 관련짓기 등이 있다.

[자료 10-2]
(1) 교사: ((칠판의 활동 내용을 가리키며)) 선생님이, 이거 하나만 더 하고 마무리하도록 할게요. 오늘 우리가 무엇에 대해 배웠어요?
(2) 학생들: ((칠판을 보며)) 낱말.

(3) 교사: 낱말의 종류. 낱말의 종류는 모두 몇 가지가 있다?

(4) 학생들: 세 가지.

(5) 교사: ((칠판을 가리키며)) 사람이나 사물의…….

(6) 학생들: 이름.

(7) 교사: ((칠판을 가리키며)) 사람이나 사물의…….

(8) 학생들: 움직임.

(9) 교사: ((칠판을 가리키며)) 사람이나 사물의…….

(10) 학생들: 성질이나 상태

[자료 10-2]에서 교사는 주요 개념을 명료화하며 학습 내용을 정리하고 있다. 이 수업은 단원의 첫 차시로서 '낱말의 종류를 알고 분류할 수 있다.'는 학습 목표를 달성하기 위해 낱말의 종류를 교사와 학생의 문답 형식으로 확인하면서 학습 내용을 정리하고 있다.

[자료 10-3]

(1) 교사: 오늘 어떤 활동을 했는지 알아보겠어요. 활동 1에서 어떤 활동을 했죠? 진우가 말해 보세요.

(2) 진우: 시 낭독하기를 했어요.

(3) 교사: 네, 시를 낭독하고 다른 활동은 무엇이 있었지요? 희영이.

(4) 희영: 시에 대한 생각이나 느낌을 말했어요.

(5) 교사: 맞습니다. 시를 읽고 그 시에 대한 생각이나 느낌을 말해보았어요. 활동 2에서 어떤 활동을 했죠?

[자료 10-3]에서 교사는 학습 활동의 과정을 되돌아보며 학습 내용을 정리하고 있다. 학습내용의 정리는 교사의 수업 방식, 학습 목표나 성격, 교수·학습 방법 등에 따라 다양한 형태로 나타난다. 이 수업은 '시에 대한 생각이나 느낌을 이야기할

수 있다.'는 학습 목표를 달성하기 위해 모둠별 발표 수업 형태로 진행되었다. 따라서 중요한 학습 내용을 정리해 주기보다는 학생들이 수행한 활동 과정을 다시 짚어 줌으로써 오늘의 수업을 되돌아보고, 자신의 수업 참여 정도를 확인하는 수준에서 학습내용을 정리하고 있다.

2) 평가하기

'평가하기'의 구체적인 방법으로는 전체 학생을 대상으로 한 형성평가하기, 자기 평가 방식의 수업 느낌 나누기나 소감 말하기, 수업 중 수행된 평가 활동 상기하기 등이 있다.

[자료 10-4]

(1) 교사: ((TV화면을 가리키며)) 마지막으로 여기 있는 문제를 풀어 볼게요. 이 중에 서 움직임이 나와 있는 낱말이 있는 문장은 무엇인가요? 다같이.

(2) 학생들: 지후가 걷는다.

(3) 교사: 지후가 걷는다. 한 문장이 더 있는 것 같아요. 아래에 있네요. 다 같이 시작!

[자료 10-4]에서 교사는 전체 학생을 대상으로 질문과 대답을 통해 평가를 하고 있다. 이 방법은 학생이 인지적 부담을 줄이면서 간단히 평가를 하고 수업을 마무리 할 때 사용하는 평가 방법이다. 교사들은 수업의 정리단계에서 평가하기를 통해서 학생의 학습을 마무리하고 완결 짓는다는 의미에서 그 중요성을 인식하고 있으나 실제 수업 상황에서는 시간 부족과 사전 준비 소홀과 같은 이유로 평가하기를 소홀하게 다루는 경향이 있다. 그러다보니 학생의 인지적 부담과 수업 운영의 시간적 부담을 줄일 수 있는 간단한 평가 방식을 나름의 노하우로 가지고 있기도 하다.

[자료 10-5]

(1) 교사: 오늘 수업을 마치면서 어떤 감정이 드는지 생각해 보는 시간을 갖겠어요. 지금 자신의 감정을 가지고 있는 카드에서 하나만 골라 보세요. 네, 감정카드 한 가지만 뽑아 보세요. 벌써 뽑은 친구가 있네요. 자, 자신의 감정카드를 한 번 힘껏 높이 들어서 보여줍니다. 자, 친구들에게 한 번 보여주세요.

(2) 학생들: ((손에 잡은 자신의 감정카드를 들어 올린다.))

(3) 교사: 친구들의 감정을 봐 주세요. 친구들이 이런 감정이었구나.

(4) 학생들: ((주변 친구들의 감정 카드를 바라본다.))

[자료 10-5]에서 교사는 학습을 마무리하는 단계에서 자기 평가 방식의 수업에 대한 느낌 나누거나 소감을 말하며 학생의 수업목표 달성 정도를 파악하고 있다. 이 수업은 '감정의 의미와 중요성을 알 수 있다.'는 학습 목표를 달성하기 위해 자신의 감정 상태를 알아보고, 이야기 자료 속의 주인공 감정을 살펴봄으로써 감정의 의미와 중요성을 배우고 내면화하는 것을 주요 학습 내용으로 한다. 이 교사는 교과와 학습 내용의 성격을 감안하여, 문제에 대한 정오 판정이 아니라 학습한 내용을 학생이 내면화하고 이를 표현하게 함으로써 자연스레 평가하는 방식을 취하였다. 자신의 감정을 표현하고 주변 친구의 감정을 확인하는 것으로도 수업의 목표 달성 여부를 충분히 파악할 수 있음을 시사한다.

3) 과제 제시하기

'과제 제시하기'는 본시 학습을 위한 복습이나 차시 학습을 위한 예습으로 제시될 수 있다. 또한 강제성 정도에 따라서 강제성이 강한 과제 제시하기와 강제성이 약한 과제 제시하기로도 구분할 수 있다. 일반적으로는 수업의 정리단계에서 다음 수업 준비를 위해 과제를 부과하는 경우가 많다. 따라서 과제 제시하기는 차시 예고와 연계되어 함께 사용이 되기도 한다. 구체적인 방법으로는 차시 예고와 연계한 예습 과제 제시하기, 구체적인 활동 방법을 안내하며 예습 과제 제시하기, 본시 학습에서

미진한 학습에 대한 복습 과제 제시하기 등이 있다.

> **[자료 10-6]**
>
> (1) 교사: 다음 시간에는 시장 선거와 관련하여 우리 지역에서 필요한 올바른 공약 세우기에 대해서 공부를 할 겁니다. 그래서 여러분은 우리 고장에서 고쳐야 할 문제점에는 어떤 것이 있는지 조사해 오는 숙제를 해야 합니다. 한 사람이 두 가지 정도의 문제점을 찾아오면 됩니다. 과제와 관련하여 궁금한 것이 있나요?

[자료 10-6]에서 교사는 차시 예고와 연계하여 예습 과제를 제시하고 있다. 사회과의 경우 과목의 성격 상 조사 학습이 많다. 조사 학습이 성공적으로 이루어지기 위해서는 학생이 사전에 과제로 해당 학습에서 다룰 내용을 미리 준비해야 한다. 이때 교사는 차시 학습을 안내하면서 과제를 부여하고 학생이 과제를 잘 해 올 수 있도록 조치를 해야 한다. 교사는 과제 제시 후에 학생으로부터 과제 수행에 관한 질문을 받음으로써 과제가 실질적으로 이루어질 수 있도록 조치하고 있다.

> **[자료 10-7]**
>
> (1) 교사: 김**씨 다음 시간에 말 꽁시따기 놀이를 미리 연습하고 오는 것이 숙제입니다. 예를 들면 '눈은 희다. 이렇게 시작하면, 흰 것은 설탕, 설탕은 달아' 이런 식으로 상대방과 순서를 주고받으면서 하는 겁니다. 이어서 누가 한 번 해 볼까? 윤슬이가 해 볼까?
>
> (2) 윤슬: 단 것은 사탕. 사탕은 맛있어. 맛있으면 바나나.
>
> (3) 교사: 네, 아주 잘했어요. 다른 친구들도 어떻게 하는지 알겠죠.

[자료 10-7]에서 교사는 구체적인 활동 방법을 안내하며 예습 과제를 제시하고 있다. 이처럼 차시 학습에 대한 사전 연습이 필요하거나 사회과의 조사 학습과 같이

사전 과제가 꼭 필요한 경우가 있다. 이럴 때 교사는 단순히 과제만을 제시하는 것이 아니라 과제에 대한 구체적인 안내와 점검을 통해 의미 있는 과제를 통해 학습이 심화되거나 학습을 예습할 수 있는 적절한 장치를 마련하는 것이 중요하다. 교사는 (1), (2)와 같이 다음 시간에 필요한 활동에 대한 과제를 제시하면서 수행 방법을 시범보이거나 교사가 제시한 과제를 학생이 잘 파악하고 있는지 학생에게 확인하기도 한다.

4) 차시 예고하기

'차시 예고하기'의 주요 방법은 차시 수업의 제재 안내하기, 차시 간의 연계성을 고려한 차시 안내하기, 학습의 성격을 고려한 차시 예고하기, 흥미 유발을 위한 차시 활동 안내하기 등이 있다.

> **[자료 10-8]**
> (1) 교사: 네, 다음 시간에는 오늘 배운 감정을 더 잘 표현하는 방법에 대해서 한 번 배워보도록 하겠습니다.

[자료 10-8]에서 교사는 학습의 성격을 고려하여 차시 예고를 하고 있다. 교과의 학습 목표와 내용에 따라 학습의 성격이 다르게 설정된다. 이 수업의 성격은 '개념 학습' 차시이다. 다음 수업은 이 시간에 학습한 개념을 표현하는 방법을 배우는 '원리 학습' 차시이다. 교사는 학습의 성격을 드러내고 수업 간의 연계성을 학생들에게 안내하면서 차시 예고를 하고 있다.

> **[자료 10-9]**
> (1) 교사: 다음 시간에는 신체뿐만이 아닌 도구를 활용한 표적 활동을 하겠습니다. 간이 골프를 할 예정이고요. 오늘처럼 열심히 활동해주길 바랍니다.

[자료 10-9]에서 교사는 흥미 유발을 위한 차시 활동 안내를 하고 있다. 이 수업은 6학년을 대상으로 한 체육 수업이다. 수업의 목표는 '자기 마음을 잘 조절하면서 표적 올림픽 활동을 할 수 있다.'이다. 교사는 자신이 담임하고 있는 학급의 실정에 맞게 체육 수업을 계획하였고, 체육 수업의 우선순위를 학생이 많이 움직일 수 있는 시간의 확보와 교과 활동을 통한 생활지도로 생각하고 있다. 이 교사가 담임을 맡고 있는 6학년 학생들은 최근 학습에 대한 흥미를 많이 잃고 있으나 체육 수업은 매우 좋아한다. 그래서 차시 예고를 할 때, 오늘 수업처럼 다음 수업도 재미있을 것이라는 암시를 주면서 차시 활동을 안내하고 있다.

5) 수업 종료하기

'수업 종료하기'의 주요 방법으로는 교사의 명시적 수업 종료 선언하기, 하교 지도와 연계한 수업 종료 선언하기, 전체 수업을 칭찬하면서 수업 종료하기, 학교의 인사법에 따른 수업 종료하기 등이 있다.

> **[자료 10-10]**
> (1) 교사: 오늘 사회 공부 참 잘했어요. 이상으로 수업을 마칩니다. 차렷, 경례!
> (2) 학생들: 감사합니다.

[자료 10-10]에서 교사는 명시적으로 수업의 종료를 알리고 있다. 이 자료는 수업 종료하기의 전형적인 방법을 보여주고 있다. 수업 종료는 수업을 구성하는 물리적인 시간에 의해 이루어진다. 교사의 수업 실행도 단위 시간에 맞춰 이루어진다. 그러나 미시적으로 볼 때 수업이 공식적으로 끝나는 것은 시종과 같은 외부 조건이 아니라 교사의 종료 선언 발화에 의해서 이루어진다.

[자료 10-11]의 대화 자료는 학교의 인사법에 따른 수업 종료하기 방법을 보여주고 있다. 지역, 학교, 교사마다 차이가 있으나 이 교사가 근무하는 학교는 생활지도의 일환으로 모든 학생이 인사 구호를 '배려하겠습니다.'로 정하고 인사법을 교육하고 인사를 하도록 한다. 많은 학교가 매 수업의 시작과 종료 단계에서 인성 덕목이 포함된 인사법을 만들어 인성지도와 생활지도를 생활화하고자 노력하고 있다.

6) 개별 질문받기

개별 질문받기는 공식적인 수업시간에 다룰 수 없는 개인적인 질문을 받는 단계이다. 교사는 수업이 끝난 후에 개별 질문을 할 수 있도록 분명하게 안내하거나 일정 시간 동안 교실에 머무르며 수업 시간의 공식적인 상황에서 질문하지 못한 학생들을 위해 개별 질문을 할 수 있는 기회를 마련해 주어야 한다.

[자료 10-12]

(1) 교사: 자, 그럼 이상으로 수업을 마치겠습니다. 이번 수업 내용에 대해 따로 질문이 있는 학생은 쉬는 시간에 선생님에게 와서 물어보도록 하세요. 화장실 갈 친구들은 다녀오세요.

(2) 학생들: 감사합니다.

[자료 10-12]의 대화 자료에서 교사는 수업 종료 선언을 한 이후에 학생들이 개별 질문을 할 수 있도록 별도의 시간을 마련해 주고 있다. 개별 질문받기는 도입단계의 수업 준비하기와 대구를 이루며 공식적인 수업의 시작과 종료의 이전과 이후에 본

격적인 수업을 위한 준비와 마무리 역할을 하기도 하며 장기적으로 교사와 학생 간의 라포르 형성에 도움을 주면서 전반적인 교실의 허용적인 분위기를 형성하는 데 큰 도움을 준다.

나. 정리화법의 유의점

1) 수업 정리 시간을 확보하라

수업을 관찰하다 보면 수업의 정리단계를 소홀히 다루거나 다급하게 수업을 정리하는 경우가 종종 있다. 수업에서 중요하게 다루는 학습 내용이나 방법은 주로 전개단계에서 다룬다. 그래서 많은 교사들은 수업에서 전개단계를 중시 여기고 모든 역량을 수업의 전개단계에 쏟는 경향이 있다. 하지만 정리단계는 학생의 학습 목표 달성 여부 확인, 학습 내용 파지, 수업 간의 연계성 확보와 같은 고유의 기능과 역할이 있다. 수업에서 도입과 전개가 중요하지만 정리 또한 나름의 중요성이 있다. 따라서 교사는 수업의 전체 그림을 머릿속에 넣고 수업을 전개함으로써 정리단계에서 꼭 다룰 내용을 짚고 넘어가야 한다. 또한 최근에는 학생의 인권을 보장하는 차원에서 정해진 쉬는 시간을 반드시 보장해야 한다. 수업의 정리뿐만 아니라 학생의 휴식 시간 보장을 위해서도 수업을 전개할 때 시간 관리는 반드시 필요한 일이다.

2) 학습 목표와 내용을 학생의 삶과 연결시켜 정리하라

정리단계의 주요 기능단계는 학습내용 정리하기와 평가하기로, 학생으로 하여금 학습한 내용을 그들이 가지고 있는 기존의 지식 체계 내에 안정적으로 자리 잡도록 하는 것이다. 따라서 교사는 학생이 수업의 결과로써 획득해야 할 학습 내용을 정리하고 평가함으로써 학생이 학습의 결과를 파지할 수 있도록 적절한 조력을 해야 한다. 학습의 결과를 파지하도록 하는 방법은 여러 가지가 있다. 교사는 해당 학습의 주요 내용에 대해 학생이 실생활에서 사례를 찾게 하거나 학습한 내용을 학생 자신의 언어로 다시 말하게 함으로써 학습 경험이 학생의 삶에 반영할 수 있도록 도와야 한다.

3) 수업과 수업 간의 연속성을 반영하라

수업은 단위 시간에만 이루어지는 분절적이거나 독립적인 활동이 아니라 수업과 수업이 연속되고 연계된 활동이다. 따라서 수업의 시작 부분에 이전의 학습한 내용과 본시 학습을 연결하듯이 수업의 마무리 부분에서도 차시 학습에 대한 안내를 함으로써 학습의 연속성을 반드시 반영해야 한다.

4) 정리단계 하위 기능단계에 대한 나름의 노하우를 만들어라

수업 정리단계가 교육적으로 필요하고 중요한 것을 모르는 교사는 없다. 교사는 수업을 계획하면서 5분 내외의 시간을 정리단계에 할애한다. 하지만 현실적으로 수업을 하다보면 모든 수업이 계획처럼 진행되지는 않는다. 교사는 수업 정리단계의 하위 기능단계를 명확히 알고 수업의 성격에 따라 반드시 필요한 기능단계는 간단하게라도 반드시 짚고 넘어가야 한다. 이때 교사는 수업 시간에 쫓겨 교사의 일방적인 전달로 정리가 이루어지기 쉽다. 따라서 학습내용 정리하기, 평가하기, 차시학습 예고하기와 같은 주요 기능단계에 대해서 교사 일방의 안내가 아니라 학생과의 상호작용을 통한 정리가 될 수 있도록 자신만의 정리화법 방식을 개발할 필요가 있다.

3. 정리화법의 적용

가. 정리화법 분석하기

※ 다음 수업대화는 정리단계 중에서 '수업내용 정리하기' 부분입니다. 학습 목표와 관련지어 수업내용 정리하기 방법에 대해 비판적으로 분석해 봅시다.

〈학습 목표〉 시를 읽고 주제를 찾는 방법을 안다.

(1) 교사: 그럼, 우리 곡선의 주제를 마지막으로 찾아보면서 오늘 수업을 정리하도록 할게요. 곡선의 주제가 뭘까?

(2) 학생: 서두르지 말자.

(3) 교사: 우리 계속 주제 찾는 거에 대해서 배우고 있는데, 뭘 배웠을까?

(4) 학생: 아무리 급해도 돌아가자.

(5) 학생: 천천히 돌아가지.

(6) 학생: 집으로 돌아갑시다.

(7) 교사: 원근이가 이야기 해볼까?

(8) 원근: …….

(9) 교사: 글쓴이의 중심 생각을 이야기하는 거야~

(10) 원근: 잘 모르겠습니다.

(11) 교사: 잘 모르겠어요? 자. 그러면은 체라는?

(12) 체라: 잘 모르겠습니다.

(13) 교사: 생각을 해봐야지~ 형종이가 이야기해보자.

(14) 형종: 빠른 것보다 천천히 가는 게 좋을 때도 있다

(15) 교사: 빠른 것보다 천천히 가는 게~좋을 때도 있다고 형종이가 이야기 해줬어요. ((손을 들어 보이며)) 동의합니다? 같은 생각입니다? 응 같은 생각이라고 많은 친구들 이 손을 들었네요. 곡선의 주제는 형종이가 말한 것처럼 천천히 가는 것이 더 빠를 수도 있다고 글쓴이가 이야기 하고 있는 거야. 자 오늘 우리 무엇에 대해 배웠죠?

(16) 학생들: 주제

(17) 교사: 네. 주제 찾는 법을 배웠는데. 맑은 날이라는 시와 곡선이라는 시를 통해 배웠는데 오늘 잘 해줬습니다. 수고하셨습니다.

나. 정리화법 토의하기

※ 정리화법의 이해와 방법에서 배운 내용을 생각하며, 정리화법에 대한 효과적인 방법을 토의하여 봅시다.

1) 정리화법에서 반드시 포함하거나 강조할 기능단계는 무엇이고, 그렇게 생각한 까닭을 이야기해 봅시다.

2) 정리단계의 '학습내용 정리하기'에서 시간적인 부담을 줄이면서 학습 내용을 정리할 수 있는 효과적인 방법에는 무엇이 있는지 이야기해 봅시다.

3) 정리단계의 '평가하기'에서 학생의 인지적 부담을 줄이면서 학습 목표 도달 여부를 효과적으로 확인할 수 있는 효과적인 방법에는 무엇이 있는지 이야기해 봅시다.

다. 정리화법 연습하기

※ 수업의 정리단계 중에서 '차시 예고하기'를 하려고 합니다. 제시된 〈단원 학습 체계〉를 참고하거나 또는 다른 단원을 상정하여 '차시 예고하기'를 어떻게 할지 교사의 대화 내용을 만들어 봅시다.

〈단원 학습 체계〉

차시	차시명	학습 목표	비고
1차시	• 습도를 어떻게 측정할 수 있을까요?	• 습도의 의미를 이해하고 건습구 습도계로 습도를 측정할 수 있다.	
2차시	• 이슬과 안개는 어떻게 생길까요?	• 이슬과 안내가 생기는 과정을 설명하고, 그 차이점을 비교할 수 있다.	본시 학습
3차시	• 구름, 비, 눈은 어떻게 만들어질까요?	• 구름의 발생과 비나 눈이 내리는 과정을 설명할 수 있다.	
이하 생략			

□ 교사: _____

수업 끝난 후에 혼자 와서 질문할 때

수업 시간에 학생들이 질문을 잘하도록 안내하는 것은 매우 중요하다. 이스라엘 학생들이 세계적으로 우수한 업적을 내는 이유도 이스라엘 사람들은 전통적으로 가정이나 학교에서 수많은 질문을 하는 것을 당연하게 생각하고, 부모들은 학교에서 무엇을 배웠는가 물어보지 않고 어떤 질문을 했는가를 물어보기 때문이라고 한다. 질문과 토론 중심의 하브루타가 이스라엘 민족을 우수하게 만든 중요 요인 중 하나라는 것이다.

교육에서 가장 효과적으로 배우게 하는 방법은 학생 스스로 질문하고 학생 스스로 답을 찾아내도록 유도하는 것이다. 하지만 우리 교실 수업 현실은 학생의 질문을 촉발하고 다양한 의문에 대해서 토의하고 논쟁하면서 해결책을 찾아가는 수업과는 거리가 있다. 특히 교사가 수업 내용을 많이 준비할수록 학생의 질문 기회는 줄어들고, 아이들은 학년이 올라갈수록 질문하지 않는 것에 익숙해진다.

더구나 수업 중에 질문하지 않고 나중에 개별적으로 와서 질문하는 아이는 때로는 귀찮거나 성가신 대상으로 교사가 인식할 수도 있다. 쉬는 시간이나 방과 후에 자주 질문하는 아이를 어떻게 대해야 할지 갈등에 빠지게 된다.

"동식이는 왜 항상 수업 시간에 질문하지 않고 끝나고 와서 물어보니? 궁금한 것이나 모르는 것은 질문하라고 수업 시간에 기회를 줬잖아!."
"그래, 그게 궁금했구나. 수업 중에 궁금했던 것을 수업이 끝난 뒤에도 물어보는 것은 아주 좋은 태도야."

수업 시간 이후에도 계속 그 주제를 가지고 의문을 제기하거나 관련되는 내용을 더 알고 싶어 하는 경우, 질문하는 학생에게 핀잔을 주고 돌려보낼 것인가? 학생의 의욕과 흥미를 고려하여 질문 태도를 격려하고 답해줄 것인가?

― 이창덕 외(2017). 『황당하고 재미있는 수업이야기』 중에서

참고문헌

■ 참고문헌

1. 국내문헌

· 권낙원(1994),『수업의 원리와 실제』, 성원사.

· 권순희(2005),「초등학교 국어과 수업에 나타난 교사의 질문, 피드백 양상과 개선 방안」,『국어교육』118, 한국어교육학회, 65-100.

· 김경섭 · 김자원 · 임현섭 · 최성민(2010),『글쓰기와 스토리텔링』, 박이정.

· 김승현(2014),「초등 예비 교사의 피드백 발화에 대한 분석적 고찰」,『화법연구』25, 한국화법학회, 41-73.

· 김승현(2015),「초등학생의 소집단 활동에 나타난 학습 대화의 양상 연구」,『화법연구』30, 한국화법학회, 105-145.

· 김승현 · 박재현(2010),「국어 수업 도입부의 소통 전략 연구」,『국어교육연구』25, 서울대학교 국어교육연구소, 163-195.

· 김승호(2011),「수업지도안의 이론적 배경 탐색」,『초등교육연구』24(3), 한국초등교육학회, 97-115.

· 김정렬(2007),『영어과 수업관찰과 분석』, 한국문화사.

· 김정태(2010),『스토리가 스펙을 이긴다』, 갤리온.

· 김주영(2017a),「수업 정리단계 교수화법의 양상과 교사 인식 연구」,『한국어문교육』23, 고려대학교 한국어문교육연구소, 81-115.

· 김주영(2017b),「국어교육에서 수업대화 연구의 경향과 과제: 연구 주제, 대상, 방법을 중심으로」,『우리말교육현장연구』11(2), 우리말교육현장학회, 357-385.

· 김주영(2018),「초등교사의 도입단계 교수화법 양상과 인식」,『한국어문교육』24, 고려대학교 한국어문교육연구소, 93-127.

· 김주영 · 박창균(2017),「수업대화에서 교사의 질문화법 양상 연구; 질문 연속체를 중심으로」,『국어교육연구』65, 국어교육학회, 1-30.

· 김주영 · 박창균(2018),「교사 피드백 화법의 전개 양상 분석」,『한국초등국어교육』64, 한국초등국어교육학회, 5-38.

· 류성기(2006),「말하기 교육 효율화를 위한 동기 유발 방법」,『한국초등국어교육』31, 한국초등국어교육학회, 41-69.

- 박용익(2001), 『대화분석론』, 역락.

- 박용익(2003), 「질문이란 무엇인가?」, 『텍스트언어학』 14, 한국텍스트언어학회, 259–319.

- 박윤희(2011), 「수업상황 요인에 따른 국어교사의 피드백 화법 양상 연구」, 이화여자대학교 석사학위논문.

- 박인기 외(2013), 『스토리텔링과 수업기술』, 사회평론 교육총서 10. 사회평론.

- 박재현·김호정·남가영·김은성(2010), 「국어 교수 화법의 유형적 특성에 관한 분석적 고찰– 국어교사의 평가, 피드백 발화를 중심으로」, 『새국어교육』 86, 한국국어교육학회, 125–156.

- 박창균(2012), 「수업대화에서 소통의 문제 상황에 대한 교사의 인식」, 『화법연구』 21, 한국화법학회, 81–115.

- 박창균·이정우(2011), 「초·중·고교사의 교수화법에 대한 인식 조사」, 『한국초등국어교육』 47, 한국초등국어교육학회, 93–118.

- 박태호(2003), 「오 교사의 말하기·듣기 수업대화 목적 분석」, 『새국어교육』 66, 한국국어교육학회, 35–65.

- 백승주(2014), 「수업 대화 구조 분석의 절차와 방법」, 『영주어문』 27, 영주어문학회, 335–376.

- 변영계·김경현(2005), 『수업장학과 수업분석』, 학지사.

- 변홍규(1994), 『질문 제시의 기법–능률적 질문기법 훈련 프로그램』, 교육과학사.

- 서영진(2017), 「국어수업에서 나타나는 교사의 피드백 발화 유형 분석」, 『국어교육학연구』 52(3), 국어교육학회, 97–133.

- 서울대학교 교육연구소(1998), 『교육학 대백과사전』, 하우동설.

- 스와 고이치 외 편저, 오근영 옮김(2004), 『교사의 마음을 제대로 전하는 기술』, 양철북.

- 양경희(2017), 「수업 대화에서 재진술 피드백에 대한 초등 교사의 인식 연구」, 『화법연구』 36, 한국화법학회, 57–85.

- 이범응·허숙(2015), 『교사와 교직생활』, 지식과 감성.

- 이선영(2016), 「칭찬화법에 대한 초·중·고 교사의 인식과 실천 양상」, 『화법연구』 34, 한국화법학회, 203–230.

- 이수진(2004), 「수업 평가를 위한 교수대화 분석 방법 연구」, 『국어교과교육연구』 7, 국어교과교육학회, 243–287.

- 이정우(2004), 「초등학교 국어과 수업대화의 교사시작 대화이동 연구」, 경인교육대학교 석사학위 논문.

- 이주섭(2007), 「국어 수업 도입부의 동기유발 유형 연구」, 『새국어교육』 75, 한국국어교육학회, 289-310.

- 이창덕(2008), 「교사 질문발화와 학생 반응에 대한 교사 피드백 발화 연구」, 『국어교과교육연구』 15, 국어교과교육학회, 177-216.

- 이창덕(2011), 「초등교사의 수업 도입 화법 양상과 개선 방법에 관한 연구; 경기 인천 지역의 초등 국어 수업 자료를 바탕으로」, 『교육논총』 31(1), 경인교육대학교 교육연구원, 213-242.

- 이창덕(2014), 「교사 양성대학 학생의 교수화법 능력 향상을 위한 해결 과제」, 『화법연구』 25, 한국화법학회, 189-213.

- 이창덕 · 박창균 · 이정우 · 함욱 · 김주영(2017), 『황당하고 재미있는 수업이야기』, 교육과학사.

- 이혁규 외(2007), 『수업, 비평을 만나다』, 우리교육.

- 이현진(2004), 「국어과 수업 대화 분석을 통한 교수 화법 양상 연구」, 『국어교과교육연구』 8, 국어교과교육학회, 189-229.

- 임영환 · 김규철 · 김종윤 · 이기윤 · 정재민 · 박형우(1996), 『화법의 이론과 실제』, 집문당.

- 임칠성(2006), 「국어과 도입 수업의 교육공학적 접근」, 『국어교과교육연구』 11, 국어교과교육학회, 173-203.

- 임칠성 · 심영택 · 원진숙 · 이창덕(2004), 『교사화법 교육』, 집문당.

- 임태민 · 백석윤(2009), 「초등수학 수업에서의 피드백의 유형 및 학생의 반응」, 『한국초등교육』 20(1), 서울교육대학교 초등교육연구원.

- 전숙경(2010), 수업언어로서의 '질문'에 대한 이해, 『교육철학』 50, 한국교육철학회, 165-187.

- 정혜승(2006), 「교실 소통의 양상과 문제」, 『화법연구』 9, 한국화법학회, 69-114.

- 정혜승 · 박창균 · 이선영 · 박치범(2016), 「한국, 핀란드, 이스라엘 교과서의 질문 방식 비교 연구」, 한국교과서연구재단.

- 주삼환(2009), 『수업관찰분석과 수업연구』, 한국학술정보(주).

- 천호성(2008), 『수업 분석의 방법과 실제-질적 연구방법을 중심으로』, 학지사.

- 청소년상담원(2003), 『1분이면 마음이 열립니다』, 작은씨앗.

- 최영인(2015), 「교직 생애 주기에 따른 교사 평가 화법 양상에 대한 연구-예비 교사와 성숙 단계 경력 교사의 자료를 중심으로」, 『국어교육학연구』 50(1), 국어교육학회, 48-86.

- 최현섭 외(2010), 『선생님 말에 상처 받았니?』, 커뮤니케이션북스.

- 한국화법학회 화법용어해설위원회(2014), 『화법 용어 해설』, 박이정.

- 홍사중(1997), 『리더와 보스』, 사계절.
- 황윤환 편저(2003), 『교수–학습의 패러다임적 전환』, 교육과학사.

- Borish, G. D 지음(2003)/설양환 외 옮김(2005), 『효과적인 수업 관찰』, 아카데미프레스.
- Cole & Chan 지음/이병석 옮김(1998), 『교수원리와 실제』, 원미사.
- Cooper & Simonds 지음(2007) / 이창덕 · 전인숙 · 이정우 · 김주영 · 김지연 옮김(2010), 『교실 의사소통: 효과적인 교실 상호작용을 위한 소통방법』, 교육과학사.
- EBS 최고의 교수 제작팀(2008), 『최고의 교수』, 예담.
- Habermas, J 지음(1997)/홍윤기 옮김(2004), 『의사소통의 철학』, 민음사.
- Simmons, A 지음(2006)/김수현 옮김(2013), 『대화와 협상의 마이더스 스토리텔링』, 한언.
- Marzano, R. J., & Simms, J. A 지음(2014)/정혜승 · 정선영 옮김(2017), 『학생 탐구 중심 수업과 질문 연속체』, 사회평론.
- Mooman, N., Weber, N 지음(1989)/윤미나 역(2013), 『지혜로운 교사는 어떻게 말하는가』, 한국문화멀티미디어.
- Parker, J. P 지음(1998)/이종인 옮김(2005), 『가르칠 수 있는 용기』, 한문화.

2. 외국문헌

- Anderson, L. W., et al., (2001). A taxonomy for learning, teaching, and assessment: A revision of blooms's taxonomy of educational bbjectives. abridged edition. White Plains, NY: Longman.
- Barnlund, D.C.(Ed.) (1968). Interpersonal comminication. Boston: Houghton–Mifflin.
- Bateson, G., Jackson, D., Haley, J., & Weakland, J. (1956). Toward a theory of schizophrenia. Behavioral Science, 1, 251–264.
- Berlo, D.(1960). The process of communication. New York: Holt Rinehart & Winston.
- Birdwhistell, R. (1970). Kinesics and context: Essays on body motion communication. Philadelphia: University of Pennsylvania Press.
- Bloom, B. S.(1956). Taxonomy of educational objectives. New York: David McKay.
- Deci, E., & Ryan, R. (1985). Intrinsic motivation and self–determination in human behavior. NY: Plenu.

교사화법

- Doyle, W.(1986), Classroom Organization and Management. In M. C. Wittrock(Ed.) (3rd)(1986). Handbook of Research on Teaching. New York: Macmillan Publishing company. 392-431.

- Flanagan, J. C.(1954). The Critical Incident Technique. Psychological Bulletin, 51, 327-358.

- Hall, E. T.(1966). The hidden dimension(Vol. 609). Garden City, NY: Doubleday.

- Harter, S.(1992). The relationship between perceived competence, affect, and motivational orientation within the classroom: Processes and patterns of change. Achievement and motivation: A social-developmental perspective, 2, 77-114.

- Have, P. T.(2007). Doing conversational analysis. Sage.

- Keller, J. M.(1987). Development and use of the ARCS model of instructional design. Journal of Instructional Development, 10(3), 2-10.

- Mehrabian, A.(1972). Nonverbal communication. Aldine-Atherton, Illinois: Chicago

- Pintrich, P. R., & Schunk, D. H.(2002). Motivation in education: theory, research and applications. Upper Saddle River, NJ: Pearson education Inc.

- Searl, J. R.(1976). A classfication of illocutionary acts. Language in Society, Vol. 5(1). Cambridge University Press.

- Shannon, C. & Weaver, W.(1949). The mathematical theory of communication. Urbana: University of Illinois Press.

- Wragg, E. C.(1999). An introduction to classroom observation(2nd). New York: Taylor & Francis.

이 도서의 국립중앙도서관 출판예정도서목록(CIP)은
서지정보유통지원시스템 홈페이지(http://seoji.nl.go.kr)와
국가자료공동목록시스템(http://www.nl.go.kr/kolisnet)에서
이용하실 수 있습니다. (CIP제어번호: CIP2019002640)

수업을 살리는
교사화법

2010년 3월 8일 초판 1쇄 발행
2019년 1월 30일 개정판 1쇄 발행
2021년 9월 12일 개정판 3쇄 발행

지 은 이 │ 이창덕 · 박창균 · 이정우 · 김주영 · 이선영
펴 낸 이 │ 이형세
편   집 │ 조은지
디 자 인 │ 기민주
인쇄제본 │ 제이오엘앤피
펴 낸 곳 │ 테크빌교육(주)
주   소 │ 서울시 강남구 언주로 551, 프라자빌딩 5층, 8층
전   화 │ 02-3442-7783(333)
팩   스 │ 02-3442-7793

ISBN │ 979-11-6346-010-7 13370
정가 │ 18,000원